土木工程档案与信息管理

Civil Engineering Archives and Information Management

张正辉　王卫霞　编著

同济大学出版社 · 上海
TONGJI UNIVERSITY PRESS · SHANGHAI

图书在版编目(CIP)数据

土木工程档案与信息管理 / 张正辉，王卫霞编著
. —上海：同济大学出版社，2022.12
ISBN 978-7-5765-0403-3

Ⅰ. ①土… Ⅱ. ①张… ②王… Ⅲ. ①土木工程-技术档案-档案管理-信息管理 Ⅳ. ①G275.3

中国版本图书馆 CIP 数据核字(2022)第 185043 号

土木工程档案与信息管理

Civil Engineering Archives and Information Management

张正辉　王卫霞　**编著**

责任编辑　李　杰　　**责任校对**　徐春莲　　**封面设计**　潘向蓁

出版发行　同济大学出版社　　www.tongjipress.com.cn
（地址:上海市四平路 1239 号　邮编:200092　电话:021-65985622）
经　　销　全国各地新华书店
排　　版　南京文脉图文设计制作有限公司
印　　刷　常熟市华顺印刷有限公司
开　　本　787mm×1092mm　1/16
印　　张　15.75
字　　数　393 000
版　　次　2022 年 12 月第 1 版
印　　次　2022 年 12 月第 1 次印刷
书　　号　ISBN 978-7-5765-0403-3

定　　价　88.00 元

前 言

PREFACE

2021年1月1日起，由第十三届全国人民代表大会常务委员会第十九次会议修订通过的《中华人民共和国档案法》(以下简称新《档案法》)施行，这是档案事业适应中国特色社会主义进入新时代和全面依法治国方略推进的重要举措。新《档案法》增加了档案信息化建设与监督检查两章，明确了电子档案的法律效力，规定：不得仅因为电子档案采用电子形式而否认其法律效力，具有法律效力的电子档案可以以电子形式作为凭证使用。

可以预见，随着新《档案法》的实施，下位的法规、规章、规范性文件等必将陆续出台，届时，土木工程建设项目档案与信息管理工作会迎来巨大变革。

一是项目管理将普遍采用电子业务系统，电子文件、电子档案数量占比将迅速提高。自计算机软件市场上有相应的业务系统以来，土木工程施工、监理工作中大量的检验批记录就殷切希望通过软件来填报、转呈、签批，并期望仅以电子单套制归档。新法的颁布为此提供了法律支持。在2020年底，国家档案局《电子档案单套管理一般要求》已经向社会公开征求意见。以后只要来源可靠、程序规范、要素合规的电子档案，可仅以电子形式保存归档，无须转化为纸质档案或制作纸质档案副本。

二是档案工作流程与模式将发生变化。一直以来，强调档案工作与工程建设同步，但实践中由于各种原因难以实现。电子文件归档则要求受控的电子文件及其背景信息与元数据打包归档，这在技术上保证了档案工作与工程建设的同步性。该同步性是档案质量保证措施，它将档案工作融入事件处理进程中，彻底改变文件归档位于工作末端的状况，在物理上保证了档案工作流程与事件处理流程的同步性。如此也意味着档案工作模式包括档案主管部门、档案责任者、档案管理者、档案咨询机构、档案工作人员等相应事务、相互关系必须作出适应性变化。

以一个工程上的例子阐释这种变化。20世纪80年代初期，土方工程主要靠人力挖装、板车拉运，在某电厂一期建设用地开山整平过程中，用工400多人，分3个大队

20 多个班组，热热闹闹地干了 8 个多月。而在 2013 年该电厂四期建设中，几乎同样的土石方工程量，仅用 2 台挖机、1 个车队 6 辆车，2 个月干完。有人曾测算过，一台斗容量 1.5 m^3 的挖掘机挖普通土，相当于 1 000 个人工的工效。用计算机及网络设备进行电子文件归档与电子档案管理，与人工对纸质文件归档及档案管理的效能相比，是不是也有类似的跨量级差别呢？答案是肯定的。2018 年，笔者所在的专业档案馆对馆藏 52 477 卷项目档案数字化后，形成 3.02 T 档案信息数据，在档案使用过程中，目录数据检索响应时间一般不超过 0.5 秒，全文检索响应时间一般不超过 3 秒，档案信息的查全率、查准率与人工检索效率相比，完全不在同一维度上。

任何人都不能忽视技术进步对社会的影响力。蒸汽机作为动力机器的发明和应用，引导了第一次工业革命的发生，将人类带入了蒸汽机时代；内燃机及电力的应用将人类带入了第二次工业革命；以原子能、电子计算机、空间技术和生物工程的发明和应用为主要标志的第三次科技革命，创建了新时代人类的生活工作模式。众所周知，数字档案的实现技术早已具备，现在也得到了国家法律层面的认可，随着后续指导性、操作性法规、规章、技术标准等逐步建立，社会应用的普遍化，民众适应性的跟进等，其对人们工作、生活的影响势必如同移动支付技术一样渗透到社会生产生活的各方面、各环节。不久的将来，工程建设中包括质量检查在内的各项记录将通过数字设备终端如电脑、手机等客户端形成、传递、签认、反馈、办结、存储等，自动与有关记录聚合成文件归档，并与关联性的档案数据如结构构件、施工工序、作业人员等的几何信息、空间信息、时间信息、身份信息建立关联，真正形成土木工程项目全生命周期的全息档案，建成智慧档案库，智能推送档案信息，充分发挥档案信息资源作用。

但是，在强调技术进步推动档案信息化的同时，不能忽略档案的人文性。若不思索档案的起源，不考究档案形态的演变，将无益于建立信息化技术下档案工作的灵活性。土木工程电子文件归档与电子档案管理不能仅仅是冷冰冰的数据与屏幕，而应当让人们在其中看到劳动创造的艰辛与智慧。这些档案是建设者在生产活动中形成的记录，不管是个人，还是组织，都应当在不同载体的档案之中体现情感因素。

此外，即使是在全数字环境下，难免还是需要形成传统的纸质档案，如办理数字签名认证时，要求将纸质底稿存档备用，便于将来与数字签名形态进行存证比对。与此同时，人们还有喜好和认知的差别，有些人不喜欢用数字支付、不喜欢用打印件通信、不喜欢用手机看报,等等。因此,应当用继承与发展的眼光、用包容与多样性的视角来看待档案信息化与信息化环境下的档案工作。

鉴于此,本书分三部分安排内容。

第一部分内容是档案与信息管理基础知识,主要包括:第一章"档案及其内涵",重点阐释了档案的定义、内涵、意义等,强调在数字化时代,档案概念与档案现象没有发生质的差异性变化,阐述了档案的各种价值形态,揭示了档案的各种典型作用形式,描述了档案价值实现的各种规律,阐明了社会环境、档案意识及档案管理水平对档案价值实现的影响。第二章"档案工作体系",介绍了档案管理工作、档案主管工作、档案教育工作、档案科研工作、档案宣传工作、档案国际合作与交流工作等档案工作构成,阐释了档案工作的基本原则与体制设计,详列了档案机构,总览了档案工作法规。第三章"档案馆(室)建设",讲述了档案馆(室)建筑设计、硬件配置、制度建设及档案馆(室)文化软实力建设、职业道德建设等。第四章"信息与信息管理",基于数字档案管理的需求讲述了计算机软件及其分类、构成,概要介绍了数据库、数据库管理系统、数据库系统三类软件的关联性与差异性。

第二部分内容是档案与信息管理在土木工程专业领域的相关知识,包括第五、六、七章,重点阐述了项目前期、建造、运维等阶段形成档案源流的各工作环节及其信息记录。无论什么载体的记录,齐全性是归档的基本要求之一,所以从事土木工程档案管理的人员,应当对项目前期工作、项目建造工作、项目运维工作等内容有所掌握,在收集整理档案材料(信息)时,能快速判定档案材料(信息)是否齐全完整、真实准确。

第三部分内容是档案与信息管理的应用。第八章"建设项目档案管理",主要结合2018年国家档案局颁布的《建设项目档案管理规范》(DA/T 28—2018),阐述了建设项目档案管理组织工作、业务工作、行政监管等。第九章"数字档案馆建设",结合国家档案局发布的《数字档案馆建设指南》讲述了数字档案馆建设总体要求、数字档案馆管理系统功能要求与系统构建、数字档案资源建设、安全保障体系建设等内容。第十章"一种融合GIS+BIM技术的工程文件与档案信息管理系统",详细介绍了由本书作者团队研究开发、获得国家发明专利与软件著作权、用于公路水运工程等交通基础设施档案信息编研、开发、利用管理的数据库系统,包括功能模块、菜单界面、架构设计、系统管理等。

编著本书的目的是为土木工程档案与信息管理工作提供一个框架性的知识汇集，提高土木工程项目档案与信息管理水平及服务社会的能力。由于水平与时间所限，书中难免存在疏漏与不足之处，敬请专家和读者不吝赐教。

编著者

2022 年 10 月

目 录

CONTENTS

第二部分

专业篇

第三部分

应用篇

第一部分 | 基础篇

第一章

档案及其内涵

土木工程档案事务是档案事业的重要组成部分，其工作水平及服务能力对社会生产实践具有重大影响。据住建部规划管理中心统计，2018 年，由于地下开挖造成的直接经济损失高达 2 000 亿元！这些损失中有很大一部分是档案信息管理混乱及档案利用不当所导致。实践表明，在影响档案工作水平及服务能力的包括人、财、物、制度、环境等诸多因素中，人的因素最为紧要。在工程领域，要提高包括档案工作人员在内的全体参建者的档案意识、档案素养，形成档案工作合力，必须从思想意识着手，普及档案及其内涵知识，使档案工作的推进发自人们内心的自觉。

第一节　档案的定义及其分析

认识是实践的理性前提与基础，只有理性认识上清楚了，实际的管理工作才能真正做好。给事物下定义是认识的最基本方法，但给事物下定义却是难事，此难好比何谓“真实”之难。举一个数学上的例子，虚数在数学上被定义为“$a+b\times i$, $i\times i=-1$”。这个定义是形式上的，在教学实践及调研中，很多学生接受不了这个定义。既然很多人接受不了，说明这个定义是有问题的。因为定义要求是对事物本质特征的揭示，说明上面这个定义没有将虚数的本质特征说明清楚，而只是沿用了人们对虚数性质尚不清晰时的模糊认知。

档案的定义情况也是如此，在揭示我国档案的定义之前，宜先从文化角度对其进行考量。

一、“档案”词源

从语义学方面来说，“档”在《康熙字典》中的解释为“横木框档”，就是木架框格的意思。“案”在《说文解字》中释作“几属”，就是像小桌子一类的东西，由此引申，把处理一桩事件的有关文书叫作“一案”，并通称收存的官文书为“案”或“案卷”“卷案”。“档”与“案”连用组词，就是指存入档架收藏起来的文书案卷。可见，“档案”概念有其形象的和内在的意义，对它的科学定义要兼备这两方面信息属性的揭示。

二、对已有档案定义的剖析

目前国内外已有的档案定义虽有数百种之多，其定义角度及具体表达也各不相同，但也并非没有共性和规律性。这些定义大致可归纳为两大类：一类是直观描述型的定义，另一类是抽象揭示型的定义。

直观描述型定义是从档案的形成转化过程和档案的实体存在形态等较具体、直观的角度来描述档案这一概念的内涵与外延。这类定义的优势是直观、易理解，能使人在现实中识别什么是档案，其劣势是没有从档案在社会生活中的根本作用、价值等角度去揭示其本质。档案的直观描述型定义出现的时间较早，是人们对档案认识初始阶段的产物，它将档案定义为"档案是某种文书、文件或文件材料"。

抽象揭示型定义主要是从档案对人类社会的根本作用、价值等角度来定义档案，试图揭示档案这一事物的本质特性。目前对档案的定义大多数是这类定义，其优势是显而易见的，即理论抽象度较高，有利于人们深入认识与揭示档案的本质。抽象揭示型定义主要指出档案是原始性记录的本质特性。

三、档案的本质及其定义表述

尽管人们对档案的定义纷争不已，但对档案概念是描述事物本质特性的认识是基本一致的，即档案本质上是对社会生活的原始记录。

国家档案行业标准《档案工作基本术语》（DA/T 1—2000）对档案的定义是"国家机构、社会组织或个人在社会生活中直接形成的有价值的各种形式的历史记录"。现行《档案法》所称的档案是指"过去和现在的国家机构、社会组织以及个人从事政治、军事、经济、科学、技术、文化、宗教等活动直接形成的对国家和社会有保存价值的各种文字、图表、声像等不同形式的历史记录"。简而言之，"档案是清晰、确定的原始记录性信息"。

四、对档案定义的理解

上述档案定义具有几个互相联系的基本属性，这是理解档案定义的要点。

（一）社会性

档案是人们在社会生活中直接形成的，其内容是对社会活动的内容、过程及结论的原始记录，而非自然界产物。因为自然界也存在着大量对自然现象及其演变过程具有原始记录作用的东西，如动物的化石、树的年轮、岩石成分的构成、河床的变迁等。这些东西对于人们进行自然科学研究具有原始记录价值，人们借助相应的理论和技术手段可对其进行研究，发现自然界演化的历史进程和规律，为保护、利用、开发自然资源奠定基础。但档案不是自然界形成的原始记录，而是人类在社会活动中形成的原始记录，其内容虽然会大量涉及自然界，但它毕竟是人类研究、开发、利用自然的社会实践活动的产物，与自然界自然形成的原始记录不可混为一谈。就档案的社会性而言，作家写的小说、文章不是档案，但某个作家写了某部小说这件事的记录是档案。人们的日记可能是档案，却不全为档案。当日记是涉及社会事务的日志（如土木工程建设中的施工日志、监理日志、气象日志）时，它就具备了社会性而可能归为档案；若日记记录的是个人的私下活动如旅游观光、运动、娱乐、学习等，则可能是也可能不是档案。

(二) 历史性

从时态上讲,档案是已经形成的而不是正在形成或尚未形成的东西。也正因为如此,这种以往社会活动的原始记录,就可以把过去带到现在和未来,也就是所谓“让过去告诉现在”“让历史告诉未来”,从而将过去、现在和未来联结在一起,维系人类社会的时空统一性和整体连续性。所以人们一般将档案看作是一种历史文化遗产。当然,档案不是人类历史文化遗产的全部,而是其中具有基础性支撑意义的重要部分。

(三) 确定性

档案信息内容具有清晰性和确定性的特征。换句话说,档案所记录的内容是清清楚楚、明明白白的,而且这些清晰、确定的信息内容又是依附于一定的物质载体形式而存在的,二者缺一不可。这是档案区别于最为邻近的事物——文物的根本点。没有物质载体的原始性信息(如人的口语)不能成为档案;没有清晰、确定的信息内容的原始记录物(如纯粹的文物——衣服、器具等)也不能成为档案。

(四) 原始记录性

档案是人们在社会活动中直接形成的原始信息记录,对以往社会活动具有直接的原始记录作用。所以,学界一般认为,“原始记录性”是档案的本质特性之一,是档案区别于其他事物尤其是相邻事物的独一无二的本质规定性所在。但这一本质特性在现实中和许多复杂事物的本质特性一样,表现得并不是很固化,而是具有明显的相对性、动态性特点,是在与相关事物及相关条件的对照、比较中表现出来的。事实上,并不是除了某种具体的信息物,其他都不是档案,而是许多信息物只要对于人们了解、考证以往的历史事实具有程度最高、最可信赖的原始记录作用,人们就会将其视为档案,并将其作为档案保存、使用。这也是档案实存形态广泛复杂、多种多样的根本原因。如前所述,小说、文章不是档案,但其形成过程中的文稿、书稿却是档案。同样,报刊不是档案,但其文稿和发排稿却是档案;电影、电视节目不是档案,但其脚本、场记、拍摄母片、播发稿等记录物却是档案;等等。因为这些东西都具有原始记录作用,可记录及确证图书、报刊、电影、电视产品的内容及其形成过程的历史事实,并可将其流传于后人、后世,让历史明确无误地告知现在和未来。从信息理论和人类之所以保存、使用档案的心理根源及实践需求角度讲,档案实际上是人类追求信息的确定性、可靠性的产物,是社会实践必须有确定、可靠的信息支撑方能有效进行的现实需要的产物。如果世界上有比现在的“档案”功能更好、效果更佳的东西,人类也会将其作为档案来使用。假设人类可以随意地以超光速的速度跨越时空,可以像在空间中行走那样随意地回到过去,共同确认历史事实,那么人类就没有必要保存档案了。

档案的本质特性——原始记录性,不仅是档案区别于其他事物的根本所在,而且从根本上决定着其管理方法的基本取向。对档案的管理方法无论怎样简便、有效,均不能以伤害档案的本质特性为代价,而只能以充分实现对其以往历史事实的原始记录为轴心。这也是所有管理活动的基本定律之一:管理方法必须维护被管理对象的本质特性。

五、档案的实存形态及其形成过程

档案是一种在社会现实生活中广泛存在且表现形态多种多样的复杂事物。即使从逻辑上认清了档案的本质、弄清了档案的概念(定义),人们也未必能在现实生活中准确无误地认识并确认什么是档案、什么不是档案。因此,对档案这类复杂事物还有必要从实际现象层面进行认识与分析。当然,这种认识与分析不能偏离概念(定义),尤其是不能离开事物本质特性的理性坐标去漫无边际地泛泛而谈。

(一) 档案的实存形态

档案的实存形态是指档案在现实中的具体存在形式,也就是在各种各样的具体事物中,究竟什么东西具有档案的属性,是档案;什么东西不具备档案的属性,不是档案。根据档案的定义及其本质特性,档案的实存形态并不是唯一的,而是多种多样的。凡是对历史事实具有某种清晰、明确的原始记录作用的东西都是档案的实存形态,均可以成为档案。从目前的实际情况看,档案的实存形态依然主要是各种各样的文件,各种各样的定稿与正本。对土木工程而言,要将各种开工报告、测量、试验、质量检查、交工、竣工等工作记录的制式表格理解为文件。所以,中国档案界才有"文件是档案的前身,档案是文件的归宿""档案就是过去的文件"等说法。但必须指出的是,档案的实存形态并不仅仅是文件,除文书外,还有大量非文书类的信息记录物,如文稿、书稿、录音、录像制品、照片、影片、观测记录(如气象、水文、温湿度、地理坐标或高程等方面的由人工或仪器形成的观测记录、实验数据),乃至印章、奖杯、锦旗、胸牌、臂章、袖标等。因为这些东西均有清晰、明确的原始记录作用,所以也都是档案的实存形态,都在"档案"这一概念的外延之内。当然,这些不同形态的档案虽然均有原始记录价值,但存在程度上的差异。一般来说,那些与社会实践活动距离较近、较直接,确定性、可靠性较好,内容信息的清晰度、明确性较强且具有唯一性的档案形态,其原始记录价值的程度较高,在档案大家族中的地位较明显、突出。如文件的定稿、照片的底片、图纸的底图、影片的母片、试验的原始记录、测量记录等一般被认为是程度最高的档案,或曰"纯粹意义、绝对意义上的档案"。再如,以公务文书为代表的文字记录性档案之所以一直在档案大家族中占主导地位,也是因为其信息内容是清晰的、明确的,对历史事实发生的时间、地点、人物、原因、过程、结果等问题的记录是全面的、具体的。而照片、录音、录像等虽然更直接、形象、生动,但这些东西本身往往不能提供其产生的时间、地点,尤其是原因、结果等相关背景信息,所以往往需要辅以相应的文字说明,才能使其具有原始记录作用。

(二) 档案的形成过程

档案的形成过程是指各种形态的文件,从被制作出来到被作为档案正式保存并发挥档案作用的过程。各种各样档案的具体形成过程尽管不同且很复杂,但从其制作动机角度可大致划分为两种类型:一是在其被制作时就是档案,其制作者有明确的档案意识,其制作目的就是让其在时间上传递,便于日后查证、使用,给日后的自己或后人留下明确的原始记录,如人事档案、会计凭证、施工日志、监理日志、照片、录音等。在这种情况下制作出来的档案,其形成过程较为简单、直接,只要制作出来后立即妥善保存即可。二是在其被制作时并不是档案,其制作者也没有或少有档案意识,其制作的目的、动机并不是让其在时间上传递,而是为了解决、处理现实工作、生活中的具体问题,如绝大多数的公务文书(法律、法规、通知、请示、批复等)、工程制式文件(施工组织设计、图纸会审记录、试验报告、测量成果、计量支付报表等)和私人信函。在这种情况下制作出来的档案,其形成过程就较为复杂,且往往需要经过必要的技术处理程序,如文件处理、鉴定、收集、分类、立卷归档等,才能完成档案形成过程,成为档案,并被保存和发挥作用。这两种情况的形成过程,可简化并归结为“有意、无意地制作 + 有意识地处理保存”这样一个公式。这其中的“意”,即档案制作者和保存管理者的档案意识。因此,我国档案界存在着“有意识地保存备查才是档案的本质特征”和“只有集中保存起来的档案才是档案”等观点。这些观点虽有一定道理,却不能动摇“原始记录性”是档案本质的共识。这是因为:第一,人们之所以有意识地将档案保存备查,是因为它有原始记录作用。各种文件并不是因为保存备查了才是档案,而是因为它具有原始记录作用,人们才将其作为档案保存备查。第二,“保存备查”并不是档案自身具有的某种属性与功能,而是人们对档案的一种附加行为。这种行为虽然可以使档案更有效地发挥其原有作用,却不能与档案本身具有的属性、功能混为一谈,更别说将其视为档案本质特征了。由此也可以从这一角度将档案分为未被有意保存的和已被有意保存的两类。一般来说,被有意保存的档案能够较充分有效地发挥作用、实现价值;而未被有意保存的档案并非就没有档案的作用或原始记录价值,只不过这一作用、价值难以在社会生活中充分有效地实现而已。

档案在被制作时的“有意”“无意”两种情况,对其日后的管理、功能和价值具有明显不同的效应特点。二者的“优势”与“劣势”正好相反:“有意”制作的档案的“优势”是制作材料较好,追求耐久性,格式严谨、规范,便于长久保存且留存状况较齐全、完整。其“劣势”是内容往往难以做到客观、真实,常有虚假不实甚至有意作伪、抑恶扬善、报喜不报忧等内容上的偏差、错误。这也正是各种土木工程检验批记录、中间交工证书、原材料试验报告等材料中“一切正常”“符合设计及规范要求”“满足规范要求”等用语泛滥现象的心理根源。“无意”制作的档案的“劣势”是因无档案意识,所以制作材料的质地、耐久性往往较差,书写格式等也往往不规范,且留存状况不好,难以做到齐全、完整。这对档案的保存和日常管理使用显然是不利的。但也正因无意中留下真实客观的记录,这对于档案的原始记录作用显然是有利的。二者之间这种明显不同的效应特点,不仅是档案管理工作者必须面对并正确区别对待、把握的客观事实,它同时也启示人们,对档案的原始记录性应有一个准确的理解,对档案的真实可靠性应有一个正确的基本认识和态度。

六、对档案真实可靠性的理解

档案应当是社会生活中最真实可靠的原始记录,这是档案之所以重要、之所以被人们重视并保存的根本原因。但档案的真实可靠性尤其是其内容的真实可靠性并不是绝对的。它只是与其他信息相比较而言是真实可靠的。不能将其信息描述与其所记录的历史事实本身完全等同,更不能将其与真理意义上的是非对错混为一谈。因为由于种种原因,制作档案的人不可能绝对忠实无误地记录历史事实、评判是非对错。所以,在档案内容中,不准确、不客观、不真实、不正确之处在所难免,甚至还有完全伪造的档案存在。对这些不真实、不可靠、不正确之处,人们应通过各种渠道、方法去伪存真、核实清楚,辨明其真伪和是非曲直,而不能盲从轻信。但也不能因为档案有此类现象,就从总体上全盘否定档案的真实可靠性。此外，即使档案确有不真实、不可靠之处，也不能对其加以改正，对确为伪造的档案也不能付之一炬。因为这些不客观、不真实，甚至伪造的档案本身也是一种历史的真实，是一种客观存在的事实。若对其修改或予以销毁，就会破坏、抹杀这种客观事实意义上的真实性与可靠性，会造成更大程度的混乱。所以，档案的真实可靠性至少有两个层面的含义：一是档案的内容若没有失实、歪曲、作伪之处，那么在对同一历史事实均有记载的各种信息中是最真实、最可靠的，因为它是直接的原始记录，承载的是原生信息。二是档案有失实、歪曲、作伪乃至伪造之处，那么其失实、歪曲、作伪乃至伪造这一客观事实也恰恰是由档案这一实存形态来予以记录、固化并示之于世人的，它依然有其另一意义上的真实性与可靠性。可见，从这层意义上来说，档案只要其自身存在就没有“假”的，而都是“真”的，“假”的也是“真”的。

第二节　档案与相关事物的关系

档案在现实社会中不仅实存形态广泛多样，而且与诸多事物有着较为复杂的关系，使人们往往难以厘清，甚至将其相互混淆。因此，在认清档案本质及概念（定义）的基础上，有必要进一步从理论上梳理档案与相关事物的关系，弄清它们之间的联系与区别。现实中与档案关系较近且不易分清的事物主要有信息、文献、文书（文件）、图书、资料、文物等。

一、档案与信息

当今社会是一个信息爆炸的社会，人们越来越多地感受到信息的无处不在，也越来越多地听到“信息”这个词。但在严格的学术意义上，目前人们对信息的理性认识依然存在许多不同的观点。对于信息的根本性问题，人们并未真正弄清楚，人们对信息只是在最宽泛的意义上有着基本的共识。实际生活中人们往往是在特定的意义上使用信息概念，把握、处理信息及信息问题。就目前人们已经达成共识的信息概念而言，档案（主要是档案的内容）是一种信息资源。从逻辑上讲，“档案信息”与“信息”是一种概念与属概念的关系：档案信息是信息的一种存在形式，档案是人类社会的一种重要信息资源。

由于目前的信息是一个外延极广的宽泛概念，其具体的实存形态不仅多种多样，而且表现得极为复杂。所以，仅仅明确档案是一种信息资源是不够的，还应进一步明确档案究竟是一种什么样的信息资源，在信息大家族中究竟扮演着什么角色，处于何种地位，有何与众不同的特点。认清这些问题不仅对认识档案和从事档案工作是必要的，而且对人们从根本上弄清信息问题也会有积极意义。

档案信息在信息大家族中的角色和地位是由档案的本质特性即档案在社会生活中的根本价值、作用决定的，同时也是在档案信息与其他信息的区别中表现出来的。迄今为止的社会实践表明：档案是一种最真实、最可靠、最具权威性与凭证性的原生信息资源。而信息理论告诉人们：信息的确定性与可靠性是信息的根基所在，没有确定性、可靠性或确定性、可靠性程度差的信息没有什么价值，甚至会对人类社会造成负面效应乃至灾难。所谓“错误的信息、混乱的信息、不可靠的信息还不如没有信息”的说法所说的正是这一道理。社会现实中的种种负面信息（如谣传、流言蜚语、计算机病毒、网络垃圾信息、虚假广告等）也充分证明了这一点。人类社会对信息的依赖、需求程度越高，对信息的确定性与可靠性的要求程度也越高。但现实表明，信息在这一问题上的前景并不乐观。因此，档案信息的使命任重而道远，这也是人们重视档案且越发达、文明程度越高的国家越重视档案的重要原因之一。所以，从信息理论的角度可以说，档案信息是一种最重要的信息，档案是人类所拥有的一种非常重要的信息资源。

二、档案与文献

文献也是一个外延很宽泛的概念，且与档案的关系较为密切、复杂。文献一般是指前人留下来的历史文化价值较高、内容较系统完整的信息记录，其实存形态有文字、文章、著作、图书、日记、信函、笔记、音像制品等。档案与文献的逻辑关系是内涵不同，外延有大面积交叉重合。二者之间的区别有三个方面：一是核心含义不同，档案是社会实践的原始记录，是第一手的原生信息；文献则不论是否为原始记录，非原始记录性的信息记录也可以成为文献。这是二者的根本区别。二是文献注重历史文化价值，档案则既注重历史文化价值，又注重现实性的查考、实用价值。三是文献内容一般较系统、完整，而档案则包括大量的片段性零星记录，如发票、账单、报告单、登记表、签名等。可见，那种以文献作为属概念来定义档案的观点虽不无道理，但也有明显的偏颇之处。

三、档案与文书

档案与文书之间的联系主要是实存形态上的直接转化关系。文书的定稿因具有较强的原始记录性，所以可直接转化为档案，成为档案的实存形态之一，且在档案大家族中占据主导地位。但二者之间的区别也很明显，不能因其有直接的转化关系而混为一谈，主要有两方面原因：第一，档案的实存形态绝不仅仅是过去的文书，还包括大量非文书类的原始性记录物。过去的文书也并非都能转化为档案，只有原始记录性强、查考价值高且文书处理程序完备的一部分文书才能转化为档案，大量的文书并不能转化为档案。第二，二者的概念、内涵尤其是本质不同。文书虽有原始记录性，但原始记录性并非文书的本质所在，也不是人们制作、使用文书的根本目的与追求。文书本质上是人们处理、解决现时性具体事务、问题的信息传递工具，它主要在空间上传播交流且具有相当程度的强制性（如公务文书）。而档案的本质则是以往社会实践的原始记录物，主要是在时间上传递，让过去告诉现在，让现在告诉未来，是人们追求、维系时间上的连续性、统一性的产物。从逻辑上讲，二者内涵不同，外延有大面积交叉。

四、档案与图书

档案与图书虽在现实中关系较为密切，管理上也有相通之处，但二者之间的区别是极为明显的。第一，二者的本质不同。档案本质上是人们在社会实践中直接形成的原始记录，图书本质上是系统知识的结晶，是人类对自然及社会现象进行系统认识研究的结果。图书的内容虽会涉及社会实践，却不是对社会实践的直接记录，而是经过加工、提炼、总结后的观念性、系统性产品。简言之，档案是社会实践的记录，图书是系统认识的产品。当然，人的认识、研究活动，尤其是写作行为，也是一种特定的实践，那么这一特定实践活动的直接记录——书稿是档案，其最终成果是图书，是系统的知识产品。第二，二者的社会功能不同。档案与图书的不同社会功能是由其各自不同的本质决定的。档案是历史的原始记录，可供人们查考史实、解决实际问题、研究历史之用。换言之，人们查档案是为了解决现实中的实际问题，了解、研究历史事实；人们看书则是为了学习系统知识，陶冶性情。第三，二者内容上的交叉重合部分的特点明显不同。档案内容中虽也有知识，但这些知识是不系统的知识片段；图书内容中虽也有对历史事实的记载，但这种记载不是直接的原始记录，而是经过加工提炼后的系统性知识，如根据工程档案内容编写的建筑工程、公路工程发展历程的图书。

五、档案与资料

资料是现实中最接近档案、与档案关系最为密切的概念（事物）。人们在现实生活中常常将这两个概念相互混淆，尤其是常常将档案称作资料。从逻辑上讲，这二者概念的外延有很多交叉重合，且资料的外延一般来说要大于档案，但它们内涵上的区别还是比较明显的。资料是一个相对性、动态性极强的概念，其外延极为宽泛。一般来说，凡是对人们研究、解决某一问题有一定价值的所有相关信息均可称为资料，而无论其具体是什么——文书、档案、图书、报刊、文章、音像乃至文物等，只要是对人们研究解决某一问题有信息支持价值的，都可看成是资料；也无论其处于何种状态——是被集中保存在某处，还是散存于各处有待人们去搜集、整理。而档案没有资料的那种相对性与动态性。所以，档案可以被人们作为资料看待使用，但资料不能被作为档案看待使用。档案部门所保存的资料也具有相对性，是围绕其档案所形成的对了解档案内容及立档单位历史有价值的相关信息，如内部出版物、报刊、文件汇编等。

六、档案与文物

文物是与档案在内涵上最接近的概念（事物），但仔细辨析，其区别也较为明显。文物是有文化价值的历史遗留物，其形态主要是过去人们直接使用的实用性物品，如器具、建筑物、衣服等，当然也包括重要的历史文件，这些有历史文化价值的东西必然会有相当程度的原始记录作用。可见，从逻辑上讲，档案与文物在内涵上有部分交叉重合。档案，尤其是重要档案，因其既具有原始记录作用又有突出的历史文化作用，可看作是文物，并作为文物被收藏。但绝大部分文物不能成为档案，因为文物大部分是实用性物品，其所记录的历史事实的内容信息是不清晰、不明确的。而档案是指内容信息清晰、确定，可明确说明某一历史事实的原始记录，其主导性实存形态目前仍是各种文件。所以，内容信息是否具备清晰性与确定性是档案与文物之间的根本区别。如毛泽东、周恩来逝世后，其办公室中的所有文字、图片类的东西，包括片纸只字一律封存送交中央档案馆，而他们穿过的衣服、用过的器具等不是档案,可以作为文物交博物馆收藏。档案中的"实物档案"确立的标准也是其所记录的内容信息的清晰性与明确性。一般而言,只有那些自身带有文字的实物(如公章或印章、锦旗、奖杯、标牌、钱币、带字的旗帜、牌匾等)才可成为实物档案被档案部门收藏,而无文字的实用物品因不能说明其产生、使用的历史背景等史实,不能成为实物档案,若其有较高的文化价值,可作为文物被博物馆等文物部门收藏。此外,实物档案的另一必要条件是其技术上的可保存性,那些即使带有文字却无法收藏的庞然大物(如服役用过的飞机、坦克等),也不可能成为实物档案。

第三节　档案的价值形态

档案的价值形态是指档案价值的具体表现形式。研究档案的价值形态,对于正确理解和把握档案价值、完善档案价值理论体系乃至科学地鉴定档案的价值具有重要的理论和实践意义。从不同的角度剖析和划分,档案价值具有不同的表现形式。

一、凭证价值与情报价值

根据档案价值实现领域和效果的不同,可分为凭证价值和情报价值。

(一) 凭证价值

档案是历史的真凭实据,它的这种可资为凭的特性构成了档案的基本价值之一——凭证价值。

档案的凭证价值是档案不同于其他各种资料的最基本的特点。档案是确凿的原始材料和历史记录,它可以成为查考、研究和处理问题的依凭,认定法律权利、义务与责任的证据。第十二届国际档案理事会主席、加拿大国家档案馆原馆长让·瓦洛认为:"档案是契约文件、行动记录和议事记录,是已做或计划要做的事,是所体验和表达的思想感情以及社会重大争论的可靠证明和根据。没有这样的档案文件,就没有什么家庭、社会和人群能够理解和证明各种事实,并将其与虚构假设相区分。"

档案之所以有凭证价值,是由档案形成过程及其结果的内容和形式特点决定的。

首先,从档案的内容看,它是从当时直接使用的文件转化而来的,并非事后为使用而另行编制的,因此它客观地记录了以往的历史情况,是令人信服的历史证据。正如恩格斯所说:"对于事态的真相,现在不可能提出文件来作证据。只有在事件本身成为历史陈迹的时候,这些证据才会出现。"作为历史陈迹的档案,具有无可置疑的证据作用。例如,我国保存的历史档案雄辩地证明了自元朝以来中央政府一直对西藏实施了有效的管辖,西藏是中国领土不可分割的组成部分,从而有力地驳斥和打击了少数分裂分子和某些国家策划的"西藏独立"的阴谋活动。

其次,从档案的形式特点看,文件上保留着真切的历史标记。有些文件的全文是当事人的亲笔手稿;不少文件上留有负责人和有关人员的亲笔签署或批示;很多文件上盖有机关或个人的印信；还有一些是原来形象的照片、录像和原声录音。电子文件的形式特征有的可以存在于文件之中，如将手写签名嵌入文件，有的则以元数据的方式记录下来，如文件起草人、修改者、发件人、收件人等。这些原始标记和原始数据成为档案原始性、真实性的印记。毛泽东在修改中央起草的一份文件时，曾在一处专门增写了一句话："社会实践是检验真理的唯一标准。"在修改《人的正确思想是从哪里来的？》一文时，最后又特别加上了"此外再无别的检验真理的办法"。这些手迹清楚地表明了毛泽东对实践的重视，以及他对马克思主义认识论所作的科学论述。这些对于当时历史环境下解决真理标准问题的某些争论具有充分的说服力。在工程档案中，勘测记录及分析结论或报告、设计所采用的标准、设计计算书、设计图纸等，都强调文件材料的规范性及其责任签署的完备性，其用意除了规范当时的工作，还有确保这些材料归档时符合档案的形式特点的考量，以保证在将来利用时能够起到凭证作用。

（二）情报价值

档案是事实、知识和经验的记录，它的这种可靠的、广泛的、可资参考的特征，构成了档案的又一基本价值——情报价值。

档案记录了历史活动的事实和经过，也记录了人们在各种活动中的思维过程，所以它能给人以互有联系的、系统的、广泛的情报信息。档案的这种情报价值，体现在不同层次的档案集合体中。首先，体现在一个档案馆（室）以至国家档案馆的档案材料中，比如，从第一个五年计划至第十三个五年规划的大量档案，可以提供关于我国经济和社会发展的历史过程，反映许多规律性的信息。其次，体现在一定数量文件的单元组合中，比如，关于一个土木工程项目设计、施工、竣工、运维的档案，可以提供该建（构）筑物始末的信息。最后，体现在同一文件的不同稿本或同一稿本的修改墨迹中，比如，从一份文件的历次文稿中，可以提供讨论研究与认识变化过程的详细信息。法国前总统弗朗索瓦·密特朗高度评价档案的这种情报价值，他说："每个国家的档案既保留了过去活动的踪迹和走过的道路，又启发和指导当今的现实生活。"

档案和报纸、杂志、书籍、文章等，都可作为情报资料来参考，其情报价值和参考作用各有所长。档案作为一种信息资源，其主要特点在于它的原始性和可靠性。比如，历史上太平天国领袖洪秀全发布的诏书，对说明和研究太平天国的有关问题，比其他一些非原始的间接材料就更加可靠。恩格斯在谈论俄国沙皇政府的对外政策时说，波兰起义者缴获康斯坦丁大公在华沙的一批外交档案，是揭露沙皇政府力图分裂和统治西欧各国的"那些阴谋的历史的主要资料之一，至少是最可靠的资料"。我国语言文字学和文献学专家沈兼士先生称档案是"未掺过水的史料"。在自然科学上，中国是世界上保存地震记录最早、连续积累资料最多的国家，这些大量的原始资料，为我国研究地震的规律性和提高地震预报水平提供了可靠的基础。中国的许多有关地震的情报资料，对世界也有重要的贡献。在工程建设上，某一区域历年特别是近几年竣工档案中记载的工程经济技术指标值，是拟新建项目投资估算的可靠参考。广泛地讲，档案在许多工作中是宝贵的资料，甚至是不可缺少的参考依据。在日常行政业务工作、科学研究、生产活动以及政治和军事活动中，没有或者不去查考档案不仅不利于开展工作，有时甚至会酿成差错。

由于档案是历史的凭证和原始的情报材料，所以人们把档案称作“真实的历史记录”。这是从大量的实践中得出的理性认识。同时还应该指出，对档案的真实性和可靠性应该辩证地理解。一方面，因为档案是由在历史上从事特定活动时作为表达工具所使用的文件转化来的，所以档案信息在反映历史活动的客观过程方面是真实的，在反映史实内容方面，一般也比其他资料更为可靠。另一方面，由于生成档案时特定的历史背景、档案形成者认识的局限或其他原因，档案所记述的信息内容有的是真实的，也有的是不真实的或不完全真实的。例如，在“文化大革命”期间，档案内容失真的情况则非个别现象。但是，即使档案内容有虚假部分以致完全违背事实，它还是反映了当时的历史情况，反映了档案形成者的认识水平和本来意图，留下了当事人行为的痕迹。

因此，档案工作者和档案利用者应该以辩证唯物主义和历史唯物主义的观点对待档案。既不能毫无分析地一律使用，也不能因为某些档案内容有问题，就简单地视为不可信，或者把错误的内容随意修改为自认为正确的内容，甚至轻率地毁弃不存，人为地造成一段“历史空白”。保存原始的历史记录是档案管理的重要准则，对于确认内容失实的档案，以卷内备考表或者其他形式附加说明。在日常管理中，特别是在提供利用方面应审慎从事，适当加以控制，同时加强咨询工作，以合理地发挥档案的作用。

董必武的《题赠档案工作》有言：“典谟训诰，宝之无佚；只字片言，亦所珍惜。……创业扩基，前轨可迹；……察往知来，视兹故帙。”这段题词寓意深远，对我们认识档案的价值很有教益。

二、现实价值与长远价值

根据档案价值实现时间的不同，可分为现实价值和长远价值。

档案的现实价值又可以称为现行价值，是指档案对现实的社会实践活动所具备的有用性。档案现实价值的主体包括档案形成单位和其他单位，社会实践活动包括生产建设、行政管理、文化艺术、外交军事、科学研究等。档案的长远价值，是指档案价值的时效性可以扩展到遥远的未来，在相当长的时间中能够满足社会各方面利用者需要的性质。无论是现实价值还是长远价值，都包括凭证价值和情报价值两种不同形态。对于具体的档案而言，有的具有现实价值与长远价值的统一性，有的则侧重或仅有其中的某一方面。如有些档案只在现实工作中具有行政时效性和法律凭证性，时过境迁就会失效；有些档案现实作用并不显著，却可能成为未来重要的史料。

关于档案的现实价值和长远价值，在党和国家早期档案工作实践中就已经体现出来了。1931 年，党中央起草了《文件处置办法》，周恩来在这个文件上亲笔批示：“试办下，看可否便当。”这个文件最后写道：“如可能，当然最理想的是每种二份，一份在阅，一份入库，备交将来（我们天下）之党史委员会。”新中国成立以后，周总理一再强调，档案和档案工作要“为今天，也为未来服务”。周总理的思想实际上涉及两个方面：一是保存档案的根本目的是利用档案；二是强调档案不仅要为今天利用，而且要为未来服务。为今天利用就是实现档案的现实价值，为未来服务指的就是实现档案的长远价值。

档案的现实价值比较容易认识和把握，因为档案价值的主体——利用者及其需求是现实的，档案可以满足这些需求的属性比较容易判断；而全面、准确地认识和把握档案的长远价值难度较大，因为人们难以预测和估量未来的利用者对现今档案的利用需求，或者说哪些档案可以满足那些无法准确预测的未来的需求。因此，国内外一些档案学者反对以预测利用者需求为前提确定档案的长远价值，主张用档案所反映的机构职能活动的重要程度判定其有用性，认为记录机构主要职能活动的档案可以反映该机构的主要历史面貌，不仅可以因现实的需求构成现实价值，也易于满足未来利用者的档案需求，从而构成档案的长远价值。认识档案现实价值和长远价值的联系与区别，有利于我们全面把握档案的价值，不以一时或短期的利用率论价值，树立为子孙后代保存档案财富、保留社会记忆的历史责任感。

三、对形成者的价值和对社会的价值

档案价值根据主体的不同，可分为对形成者的价值和对社会的价值。

文件的双重价值学说是由美国著名档案学家谢伦伯格提出的，他认为文件的第一价值是文件对其形成机关的价值，它是文件的原始价值，包括行政管理价值、法律价值、财务价值和执行价值；文件的第二价值是文件对其他机关和个人利用者的价值，又称从属价值或档案价值，包括凭证价值和情报价值。谢伦伯格在这里使用的是“大文件”概念，包括文件从生成到永久保存或销毁整个生命周期。在我国，文件归档即转化为档案，机关档案室保管的档案大多开始于半现行期，有的甚至还处于现行期就归档了。而在美国，通常在文件进入非现行期移交档案馆保存后才转化为档案，因此，档案在文件生命周期中的阶段比我国要短一些。我国档案价值主体与谢伦伯格所论述的文件价值主体比较接近，文件双重价值学说对于我国研究档案价值具有可借鉴性。为表示与谢伦伯格文件双重价值论的区别，这里以档案价值关系的不同主体来表述。

档案对于其形成者所具有的价值类似于文件的第一价值，其价值主体是档案形成者；档案对于社会（即除档案形成者之外的其他利用者）所具有的价值类似于文件的第二价值，其价值主体是非档案形成者。两种价值主体划分体现了档案价值具有对机关（责任者）的作用和对社会的作用的双重性及过渡性。在我国，档案对于形成者价值的实现一般是在档案室阶段，而对于形成者之外的社会价值的实现主要是在档案馆阶段。据此，我国《机关档案工作条例》和《档案馆工作通则》规定：省级以上机关应将永久保存的档案在本机关保存 20 年左右；省辖市（州、盟）和县级以下机关应将永久、长期保存的档案在本机关保存 10 年左右，再向有关档案馆移交。《科学技术档案工作条例》对自然科学研究、生产技术、基本建设等活动中形成的档案管理规定也体现了档案对于形成者及社会的两种价值区别。划分档案对形成者的价值和对社会的价值，有助于我们把握档案发挥作用的规律性，使档案既为其形成单位服务，又能为社会广大利用者利用，提高档案的社会效益。

不同种类的档案在从对形成者的价值向对社会的价值的过渡时具有不同的特点，例如，科技档案价值的时效性很强，从对形成者的价值向社会价值转化的时间往往比文书档案要短一些；由于科技档案一般不向国家综合性档案馆移交，实现其社会价值的任务也大多由档案室（或企业、事业单位档案馆）承担；科技档案的社会价值实现过程中可能会伴随

一些经济行为(如科技档案信息的有偿转让等),而不像文书档案社会价值的实现具有较为明显的公益性;等等。关注不同种类档案由对形成者的价值向对社会的价值转化的差异性有助于完善档案价值理论,把握档案价值主体的转化时机和转化方式,充分发挥档案的作用,为科学技术进步、社会全面发展服务。

第四节 档案的作用

档案是人类文明的伴生物。在人类漫长的文明史中,无论各个国家的政权性质如何、发达程度如何,都无一例外地在日积月累地形成和保存档案,并将其流传于后世。之所以如此,是因为档案具有独特的、重要的、广泛的社会作用。随着社会进步和人们认识的发展,档案的作用仍在不断被发掘,目前比较集中和主要地表现在行政、业务、文化、法律、教育等几个方面。

一、行政作用

档案是各级各类机构、社会组织行使职能、从事管理活动的真实记录,这些记录对于相关机构、地区乃至国家工作人员察往知来,保持政策、体制、秩序、工作方法的连续性、有效性以及决策的科学性具有不可替代的凭证和参考作用,这种作用可以称为资治作用或行政作用。

明代内阁大学士邱濬奏议建"皇史宬"档案库的上疏认为,"经籍图书者乃万年百世之事","今世赖之以知古,后世赖之以知今者也",应"立为案卷,永远存照"。谢伦伯格认为,档案是一个政府借以完成其工作的基本行政工具,是政府机构赖以建立的基础。这是因为档案中包含机关、企事业单位行使职能的法律依据、处理事务的结果、重要事实的记录和大量的工作经验,各级机构需要借助这些依据和经验去制定政策,处理社会、组织、程序等方面的问题。没有这些记录,任何机构都难以保证其决策、管理上的连续性和科学性。要在日常工作中避免主观唯心主义,坚持实事求是,就不能离开对以往工作活动记录的查考。大至制定党和国家的方针政策,小至处理每一件具体事务,都应该有理有据,而这个"据"就是既定政策和事物的本来面貌,它在很大程度上来自档案。机关领导和业务工作人员,在熟悉情况、总结经验、制订计划、研究案例、处理问题时,常常需要从档案中查考先前的记载,从中得到依据和重要的参考信息,保证工作的顺利进行。例如,党的十一届三中全会通过的《关于党内若干历史问题的决定》就是在大量利用档案的基础上写成的。在机关、企事业单位的决策和管理活动中,通过对档案的利用和分析,有助于对现实工作和未来发展作出准确的判断,实现对人、财、物、信息等资源的有效管理。如北京城建档案馆为北京的城市规划和建设提供了大量原始资料,为建设具有民族传统和时代精神的新北京作出了重要贡献。相反,有的地方或机构由于"无档案可查",常常贻误工作,因盲目而导致错误的决断,给政治活动、行政管理和经济工作带来被动和损失。无数事实证明,档案是行政工作的工具之一,充分发挥档案的作用有助于计划和决策的科学化,有利于提高工作效率和管理水平。

二、业务作用

档案作为历史的记录,宏观而言,它纵贯古今许多历史阶段,横穿自然和社会的各个领域。微观而言,它记述了人们改造客观世界和主观世界的实践过程,涉及生产经营、金融贸易、工程设计、教育卫生、文学艺术、军事外交等诸多方面。档案在每一个业务领域中都可以发挥重要的凭证和参考作用,成为业务活动的信息支持和保障。

档案记载了各行各业运营、发展的有关情况、成果、经验和教训,是以往业务活动的记录和继续开展业务活动的条件。这是因为:第一,人类的生产、经营等各种业务活动与行政管理都是连续的过程,是以部分地继承前人的成果、经验为条件的。没有这种连续和继承,社会生产力就难以发展,各项业务就失去了根基。因此,在各项业务活动中经常需要查阅以往的记录作为继续工作的依据。第二,在业务活动中,常常需要利用前人的精确记录,这是人脑记忆和口头传达难以满足的。有时由于缺少一个数据或数据不准确,就会妨碍业务活动的正常进行。而各种专门业务档案中除了以文字表达的定性记录外,还有大量以数字表达的定量记录(如工程测量、试验、检测、计量等记录)和以图形、图像表达的记录(如设计图纸、勘测图、监测图等),这些记录是业务活动中不可或缺的基础和条件。例如,工程档案是工程管理、维护、运行监测、技术改造等工作必需的支撑性材料;会计档案是编制国家、地方和单位预算的重要依据,是各项经济查证的可靠的书面证明;诉讼档案是各类案件审结和再审、复审时的可靠凭证;商标档案是确定商标专用权、开展商标评审工作、监督产品质量、查处商标侵权行为以及进行商标咨询工作的基本依据。

在各项业务活动中形成的档案不仅可以维持业务活动的正常进行,有时还可以产生明显的社会效益和经济效益。中国第一历史档案馆所藏明清时期的水文档案为建设长江三峡水利枢纽工程和治理黄河、海河提供了重要的依据和参考。浙江省建设设计院利用茅以升先生保存下来的钱塘江大桥档案,掌握了该桥桥址附近区域的地下水文情况,节省了 15 万元钻探费,并加快了改造加固设计速度。在 1991 年居庸关及古长城遗址的修复工程、1999 年天安门广场的修整工程中,档案都为工程的设计和施工提供了重要依据,而且节约了大量的施工费用。又如,在生产开发领域中,充分利用档案可以节省大量资源,对于节约劳动支付和避免重复劳动,对于企事业单位挖潜、革新、改造、取得经济效益都具有重要作用。据有关文献的实证调查,各省级综合档案馆在 2018 年通过开发利用档案创造的直接和间接经济效益均在亿元以上。也曾有文献报道,由于不重视档案和档案利用,在全国工程建设特别是市政建设方面,乱开乱挖等野蛮施工造成道路及地下管线破坏的损失在千亿元以上。

三、文化作用

档案的文化作用主要是指档案是人类创造的一种宝贵的精神文化财富,以及它对人类社会文化的积累、传播、发展与进步所发挥的各种功能。档案与文化紧密相连,档案是人类文明的产物，是历史文化遗产中必不可少的组成部分。社会文化的发展具有历史连续性，社会物质生产发展的连续性是文化发展历史连续性的基础，而档案的存在和发展是文化发展连续性的重要条件之一。

档案是民族文化的集中体现。档案是一个民族、一个国家历史的真实记录，内容广泛而丰富，既包括朝政国法、军事经济，也含有风土民情、自然景观，在某种意义上，档案是民族文化的"根"和民族文化心理的情感寄托。截至 2019 年，中国已有 13 项档案文献遗产名列《世界记忆遗产名录》，它们分别是：2017 年入选的甲骨文、清代澳门地方衙门档案、近现代苏州丝绸档案；2015 年入选的南京大屠杀档案；2013 年入选的侨批档案、元代西藏官方档案；2011 年入选的《本草纲目》（1593 年金陵版）、《黄帝内经》（1339 年胡氏古林书堂印刷出版）；2007 年入选的"样式雷"建筑图档；2005 年入选的清代科举大金榜；2003 年入选的东巴古籍文献；1999 年入选的清代内阁秘本档；1997 年入选的中国传统音乐录音档案。

档案是历史文化的积累。档案中记录了人类思想、活动的成果，这些知识和经验使得人类社会走向文明。档案与人类文化活动同生同在，是人类文化活动的伴生物与副产品。美国著名民族学家摩尔根认为，人类是"通过经验知识的缓慢积累，才从蒙昧社会上升到文明社会的"。社会的发展、科学的进步都是建立在一定的文化积累基础之上的，而档案正是人类社会绵延不断的文化的重要载体。

档案是历史文化传承的手段。档案中凝聚了历史经验，蕴涵着社会和事物的发展规律，档案保存和流传的实质是人类文化的延续。这种文化传承有时借助于档案本身的流传，有时则以档案作为历史研究和其他学科研究的第一手资料转载于其他著述和学术成果之中。在历史研究中，史学研究人员常借档案记载了解历史事件的来龙去脉、前因后果、内外关系，以把握历史发展规律。我国的许多史学名著，如《史记》《汉书》等都是利用档案才写成的。胡绳的《从鸦片战争到五四运动》一书，也是在对大量档案史料和其他文献资料深入研究的基础上完成的，据统计，该书直接引用的档案史料就达 843 处。2009 年北京电视台推出的一档纪实栏目——《档案》，主要以案件和事件的现场实录回放、档案记载为线索，披露国内外大案要案、社会传奇、情感故事等，展现人生百态，透视社会万象。节目获得了良好的社会关注度，对于弘扬社会正义、传播正能量具有显著效果。

档案是文化创新的基础。这不仅表现在人们可以从档案中吸取历史文化的精髓，作用于社会意识形态，形成新的文化价值判断；也表现为人类可以在借鉴已有文化成果的基础上创造新的文化。例如，一些档案具有较高的文学艺术价值，可供欣赏和收藏；一些档案资料为文艺作品的创作提供了生动可信的素材和生活原型，被直接或间接引用到各种文艺作品中，如北京京剧院在创作京剧《风雨同仁堂》时，就利用了大量的档案，同仁堂和其他许多老字号的原始档案资料都成为编剧、导演构思剧本的基础。

四、法律作用

档案的法律作用是指档案在解决争端、处理案件等活动中所发挥的证据作用。法律作用是档案凭证价值的重要体现。从档案的形成来看，它是当时、当地、当事人在业务活动中形成的原始记录，真实性、可靠性强，是令人信服的真凭实据。

一方面，在政治斗争、军事斗争、经济斗争、外交斗争、解决领土争端等方面，档案的法律作用表现得十分突出。为此，从古至今，各国政府都把档案作为一种斗争的武器。在奴隶社会、资本主义社会中，统治阶级把档案看作“插入鞘中的剑”“社会的甲胄”。在我国大量的档案中，记载着国内外不同时期和各个方面的活动以及我国人民进行革命斗争的情况和有关的历史事实。例如，对于第二次世界大战期间侵华日军制造的南京大屠杀事实，尽管日本右翼势力不断否认、叫嚣，但 1994 年辽宁省档案馆发现了一组记载南京大屠杀情况的日文档案，这些日本侵略者自己形成的档案还历史以本来面目，可以说是铁证如山。南京市档案馆馆藏的崇善堂埋尸档案、南京汪伪政府档案等几份原始档案记录，完全可以作为法律证据，将日本侵略者推上历史的审判台。根据中外档案馆的有关史料、国际军事法庭和中国军事法庭对此案的审判记录、参战日军官方和私人留下的罪行证据，以及当年西方目击者提供的证言材料和幸存者的血泪控诉等档案编辑出版发行的《侵华日军南京大屠杀》光盘，将日本军国主义关于“南京大屠杀是虚构的”这一疯狂叫嚣驳斥得体无完肤，使人们更加确切地了解历史真相，认清侵略者的本质。

另一方面，档案在维护国家、集体、个人合法权益方面的法律作用也十分突出。档案中有关立法性质的文件规定了各种社会关系、国家关系、经济关系和政治关系的组成；契约、合同、协议、单据等社会团体、个人之间交往中形成的文件，记载了各方承担的政治、经济、劳务等方面的权利和义务。当在这些问题上产生疑问、争执、纠纷时，档案最能够说明权益的归属，具有无可辩驳的证据作用。例如，被称为打赢了“中国入世后中国企业在国际贸易争端中第一案”的上海埃力生钢管有限公司，在被美国钢铁协会和美国商务部指控生产出口到美国的高直缝钢管以低于正常价值的价格倾销进入美国市场，对美国本土的相似产品及相关工业造成实质性损害时，以大量的生产成本、生产总量、国内销售价格、出口价格、出口数量等方面情况的档案资料积极应诉，最终获得了胜诉并保护了自己的合法权益。

在日常生活中，档案作为法律凭证维护正当合法权益的例子也不胜枚举，如档案在解决房地产纠纷、证实个人学历或经历等方面都发挥了很大的作用。国家铁路集团有限公司档案史志中心近几年档案利用登记及统计数据表明，利用档案作为原始凭证，解决与地方之间的土地产权纠纷，仅为铁路建设避免重复征用土地一项，就减少费用近十亿元。近年来关于民生问题的城镇职工社会保险办理，在农垦系统特别是已经解散了多年的原国有农场职工、合同工等身份认定工作中，档案起到了关键性的作用。在国家取消二级公路收费政策落地工作中，原有项目建设的造价、权属以及项目建成后的运行维护等档案，都成了政府与经营路权的企业谈判收回事项的重要论据材料。2014 年和 2015 年，全国法院新收知识产权（民事、行政和刑事）一审案件总数分别为 11.7 万件和 13.0 万件，这些案件都是通过利用档案取得证据而最终审结的。

五、教育作用

古人立档有直接或间接的目的，一方面反映了中央集权制的封建政权在政治方面的需要，另一方面也是所谓文化——“文治教化”的需要。教育是指按照一定的社会要求，对受教育者身心施以影响的一种有目的、有计划的活动。除了学校教育外，人们还要有意无意地接受家庭教育和社会教育，其中，社会教育是终身教育。在社会教育的诸多素材中，档案以其独特的历史性、直观性和原始性，成为宣传教育的重要材料。

档案是一种重要的教育资源，它以第一手原始材料见长，翔实地记录了人们创造历史的曲折历程和奋斗足迹，形象生动地反映了社会生活的方方面面，其真实性不容置疑，因而具有不可抗拒的说服力和感染力，如果能够得到有效的开发，就能在发展民族心理过程中，在促进人们了解其自身发展及与外部世界的联系方面，发挥无法估量的作用。档案的教育作用可以通过多种形式表现出来。据有关资料记载，“档案与学校”是1950年在法国巴黎举行的第一届国际档案大会的议题，同年，法国国家档案馆设立了教育处。1952年起，法国各省档案机构也相继设立了这样的部门，它们为学校的历史教学提供示范性服务。至1969年，法国在96个省中，已有50个省的档案机构建立了教育处，每周平均为700名学生提供2～6个课题的教学服务，在某些省份，接待人数甚至高达每周2 000人次。

在我国，档案的教育作用大多通过展览的形式发挥出来。利用档案举办展览、开展演讲报告等多项宣传教育活动，可以突破各种限制，尽可能地扩大受众面，让更多的人了解真相，接受历史教育。尤其是对我国社会主义精神文明建设而言，各级各类档案馆可充分利用馆藏举办展览、进行主题教育活动或摄制宣传片等，成为爱国主义或行业文化教育基地、青少年教育基地。例如，仅2019年，江西省交通运输工程档案馆作为江西交通职业技术学院校企合作单位、教师工作站、大学生创新创业教育基地，全年提供教学及学习资源服务500余人次，供给“路基路面”“公路勘测设计”等课程实践教学图纸档案副本50余卷。在新生入学教育日及档案馆开放日，接待学生参观学习超过6 000人次。2019年，国家档案局发布了《国家档案馆爱国主义教育基地工作规范》(DA/T 34—2019)，进一步规范了档案发挥教育作用的指导思想、基本原则和要求。

第二章

档案工作体系

第一节 档案工作的内容

档案工作,从广义上讲,包括档案管理工作、档案主管工作、档案教育工作、档案宣传工作、档案科研工作、档案国际合作与交流工作等。

一、档案管理工作

档案管理工作是指用科学的原则和方法管理档案,为党和国家各项事业服务的工作。它的基本内容包括档案的收集、整理、鉴定、保管、编目与检索、编辑与研究、统计和利用等8个环节。

1. 档案的收集工作

各个机关、机关内部各个组织单位形成和使用的文件,往往是分散的,而且数量庞大,而机关和社会对档案的利用要求其是一定程度上集中的。为了解决档案的分散形成与集中利用之间的矛盾,就形成了档案的收集工作。

2. 档案的整理工作

收集起来的档案不仅数量庞大,而且仍然处于零乱状态,而日常管理和实际利用要求对档案材料进行系统化。为了解决档案的零乱与管理和利用的系统化要求之间的矛盾,就形成了档案的整理工作。

3. 档案的鉴定工作

随着时间的推移和社会活动的继续,新的档案在不断形成,档案数量在不断增长,有些档案也会因其存在环境的变化而失去保存价值。为了使有保存价值的档案能够得到优先保管并能发挥最大作用,以满足社会利用的需要,就形成了档案的鉴定工作。

4. 档案的保管工作

由于自然和社会的各种原因,档案总是处于渐变性的自毁过程中,或者可能会遭到突变性的破坏,而社会利用要求长远地拥有完好的档案。为了解决档案自然寿命的有限性与社会长远利用需要之间的矛盾,就形成了档案的保管工作。

5. 档案的编目与检索工作

数量庞大的档案通常是按照它的自然形成规律进行整理存放的。档案一经整理,其体系将保持相对稳定。由于档案往往是孤本,因此档案整理排放的体系具有单向线性特征。而社会对档案利用的需要是多样的和变化的。为了解决档案馆藏体系的单向线性排列与社会多样的和变化的利用需要之间的矛盾，为档案的查找提供手段，就形成了档案的编目与检索工作。

6. 档案的编辑与研究工作

档案部门收存的档案，主要是原始材料，有的相当珍贵，一般只适宜馆内利用，而社会利用档案的需要是广泛的。为了满足社会多样和广泛利用的需要，宜对一些相关内容的档案进行研究，汇编出版为档案参考资料，这就形成了档案的编辑与研究工作。

7. 档案的统计工作

为了了解档案工作的基本情况，分析档案工作的规律性，提高档案管理水平，需要对档案和档案管理的状态进行数量观察和分析研究，这就形成了档案的统计工作。

8. 档案的利用工作

对档案进行一系列的管理活动，其最终目的是发挥档案的作用。档案的作用是在对其利用的工作中得以实现的。为了满足社会利用，需要通过各种方式向用户提供档案材料，这就形成了档案的利用和服务工作。

由以上可见，档案管理业务的各个环节，实际上可以归纳为两项基本工作，即档案基础工作和档案利用工作。档案基础工作为档案利用工作创造条件，档案利用工作则反映了档案基础工作的成果，同时也向基础工作提出了新的要求。

二、档案主管工作

档案主管工作是以满足国家各项事业的需要为目标，对全国以及地方档案工作进行统筹规划、组织协调、统一制度、监督指导的活动。档案主管工作的目的是不断调节档案事业系统的内部关系和外部关系，促进档案事业的发展，为国民经济和社会发展提供服务。

档案主管工作的主要内容是：以档案主管部门为组织协调中心，培训和提高档案工作人员的能力和水平，依法行政，通过调查研究和加强管理，完成规划制定、统一制度、行政监督、组织协调、业务指导和咨询服务的任务，提高档案行政效率，从而促进档案工作整体水平的提高。

三、档案教育工作

档案教育工作是以促进档案事业发展为目标，部署教育资源，培养各类档案专门人才的活动。从宏观上看，我国档案教育体系包括高等教育、中等教育、在职继续教育和社会教育四个部分。①档案高等教育是我国档案教育的核心部分，是培养中、高级档案研究人才、档案管理人才、信息开发人才以及档案事业管理人才的主要途径。高等教育包括研究生、本科生、专科生三个教育层次。②档案中等教育是培养初级档案管理员、技术人员的主要途径，它的办学形式主要有中等专业学校和职业学校。③档案在职继续教育一是对已经从事档案工作的人员进行继续教育，以新理论、新技术、新方法的传授为主要目的；二是对未受过档案专业系统教育的档案人员进行培训，以档案基础理论、基本管理方法的普及作为主要目的。④档案的社会教育是指向社会各方面宣传档案学知识，增强社会的档案意识。这种类型的档案教育主要是举办档案展览、编写各类通俗读物、结合国际档案日主题进行宣传等。

四、档案宣传工作

档案宣传工作是向广大档案工作者宣传党和国家有关档案工作的法规与政策，对其进行思想教育，向社会宣传档案和档案工作，以增强社会档案意识的一种舆论引导和舆论监督的活动。档案宣传工作是党和国家整体宣传工作的一个方面，也是档案事业的一个重要组成部分和发展档案事业的一个重要条件，同时，它也是对档案事业实行宏观管理、进行监督指导的一种手段。

五、档案科研工作

档案科研工作是通过调查、观察、试验、比较、分析等手段，将档案工作实践的感性材料加以研究、提炼，上升为理性成果的一项创造性工作。在我国档案工作体系中，科研是其中重要的组成部分，是档案事业建设与发展的重要条件。我国档案科研工作按研究对象的性质划分，主要有基础理论研究、应用理论研究、应用技术研究等内容。

六、档案国际合作与交流工作

档案国际合作与交流工作，是我国社会主义档案事业的一个重要组成部分，是发展我国档案事业的外部条件。同时，它又属于国家外事活动的组成部分，是国家对外文化与科技交流的一个重要方面。

第二节　档案工作的基本原则与体制设计

我国《档案法》规定：档案工作实行统一领导、分级管理的原则，维护档案完整与安全，便于社会各方面的利用。这是以国家法律的形式确定了我国档案工作的基本原则。这一基本原则由三个互相联系的有机组成部分构成。

一是全国档案工作实行统一领导、分级管理的原则。统一领导、分级管理既是由我国社会主义制度决定的，又是档案工作的客观需要。这一原则涵盖三方面内容：①国家档案按规定分别由各级、各类档案保管机构集中管理。现阶段，我国存在三种档案所有权：国家所有、集体所有、个人所有。对三种不同所有权的档案，要按照《档案法》的规定，采取不同的管理办法。国家机关、国有企业及事业单位形成的档案，必须按照规定定期向本单位档案机构（档案室或档案馆）移交，集中统一管理，任何人不得据为己有。同时国家机关、国有企业及事业单位应按照规定定期向国家档案馆移交需要长久保管的档案。至于集体和个人所有的档案，《档案法》第十六条规定："集体所有和个人所有的对国家和社会具有保存价值的或者应当保密的档案，档案所有者应当妥善保管。"②全国档案工作在各级人民政府领导下，由各级档案行政机构统一、分级、分专业管理。所谓统一管理，是指国家档案行政管理机关主管全国档案工作，对全国档案工作实行全面规划和统筹安排，制定统一的档案法规和业务标准，提出统一的方针政策，进行业务指导和监督；所谓分级管理，是指县级以上各级人民政府的档案行政管理部门主管本行政区域内的档案工作，可按照国家有关档案工作的统一规定和要求，结合本地区的情况，制定本地区的档案工作规划、制度和办法，并对本地区内机关、团体、企事业单位和其他组织的档案工作进行指导和监督。③对党政档案和党政档案工作实行统一管理。把党的档案工作和政府的档案工作统一起来，实行各级党委直接领导的机制，尽管这种领导机制经历了几次变动，但党政档案、党政档案工作统一管理的机制没有变化。2018 年国家机构改革以来，地方档案管理工作基本实行局馆分离，档案行政管理事务融入地方党委办公厅（室）职能，强调党管档案，更加突出了档案工作统一领导、分级管理的原则。

二是维护档案的完整与安全。这是档案工作的基本要求，只有维护档案的完整与安全，才能维护党和国家的历史真实面貌，才能充分发挥档案的作用。①档案的完整性包括档案材料收集齐全和整理系统两个方面。收集齐全是指凡有保存价值的档案，应当“颗粒归仓”地收集，只有这样，才能完整反映一个单位、一个系统、一个地区乃至整个国家社会基本活动的历史面貌。整理系统是指凡有保存价值的档案，必须按照它的形成规律，组成有机联系的整体。②档案的安全是指档案实体和档案内容都安全。维护档案的实体安全是指在管理上和技术上采取相关措施，使档案不受损坏，尽量延长档案的寿命。维护档案的内容安全是指对机密档案和需要控制利用范围的档案实行严格的管理，确保机密档案不丢失、不泄密、不超范围扩散。

三是便于社会各方面的利用。档案便于社会各方面利用，满足社会对档案的需要，这是档案工作的根本目的。因此，是否便于社会各方面对档案的利用，是检验档案工作效果的重要标准。档案工作做得是否有成效，主要是从档案工作的社会效益和经济效益来衡量。同时，便于社会各方面对档案的利用，也是保证档案工作得以发展的重要条件。《档案法》中明确的“便于社会各方面的利用”，是对我国档案工作基本原则的发展。

档案工作基本原则的三个组成部分，是辩证统一的有机整体。“统一领导、分级管理”是核心，没有这个核心就不会有档案的完整与安全，也就难以保证社会各方面对档案的利用需求的实现；“维护档案的完整与安全”是措施，没有这个措施就不能使统一领导、分级管理的组织原则落实到位，也难以向社会各方面提供充分的档案利用；“便于社会各方面的利用”是目的，离开这个根本目的，维护档案的完整与安全也就失去了意义和方向。

基于上述档案工作的基本原则，我国现行档案工作实行“统一领导、分级管理”的集中式管理机制，由国家档案局主管全国档案事业，统筹规划，组织协调，统一制度，并对中央和国家机关各部门、全国性社会团体的档案工作，中央级国家档案馆的工作，以及省、自治区、直辖市档案局的工作进行监督和指导。县级以上地方各级档案局主管本行政区域内的档案事业，对本行政区域内的档案馆以及机关、团体、企业事业单位和其他组织的档案工作实行监督和指导。

第三节 档 案 机 构

按照《档案法》等法律法规的规定，根据“统一领导，分级管理”的原则，对国家的全部档案和全国档案工作，必须设置全国规模的档案机构进行管理。各级机关的档案，由机关内设立的档案室（处、科）集中管理；各机关形成的需要长久保存的档案、历史上形成的档案，设立各级各类档案馆统一保管；全国的档案工作，由各级档案行政管理机关统一、分层负责进行监督和指导。这些保管档案和管理档案工作的机构，在全国范围内构成了一个严密、完整的组织体系。

一、档案行政机构

档案行政机构一般是指档案行政管理部门，即各级党和政府机构中指导和管理档案工作的组成部门。由于我国的党政档案工作实行统一管理，因而各级档案行政机构既是党的机构，又是国家（政府）机构。档案行政机构的基本职责是：在统一管理党政档案工作的原则下，分层负责掌管全国档案事务，对全国档案工作进行监督、检查与指导。

（一）国家档案局主要工作职责

（1）对全国档案工作实行统筹规划、宏观管理。依据党和国家的政策、法规，拟定档案工作的方针、政策、法规和规章制度；组织、指导、检查、监督、协调中央、国家机关、军队、群众团体和省、自治区、直辖市的档案业务工作。

（2）集中统一管理党和国家中央机关的重要档案资料，保守党和国家机密，维护档案完整，确保档案资料安全。

（3）负责接收、征集、整理、保管党和国家中央机关的重要档案资料，推进档案工作的科学化管理和现代化建设，做好档案编研出版工作，供社会利用。收集散失在国外的中国档案材料以及与中国有关的档案文件和史料。

（4）制定档案工作人员队伍建设规划，组织档案专业教育和档案专业干部培训工作。负责档案专业技术职务评聘的有关工作。

（二）省级档案局馆（以江西省局馆合一模式时为例）主要工作职责

（1）对全省档案事业实行统筹规划、宏观管理；负责研究制定全省档案事业发展中长期规划、专项计划和年度工作要点并监督实施；组织、指导、检查、监督、协调省直机关、事业单位、群众团体、省属大型企业、重点工程建设单位和各市、县档案业务及专项档案工作。

（2）贯彻实施国家有关档案工作的法律法规和方针、政策，拟定全省档案工作的规章制度、业务标准和技术规范，并组织实施；依法开展档案行政执法和监督。

（3）组织开展全省档案理论和科学研究，推进全省档案工作的科学化、标准化和现代化建设。

(4) 负责档案宣传工作,统一管理全省档案资料对外交流,协调全省档案工作中的外事活动。

(5) 负责接收、整理、保管省直机关和其他组织按规定移交进馆的档案资料及档案史料的展览、陈列工作,保守党和国家机密,维护档案完整,确保档案资料安全;负责省直机关已公开现行文件的收集、整理和提供利用工作;负责指导全省档案系统爱国主义教育基地的建设工作。

(6) 负责全省档案馆网点建设布局的指导等有关工作,协调指导综合档案馆、专门档案馆、部门档案馆档案资料接收和收集范围。

(7) 负责调查、征集散存在社会上的反映本省各个历史时期、具有重要保存价值和历史研究价值的档案资料以及著名人物在本省活动中形成的各种载体、门类的档案资料,不断丰富馆藏。

(8) 负责全省档案编研、信息开发、利用与管理,推进档案信息网络建设,充分发挥档案信息资源作用,为经济建设和社会事业发展提供服务。

(9) 制订全省档案干部队伍建设规划,组织档案专业教育和档案干部培训工作。

(10) 承办省委、省人民政府交办的其他事项。

(三) 单位内部档案室(馆)主要行政职责

《机关档案工作条例》《机关档案工作业务建设规范》等法规中明确规定了单位内部档案室(馆)的职能任务,其中一方面就是对本机关文书部门或业务部门文件材料的归档工作进行指导和监督。

二、档案管理机构

档案管理机构主要是指保存保管各类档案实体并提供档案利用、开展档案信息编研的独立法人单位(如各级国家档案馆、各类专业档案馆等)或单位内设机构(如机关档案室、企事业单位内部档案馆等)。按提供档案服务的范围划分,档案管理机构可划分为公共档案馆和内部档案机构两类。

(一) 公共档案馆

公共档案馆是由国家各级政府设立,馆藏资源属国家所有,并向社会开放的档案馆。目前主要分为国家档案馆和专业档案馆两个类别。

1. 国家档案馆

我国国家档案馆可分为历史档案馆和综合档案馆两个类别。

历史档案馆包括中国第一历史档案馆(主要保存明、清中央机构的档案)和中国第二历史档案馆(主要保存民国时期各个政权中央机构的档案)。

综合档案馆一般隶属于各级党和政府,收集保管党和国家在各方面管理活动中形成的档案。综合档案馆根据所处层次的不同,可分为中央级和地区级综合档案馆两种类型。综合档案馆数量众多,是我国档案工作体系中的主体。

(1) 综合档案馆的性质

我国国家综合档案馆是统一保管党和政府机关档案的管理部门,它既是党的机构,又是国家的机构。根据《档案法》《档案法实施办法》等规定，我国档案馆是党和国家的科学文化事业机构，是永久保管档案的基地，是科学研究和各方面利用档案史料的中心。综合档案馆的科学文化事业性质，主要表现在以下几个方面：

第一，从档案馆管理的对象来看，它管理的是历史上政治、经济、军事、文化和科学技术等活动的记录，是一种重要的历史文化遗产和精神文化财富。

第二，从档案馆的活动方式和工作成果来看，档案馆的工作是一项研究性工作。档案馆不仅仅是收藏历史档案的"库房"，它还要对浩繁的档案进行科学管理，开展一系列的研究，参与编史修志，汇编各种研究成果，并通过多种方式提供档案利用。

第三，从档案馆职能来看，它不仅肩负着科学管理档案的重任，而且致力于社会化的服务工作，在繁荣国家文化事业、促进社会进步和建设社会主义精神文明中具有重要的作用。档案馆以其对国家、社会、历史的重大意义而成为一项重要的事业，其人员、机构均列入国家的事业编制，所需经费列入国家的事业经费，由各级人民政府统一安排。

（2）综合档案馆的基本职责与具体任务

基本职责是：集中统一管理党和国家需要长远保管的档案和有关资料，维护历史的真实面貌，为现实的社会主义现代化建设和历史的长远需要服务。其基本任务在《档案馆工作通则》中有明确规定，主要是：接收和征集区域范围内各机关、团体及其所属单位具有长期和永久保存价值的档案以及有关资料并实施科学管理；通过多种方式积极地开展档案资料利用工作；参与编史修志。

2. 专业档案馆

（1）专业档案馆的基本含义及其历史发展

专业档案馆是指国家为专门管理某一方面或某一特殊专业和技术活动中形成的档案而设置的档案馆。它的具体含义既可以体现在其专业职能上，也可以体现在馆藏档案载体的特殊内容和形式上。从我国已有的专业档案馆的设置形式来看，有全国性专业档案馆、地方专业档案馆和某一专业系统的专业档案馆。

我国专业档案馆的建立始于 20 世纪 50 年代初期。最早建立的专业档案馆是 1952 年成立的集中管理全国地质档案资料的地质资料馆。1958 年 9 月，中国电影资料馆成立；同年，测绘资料馆成立。此后，在 20 世纪 60—80 年代，先后成立了机械工业部档案馆、铁道部档案馆、外交部档案馆、气象档案馆、交通部档案馆、邮电部档案馆、中国人民解放军档案馆、中国照片档案馆等一系列的专业档案馆，分别集中统一管理本系统或本部门的档案。有些档案馆同时还负责对本系统的基层档案工作进行指导、监督和检查。

专业档案具有专业技术强、数量庞大等特点，这决定了对专业活动中形成的档案有必要进行集中统一管理。

（2）专业档案馆的类型

我国专业档案馆的类型多样，设置标准也比较复杂。

① 特殊载体档案馆。特殊载体是相对于纸介质而言，是光信号、磁信号及其他合成材料等介质记录档案信息的载体，包括光盘、磁带、磁盘、胶片、硬盘等。目前我国已经建立了照片档案馆、电影资料馆等特殊载体档案馆。由于特殊载体的理化性质与纸质档案

有着明显不同,因而对其保管也有特殊的要求,设立该类专业档案管理部门确有必要。但从电子文件归档与电子档案管理的发展来看,特殊载体档案管理将成为各级各类档案馆的工作要求。

② 城市建设档案馆。城市建设档案是指在城市规划、建设及其管理工作中形成的应当归档保存的文字、图表、声像等各种载体的文件材料。它是城市规划、建设及其管理工作的真实记录,是城市建设和发展的重要依据。2007 年住房和城乡建设部《关于加强中小城市城乡建设档案工作的意见》(建办〔2007〕68 号)明确,我国 20 万以上人口的大、中城市必须建立城市档案馆。城市建设档案馆是我国科技专业档案馆中筹建较早、发展较快的一种专业档案馆类型,是集地域特征与专业特征于一身的专业档案馆。根据《全国档案馆设置原则和布局方案》的有关规定,城市建设档案馆被列入各级国家档案馆下的专业档案馆序列,它是为社会提供城市建设档案利用和咨询服务的科技文化事业单位。

③ 部门档案馆。部门档案馆是指在某一专业系统内,为保管某类专门档案而设置的档案馆类型。这类档案馆是专业档案馆中情况最为复杂的一种。外交部档案馆、交通运输部档案馆、公安部档案馆等以及一些由省级政府组成部门设置的档案馆多为此类。这类档案馆中的一部分在设置时既考虑到了专业特色,又考虑到了地域特色。从其主体来看,一般可以将其看作公共性质的档案机构。有的部门档案馆不仅是一个保管档案的业务机构,在取得行政授权的情况下,同时还负责对本系统基层单位的档案工作进行指导、监督和检查。

(二) 内部档案机构

内部档案机构主要是指在某一机关或组织内部设立的,保管本单位形成的档案,并主要为本单位提供服务的档案机构。我国内部档案机构有多种类型,主要有企(事)业档案馆和档案室两种类型。

1. 企(事)业档案馆

企(事)业档案馆是 20 世纪 80 年代中后期出现的一种档案馆类型。2019 年公布的统计数据显示,目前国内有企业档案馆 158 个,事业单位档案馆 309 个。此数据或不全面,仅就高校而言,“985”“211”大学基本建立了档案馆机构,有 100 多家。基于企(事)业档案馆的重要性,《全国档案馆机构设置原则与布局方案》也将大型企(事)业档案馆纳入档案馆馆网规划。

(1) 企(事)业档案馆的含义

企(事)业档案馆是收藏和管理本企(事)业单位档案的档案馆。这主要是从功用上对企(事)业档案馆含义进行的概括。这一定义包含的基本内容主要有三个方面:

一是企(事)业档案馆具有档案馆的一般属性。企(事)业档案馆作为档案馆的一种类型,应是保存企(事)业档案的基地,是单位利用档案史料的中心。

二是企(事)业档案馆收藏和管理本企(事)业单位档案。企(事)业档案馆与综合档案馆、专业档案馆在收藏和保管档案的范围上存在一定的差别。

三是企(事)业档案馆主要服务对象是本单位。由于企(事)业档案馆是单位的有机组成部分,作为企业的内部组织机构,它必须服从和服务单位的中心工作,必须为单位的决策和管理服务。在法律和制度的范围内，企（事）业档案馆也面向社会提供一定的服务。

（2）企（事）业档案馆的特点

一是综合性。企（事）业档案馆是保存本单位档案的基地。在本单位管理工作中形成的档案种类繁多，既有党政工团文书档案、科技档案、会计档案，又有经营管理档案、生产技术管理档案等，其馆藏内容具有综合性。

二是专业性。企（事）业档案构成中，科技档案所占比重较大。企（事）业档案馆主要围绕专业性突出的科技档案开展工作。同时，根据企（事）业单位类型的不同，其档案的专业性特色也有区别。

企（事）业档案馆综合性与专业性并存的特点，决定了企（事）业档案馆既不同于国家综合档案馆，又不同于专业档案馆。它在档案收集范围、服务方向和工作方法等方面都有一定的独特之处。

（3）企（事）业档案馆的职能

企（事）业档案馆作为单位内部机构，它的主要职能包括以下几个方面：

① 企（事）业档案馆作为全国档案馆网络体系中的一员，要存储保管好企（事）业档案，作为单位档案信息的利用中心，向本单位和社会提供服务，并根据有关规定定期或不定期向国家档案馆移交具有国家和地方重要意义的档案。

② 负责本单位档案的收集、整理、鉴定、保管和统计工作。企（事）业档案馆为了实现档案信息服务于单位管理的目的，应对档案信息进行管理，并建立完善的档案检索体系，努力实现档案管理的现代化。

③ 编研档案信息，开发档案信息资源。企（事）业档案馆的服务对象主要是对内，同时兼顾对外。为此，企（事）业档案馆应针对本单位管理活动的变化，有选择地编研档案信息，为企业管理活动的顺利开展提供服务。企（事）业档案馆还应编辑公布本单位档案史料，以满足社会各方面的利用需要。

④ 宣传教育职能。通过举办档案展览等活动，宣传企业单位生产、经营和技术发展等方面的情况，增强企业管理者和社会的档案意识；宣传事业单位在从事教育、科技、文化、卫生等社会服务活动方面的情况，增强公众的社会公共意识，促进本单位服务社会能力的提高。

（4）企（事）业档案馆的设立

国家档案局1996年发布的《企业档案馆登记办法》规定了建立企业档案馆的条件及相应标准，这对于规范国有企业档案馆的建立具有十分重要的作用。企业档案馆的设置一般应具备以下条件：

第一，设置档案馆的企业必须是大型及以上企业和企业集团，特别是那些资本密集、技术密集、生产过程联系紧密、对专业化分工协作和规模经济要求较高的企业，以及特殊行业、国家垄断性行业的大型及以上企业。随着我国社会经济发展，当前除国有企业以外，集体企业、个体企业、私营企业、联合企业、股份制企业、中外合资合作经营企业、外商投资企业、港澳台投资企业等各种类型的企业已是同时并存，对上述国有企业以外的企业是否设立企业档案馆由各企业视其具体情况而定。

第二，企业档案馆的设置必须考虑到企业档案工作的基础状况。只有档案综合管理水平较高、企业档案工作制度与网络较为健全和有一定档案信息开发能力的企业才具备建立企业档案馆的条件。

第三，企业档案馆在机构设置上应是企业的内部机构，经费由企业自行解决。

第四，企业档案馆在设置时可以考虑实现档案、图书、情报资料的一体化管理，从而实现信息资源的综合开发利用，有利于提高企业信息管理效率。

目前在我国出现的事业单位档案馆主要是高等学校档案馆。事业单位档案馆的设立条件、要求、职能赋予等与企业档案馆相类似，二者都是我国政治经济体制改革和档案馆网络建设发展的结果。事业单位档案馆作为事业单位的内设机构，尚需获得主管单位的机构、人事批复，相比较而言，设立难度更大。

2. 档案室

档案室是各机关(包括团体、学校、工厂、企业、事业单位等)统一保存和管理本机关档案的内部机构，是整个机关的组成部分，是属于机关管理和研究咨询性质的专业机构。党、政、军等机关单位的档案室，又是机关的机要部门之一。从全国档案工作来说，档案室是国家档案工作组织体系中最普遍、最大量、最基层的业务机构。

(1) 档案室的性质

档案室作为全国档案工作体系中最基层的档案业务机构，主要表现出三方面的性质：

① 档案室是机关的内部组织机构。机关档案室工作是机关工作的组成部分，是机关为适应档案管理的自身需要建立的一种专业组织，从事本单位内档案工作的组织管理及档案的保管与提供利用工作。从这一点看，档案室具有对本机关的依附性。

② 档案室是保存档案的过渡性机构。档案源于形成者，是机关管理活动的记录。为了满足档案形成者自身的需要，由本机关在一定时期内对档案进行管理、利用是必要的，也是合理的。因此，在我国，机关档案管理最为普遍的方式是由其档案室集中统一管理本单位的全部档案。但是，从国家和社会的整体利益出发，为了使档案成为社会共享的财富并获得良好的保管，档案室也有向国家档案馆移交档案的义务。因此，档案室一般不可能成为永久保管档案的基地，在档案保管上只能是一种过渡性、中间性的档案机构。

③ 档案室的主要任务是服务本机关。档案室档案的来源局限于本机关，馆藏档案构成具有单一性。从档案室所藏档案的价值形态来看，一般仍是处于第一价值阶段，其对机关日常管理工作仍具有很强的现实作用。因此，档案室的服务方向、服务对象、服务范围必然基本局限于机关内部。

(2) 档案室的作用

档案室的作用主要表现在两个方面：一方面，档案室是机关内具有参谋和咨询作用的部门，它是机关工作的助手，为机关管理和机关职能活动提供必要的档案信息支持。所以，档案室工作是机关工作的组成部分，是提高机关工作效率和工作质量的必要条件，是机关管理工作和业务职能得以延续的重要手段。另一方面，档案室是全国档案工作的基础。机关档案室是国家档案不断补充的源泉，国家档案的完整程度和连续积累，首先取决于档案室，在全国档案工作组织体系中，档案室是档案形成后首先提供利用，并且大量发挥现实作用的阵地。档案室是先期保管具有长远价值档案的过渡性机构，它为档案馆工作创造条件。

（3）档案室的任务

档案室的基本任务是集中统一地管理本机关各部门形成的各种门类和载体的全部档案，为本机关各项工作服务，并为党和国家积累档案史料。档案室的具体任务在《机关档案工作条例》《机关档案工作业务建设规范》等法规中有明确规定，概括起来主要包括：

① 对本机关文书部门或业务部门文件材料的归档工作进行指导和监督。各级机关应建立健全文件材料的归档制度，凡是机关工作活动中形成的具有保存价值的文件材料，均应由文书部门或业务部门进行整理、立卷，并定期向机关档案室归档。机关档案室对本机关文件材料归档工作负有指导和监督的职责。为了保证归档文件的完整，便于保管和利用，档案室工作人员不仅要通过归档工作把已经形成的文件收集完整，而且要关心文件的形成、办理和整理过程中的有关情况，这具体表现在：就文书处理工作制度、文件的格式和书写材料等方面存在的问题，向有关领导和业务部门提出意见与建议；指导和协助文书部门或业务部门坚持执行文件材料归档制度；协助和督促有关部门做好立卷和归档前的准备工作；协助和指导文书部门或业务部门，制定必要的规章制度，发挥档案室在电子文件前端控制中的积极作用；等等。

② 负责管理本单位的全部档案和相关资料，并积极组织提供利用。档案室是本机关存储、加工和传递档案信息的部门，它负责档案的接收、整理、鉴定、保管、统计工作，并编制必要的档案检索工具和参考资料，为本机关各项管理活动服务。科学管理档案是档案室的基础工作，为本机关提供档案信息服务是档案室工作的基本出发点。

③ 定期把具有长远保存价值的档案向档案馆移交。档案室工作是档案馆工作的基础。档案室移交档案的完整程度、价值高低、整理质量、保管状况等，都直接影响档案馆的馆藏建设，影响国家文化遗产积累和保护状况。因此，做好档案室工作，对国家档案信息资源的积累和维护历史的真实面貌，具有十分重要的作用。

由于我国档案室（或档案处、档案科）在职能划分上的复杂性，有一些档案室除了要完成上述基本任务以外，还负有一定的档案业务监督、指导和检查的职能。据此，可以将档案室划分为两种类型：一是单纯的档案保管机构，其基本任务正如上文所述；二是具有双重职能的档案室（或称为档案处、档案科等），如中央和地方一些专业主管机关的档案部门，除要完成上述任务外，还负责对本系统和直属单位的档案工作进行监督、指导和检查，这部分工作实际上属于档案行政机构的职能。

（4）档案室的类型

我国档案室数量大、分布广、类型复杂，归纳起来主要有以下类型：

① 普通档案室。通常也称为机关档案室、文书档案室，它主要负责管理机关的党、政、工、团文书档案。这种档案室在全国数量最多、设置最为普遍。党政机关、团体、学校等单位的档案室都属于这一类。

② 科技档案室。这是保管科技档案的专门档案机构。在工厂、设计院、科研院等单

位一般都设有科技档案室。科技档案室主要是为本单位生产和科研服务，同时，在确保国家机密技术信息安全的前提下，也应及时组织科技档案情况的交流，对外提供有偿服务，为技术转让提供档案资料。

③ 音像档案室。这是保存影片、照片、录音带等特殊载体的档案室。电影公司、制片厂、新闻摄影部门、广播事业部门等单位一般都设有这种档案室。其他各类机关也会在日常工作中形成一些照片、录音、录像带等特殊载体的档案，但由于数量有限，因此一般不专设这种档案室，而是由普通档案室统一管理。

④ 人事档案室。这种档案室的设置较为普遍。由于人事档案自身的特殊性，它一般与其他各类档案分开管理。这就有必要专门设立人事档案管理的部门，它通常依附于机关内人事管理部门或组织部门，有的也称为干部或职工档案室。

⑤ 综合档案室。这是机关建立的综合性档案管理机构，它统一管理本机关形成的各种普通档案、专门档案和特殊载体档案。随着机关档案综合管理的发展和综合档案室本身在人、财、物投入与信息开发利用上所具有的优势，近年来综合档案室数量迅速增加，并在不断普及。

⑥ 联合档案室。同一地区，特别是在同一市镇内的一些机关联合起来设立一个档案机构，负责保存和管理这些机关形成的档案，这种机构通常就是联合档案室，或称为档案服务中心。

⑦ 档案信息中心。一些大型企事业单位将档案、图书、情报等信息资源实行一体化管理，这种组织形式便于建立计算机管理系统，实行现代化管理模式，同时也有利于实现对信息资源的联合开发利用。

三、新型档案机构

随着档案学基础理论研究的不断深入，我国档案机构的设置也出现了一些新情况。21 世纪以来，随着计算机和互联网技术的发展与应用，以及档案信息资源价值的突显，我国出现了一批新型档案机构，其中较为突出的是文件中心、档案寄存中心和档案事务所（也有的称为档案咨询中心）。应该说，除政府文件中心以外，这些新型档案机构一般都属于商业化的档案中介机构，这些新型档案机构的建立，对推动我国档案工作的发展和探索我国档案管理的新形式发挥着积极作用。

（一）文件中心

1. 文件中心的含义及其产生背景

文件中心是一种社会化、集约化和专业化的档案管理机构，它的设置一般不像档案室那样隶属于某个单位，而是按地区、按系统建立的介于文件形成单位和地方综合性档案馆之间的一种过渡性档案管理机构。

文件中心最早诞生于第二次世界大战时期的美国。当时，美国政府机关的文件数量迅速膨胀，大大加重了文件管理的负担，加之办公空间日益紧张，各部门对自己的文件不是束手无策就是漠不关心，致使大量文件没有得到有组织、有制度的妥善保管，美国档案遗产处于严重的危险之中。这种情况引起了美国档案界的焦虑。于是，在档案界的倡导和协助下，美国军事部门创建了一种新型的文件管理机构——文件中心，把使用次数不多，但又必须保管一段时期的文件集中存放在造价较低的专门库房里。1950 年，美国《联邦文件法》以法令形式肯定了文件中心这种新型档案管理机构。

和美国一样，第二次世界大战后，许多国家都堆积有大量未到移交档案馆年限和未到销毁年限的半现行或处于休眠阶段的文件，并面临着由于没有任何存储和处置这些文件的策略而带来的各种危机，于是各国纷纷开始探索如何将这部分档案文件尽可能更经济有效地保管起来。许多国家的档案界认为文件中心不失为一种好的形式，便纷纷效仿美国建立文件中心或类似的档案管理机构，如中间档案馆（德国）、过渡性档案馆（英国）、联合机关档案馆（苏联）等。

在我国，甘肃省永靖县于 1988 年成立了我国第一个文件中心（隶属县档案局管理）。该中心起初参联单位 7 家（人民政府、原计划委员会、农业委员会、人事局、统计局、宗教局、能源办公室），经过多年的发展，目前参联单位已基本覆盖本县机关与事业单位，并在实践中摸索出一整套文件中心运作与管理的方法。此后，在档案事业发展规划中，我国有关部门和地区加强了建立文件中心试点工作，出现了一些运作比较成功的典型，例如，深圳市文件中心的建立不仅在《深圳特区档案条例》中得到了明确的法律保障，而且在实际工作中对如何处理文件中心与参联单位、档案馆和档案局的关系都取得了一系列成功经验。2019 年度，该中心完成文书文件接收 99 944 件，完成专业档案文件接收 4 732 卷，政府公开信息文件 1 980 件，其专业化、集约化的工作模式提高了档案工作质量、降低了档案工作成本、减少了社会资源的消耗。虽然目前档案学界对文件中心是否有必要设置存在不同看法，但从发展来看，它符合文件管理、服务社会和机构改革等新时代需求。

2. 文件中心的特征

（1）文件中心主要是一种实体性管理机构。从已有的实践来看，文件中心的主要目标就是为那些大量的休眠文件提供一个效率高、耗费低的安全庇护所。这就决定了文件中心的主要职能：①把文件从形成机关接收并存储进文件中心；②提供快速、准确的文件借阅服务，满足用户需求；③确保文件安全并科学管理；④根据由机关制定、档案馆批准的文件处置表对文件进行处置，包括销毁无需继续保存的文件和向档案馆移交具有永久保存价值的文件。文件中心一般不从事与文件内容有关的研究活动，这是它与档案馆在职能上的一个根本区别。

（2）文件中心是一种社会化、集约化和专业化程度很高的档案管理机构。文件中心一般要为若干参联机关提供文件管理服务，与档案室相比，它规模较大，服务对象也比较多。由于其资金集中、专门性强、人员素质较高，因此，文件中心管理能力和技术手段一般都要超过一个独立单位设立的档案管理机构。

（3）文件中心对其保管的处于休眠阶段的文件只有保管权，而无所有权，文件的所有权仍属于其形成机关。

（4）文件中心是介于文件形成者与档案馆之间的一个中间机构，它要对双方负责。作为一个过渡性的、中间性的档案管理机构，文件中心首先要尊重文件形成者的利益和要求，同时又要担负起为档案馆积累档案的重任。

(5) 文件中心可以同时承担文件管理咨询和培训的职能,如可为参联机关与非参联机关提供有关文件管理的建议与指导。

3. 文件中心的类型

文件中心一般可分为两大类。一是政府性文件中心。这是由政府拨款建立的,为政府机关服务的非营利性文件管理机构。这类文件中心在具体操作上有多种不同形式,上述甘肃省永靖县的文件中心机构设置和人员编制由县编制委员会批准列入档案管理机关编制序列;其文件保存装具、保护设施以及事业经费,由县财政在档案事业费项下统拨。这种文件中心一般是公益性事业机构。二是商业性文件中心。这是由有关机构或个人创办的一种盈利性档案管理机构,它为工商企业或个人提供现代化的文件存储、文件管理等服务,它不属于国家档案管理系统之列,但它执行国家档案行政管理部门的相关管理标准。商业性文件中心不靠政府拨款谋求生存与发展,而是通过提供科学高效的文件管理服务收取一定的服务费用。这种商业性文件中心在国内外均有成功实践。

(二) 档案寄存中心

1. 档案寄存中心的含义

档案寄存中心是指由国家综合档案馆或其他独立法人设立的,为各类企业、社会团体以及个人提供档案寄存有偿服务的机构。档案寄存中心主要是接收不具备充分保管条件及配备档案保管条件成本过高的国有与非国有企业及破产企业、社会团体、个人在工作、生产、经营、生活等各项活动中形成的档案的寄存。档案寄存中心与为具有社会和历史价值的各种档案提供无偿服务的综合性档案馆不同,也与具有会员制性质,共筹资金,并按所筹资金划分库房等的联合档案室不同。在机构设置上,档案寄存中心或隶属于某一档案局(馆)领导,并内设于档案馆内,或独立存在。这既与综合档案馆是由国家各级政府设立并且领导不同,又与文件中心作为独立的、为机关非现行性文件提供保存服务的过渡性保管机构不同。

2. 创建档案寄存中心的背景

随着社会经济体制改革和各项事业的繁荣发展,档案管理工作出现了一些新问题。

一是在国有企业改革中,国有企业档案存在管理不善甚至无处可归的情况。如 20 世纪 90 年代企业改制,在破产、拍卖、改组、兼并、股份制合作等资产和产权变动过程中,国有企业所形成的档案材料有不少处于失控状态,整理不及时、管理不完善、流向与归属不合理等现象十分普遍。

二是非国有企业的档案管理大多比较混乱。在非国有企业中,由于其内部机构往往比较简单,企业员工流动性大,一般没有档案管理部门和专职档案人员,档案管理条件也较差,档案失控以致损毁现象十分严重。

三是一些社会团体和个人不具备档案保管的充分条件。由于营造“小而全”的档案保管条件所需费用过高,一些社会团体和个人无法具备档案保管条件,导致了这些单位和个人所有的珍贵档案与资料得不到妥善管理。

正是上述新问题的出现客观上推动了档案寄存中心的创建。可以认为,档案寄存中心是根据市场经济体制下企业、社会团体与个人的需要而建立的一种新型档案管理模式。

它可以为社会提供社会化、专业化的档案服务。党的十八大以来，一系列简政放权政策导向鼓励民营经济参与更多的国民经济组成部分，民营档案寄存中心是率先尝试进入原国家专有领域的民营经济体，为企业等各类组织提供档案公共服务，符合政府和社会的共同需求。目前，国内一些规模较大的档案管理服务公司都开展了档案寄存、托管等市场业务。

（三）档案事务所

1. 档案事务所的含义及其产生背景

档案事务所或档案咨询服务公司是提供档案事务服务的一种商业性档案服务机构。改革开放特别是深化改革开放以来，随着各类市场繁荣兴盛、市场主体量增加，各类社会经济活动迅速增加，档案业务量也随之倍增，档案的监督、指导工作量大大增加。根据我国档案分级管理原则，本行政区域内的所有机关、团体、企事业单位，甚至乡（镇）、村的档案业务指导、监督任务大多由档案行政部门来承担。档案行政部门常常不堪重负，工作中显现出心有余而力不足。档案事务所的建立，可以市场需求方式承担档案管理中大量的劳务性工作，减轻档案管理部门指导、监督工作量过大的压力，使档案行政部门可以集中力量做好档案局和档案馆的本职工作。

2. 档案事务所的服务对象和服务范围

档案事务所的服务对象非常广泛，一般包括该行政区域内各级国家综合性档案馆，各机关、团体、企业（包括国有、集体、合资、独资、私营企业）、事业单位、乡（镇）、村以及公司、个人等。

档案事务所的业务范围主要是开展档案业务的指导、咨询，以及各种档案的劳务性服务工作，如档案的整理、装订；各种档案目录的抄写、著录、打印；档案的裱糊；破损档案的修复；等等。档案事务所开展的档案业务项目均为有偿服务，应根据经济核算的原则制定合理的收费标准。此外，档案事务所还可以开展档案用具用品的销售等业务。应该说明的是，档案事务所与档案部门创办的各种服务部、经营部等有着重大差别，后者主要是强调档案用品及物资方面的经营服务。

3. 档案事务所的性质及其管理

档案事务所是独立经营、独立核算、自负盈亏的企业型单位。在用人制度上一般采取聘任制和临时工制相结合的办法。对少数档案专业技术人员采用聘任制，利用他们开展档案业务的指导和咨询；对其他工作人员则一般采用临时工制，主要开展各种劳务性工作。

为了加强对档案事务所的管理，各地档案行政管理部门应会同工商、税务等有关部门制定档案事务所的管理规定，并对档案事务所的业务工作进行指导、监督。

（四）现行文件资料中心

1. 现行文件资料中心的含义及产生背景

现行文件资料中心，也可称为现行文件阅览中心、现行文件开放中心等，它是公共档案馆在收集、集中政府机构现行文件的基础上，以政务信息公开为基本任务，方便社会各界，特别是普通公民查询、了解政府在社会事务管理各方面现行政策规定的内部机构。从严格意义上讲，现行文件资料中心不是一种独立的新型档案机构。鉴于目前已有3 000多家公共档案馆设立了这种服务于政府信息公开的办事机构，并且产生了广泛的社会影响，因此，有必要对其作简要介绍。

从现行文件资料中心建立的基本背景看，它是我国加入世贸组织后随着市场信息公开需求的攀升而设立的，是档案部门深入贯彻“三个代表”重要思想，推动依法行政、政务公开而建立起的政务信息公开场所。政府信息公开是一个国际化的趋势，社会信息化的发展、我国民主政治建设和经济改革以及社会进步都要求推进我国政府信息公开的进程。从国际惯例看，政府信息公开的服务主体是多元的，主要有专门设立的政府信息公开与发布机构、政府机关及其内部职能机构、公共档案馆、公共图书馆等。由于我国政府信息公开制度建立时间尚不久远，有关信息公开服务主体缺位、服务功能局限等问题仍不同程度地存在。

2. 现行文件资料中心的运作机制与发展前景

现行文件资料中心的文件资料来源一般有四个渠道：一是针对人民群众生产、生活有关问题形成的公开的公务文件，于文件形成之日即交付现行文件中心；二是由政府及其职能机构档案室，将已经形成、正在执行的现行文件备份，移交现行文件中心；三是集中档案馆已经进馆、尚有时效的现行文件；四是收集、集中一批以公开政务信息为主要内容的政府公告、官方白皮书，也包括一些公布有现行政务信息的报纸和书籍。在收集、集中上述文件资料的基础上，对现行文件进行保密与非密的界限审查，确定供用户查阅利用的现行文件范围和服务重点，然后将文件信息进行网上发布并在一定程度上开展用户调查与研究。

政府文件是政府信息的主要载体，查阅政府文件是公民获取政府信息的主要形式，档案馆作为具有保存价值的政府文件的最终归宿，天然具备汇集广泛、系统、丰富的政府信息资源的优势。2008年颁布的《中华人民共和国政府信息公开条例》明确了档案馆在政府信息公开工作中的权责。经过21世纪头20年的发展，现行文件资料中心的工作运行已经基本具备了法制与机制的支撑。就发展前景看，尚需进一步制定合理、科学、高效的开放工作制度与管理规范，理顺现行文件开放过程中的复杂社会关系，明确现行文件资料中心的权利与义务，改革创新服务方式与手段等。

第四节　档案工作法规

法规是法令、条例、规则和章程等法定文件的总称。按照《中华人民共和国立法法》中严格的概念和层级区分，法规分为法律、行政法规、地方性法规、部门规章、地方政府规章等。本书所称档案工作法规，除上述以外，还包括有关档案工作的规范性文件、管理及技术标准，如《科学技术档案案卷构成的一般要求》(GB/T 11822—2008)、《机关档案管理规定》、《建设项目档案管理规范》(DA/T 28—2018)等。

一、《档案法》

(一)《档案法》的概念及其本质特点

《档案法》是 1987 年 9 月 5 日第六届全国人民代表大会常务委员会第二十二次会议通过的用于明示档案事务、工作原则、管理体制、责任追究等事项的单行法，其表现形式就是法文本身及其有关解释。《档案法》是档案事业实现“依法治档”的重要保障，是制定和实施各种档案行政法规、条例、规章、办法等文件的依据和基础。

《档案法》同国家的其他法律一样，都是统治阶级意志的集中体现。我国的《档案法》是国家和人民意志的集中表现，是整个社会均需要严格遵守的基本行为规范。这也是《档案法》与国家其他法律的共同本质。此外，《档案法》还具有自身的特点。

1. 直接性

与其他非行业性的立法相比，《档案法》在调整和规范档案管理和信息开发利用等行为方面，具有直接性的特点。尽管其他方面的立法也都或多或少地对档案的管理和利用行为具有一定的规范和制约作用，如《宪法》《刑法》《民法》等，但是均不如《档案法》那样直接。《档案法》在解决和处理档案工作事务方面的问题、矛盾时，表现出较为明显的直接性特点。

2. 具体性

这是指《档案法》内容的具体性。《档案法》对国家管理档案的范围，国家机关及社团组织、公民保护档案、使用档案的权利和义务，国家档案机构的设置与职责，管理档案的行为，档案的公布和利用行为，对档案管理和利用中违法行为的处理等都作了较其他法律更为具体的规定。

3. 综合性

这是指《档案法》所提供的、调整与档案和档案工作相关行为的手段并不是单一的，而是包括了行政手段、教育手段、刑事处罚手段等多种方式，具有综合性的特点。档案部门的依法行政，就其一般意义而言，就是要以《档案法》所赋予的各种调整手段来从事档案事业的管理活动。

(二)《档案法》的制定与修订

1.《档案法》的制定

《档案法》的制定经历了一个较长的过程，具备深厚的社会思想基础、良好的社会实践基础以及充分的组织保障。

《档案法》制定的宗旨是保障国家和民族的档案历史文化财富的完整与安全，便于档案信息资源的开发和利用，这也是广大人民的共同愿望。新中国成立前后档案工作的历史经验和教训，使党和政府及广大人民群众认识到，一项事业的健康有序发展，如果离开了法制轨道是不可能实现的。在 1979 年以后的历届全国人民代表大会、政治协商会议上，都有一些代表提出提案和建议，要求尽早制定和颁布一部具有中国特色的《档案法》，这显现出在《档案法》制定出台之前，我国已经具备了制定《档案法》的广泛社会思想基础。除了思想基础，那时也已经具备了一定的实践基础，并且已经建立了一些档案工作行政法规、部门规章等。在改革开放的大环境下，借鉴国外档案方面的成功立法经验也成为可能，再结合我国其他法律的建设经验，共同构建起了《档案法》制定的基础。

1980 年，国家档案局正式组织人员开始草拟《档案法》条文，经过七年的缜密细致的工作，终于完成了呈送人大常委会审议的法律草案。在此期间，国家档案局曾两次向全国各省、自治区、直辖市和中央国家机关的有关部门征求意见，还多次组织有关同志座谈讨论。1984 年，《档案法》草案经过全国档案局（馆）长会议讨论，又以国务院办公厅的名义送有关省、自治区、直辖市和中央有关部门征求修改意见。前后组织修改了 30 多稿，才臻于成熟，于 1988 年 1 月 1 日开始实施。

2.《档案法》的修订

《档案法》1988 年实施后，对促进我国档案事业的健康发展起到了积极的作用。但是社会的发展尤其是社会主义市场经济建设与改革发展中出现的种种新情况、新问题，又对《档案法》提出了新的要求。应这些要求，1996 年 7 月 5 日，第八届全国人民代表大会常务委员会第二十次会议通过了《关于修改〈中华人民共和国档案法〉的决定》；2016 年 11 月 7 日，第十二届全国人民代表大会常务委员会第二十四次会议《关于修改〈中华人民共和国对外贸易法〉等十二部法律的决定》第二次对《档案法》给予了修订；2019 年 10 月 8 日，国务院总理李克强主持召开国务院常务会议，讨论通过《中华人民共和国档案法（修订草案）》。草案围绕完善档案管理相关制度，规定了机关、团体、企业事业单位和其他组织的档案管理责任，增加了档案信息化建设的规定，明确了电子档案的法律效力，并扩大档案开放利用，缩短档案封闭期。2020 年 6 月 20 日，经第十三届全国人大常委会第十九次会议修订公布，新《档案法》于 2021 年 1 月 1 日起施行。

（三）新《档案法》的主要内容

修订后的《档案法》从原来的 6 章 27 条扩展到 8 章 53 条，新增了“档案信息化建设”和“监督检查”两个专章，为档案工作变革与转型、创新与发展提供了较为充分的法律保障。具体章节如下：

第一章总则，共 7 条。第一条明确了《档案法》的宗旨，“为了加强档案管理，规范档案收集、整理工作，有效保护和利用档案，提高档案信息化建设水平，推进国家治理体系和治理能力现代化，为中国特色社会主义事业服务”。第二条明确了《档案法》的适用范围，“从事档案收集、整理、保护、利用及其监督管理活动，适用本法”；明确了《档案法》所称“档案”的定义，档案是指过去和现在的国家机构、社会组织以及个人从事政治、军事、经济、科学、技术、文化、宗教等活动直接形成的对国家和社会有保存价值的各种文字、图表、声像等不同形式的历史记录。这个定论中也明确了国家管理档案的范围。第三条明确了中国共产党对档案工作的领导。规定了各级人民政府对于建设与发展档案事业要担负的职责，除了应当加强对档案工作的领导，还必须将档案事业的建设“列入国民经济和社会发展计划”。这就在法律上为我国档案事业的建设与发展提供了基本的人、财、物方面的保障。第四条明确了档案工作原则。档案工作实行统一领导、分级管理的原则，维护档案完整与安全，便于社会各方面的利用。第五条规定了国家机关、武装力量、政党、社会团体、企业事业单位和公民都有承担“保护档案的义务”，这也是延续国家与民族社会历史记录的需要。第六条明确了国家鼓励和支持档案科学研究和技术创新，促进科技成果在档案收集、整理、保护、利用等方面的转化和应用，推动档案科技进步。国家采取措施，加强档案宣传教育，增强全社会档案意识。国家鼓励和支持在档案领域开展国际交流与合作。第七条明确了国家鼓励社会力量参与和支持档案事业的发展。对在档案收集、整理、保护、利用等方面作出突出贡献的单位和个人，按照国家有关规定给予表彰、奖励。

第二章档案机构及其职责，共 4 条，分别规定了国家档案行政部门、单位的档案机构和档案工作人员、国家档案馆的基本职责；规定了档案人员的基本素质要求及对工作成绩显著者的奖励等。国家档案局应肩负起对全国的档案事业实行统筹规划、组织协调、统一制度、指导和监督的职责；县级以上各级人民政府的档案行政部门主管本行政区域内的档案事业，并对有关单位的档案工作实行监督和指导；县级以下人民政府应当指定专人负责保管本单位的档案，并对所属机构的档案工作实行监督和指导。机关单位的档案机构除负责保管本单位的档案外，还应对所属机构的档案工作实行监督和指导。档案馆在性质上是集中管理档案的文化事业机构，负责在各自分管范围内的接收、收集、整理、保管档案并向社会提供档案利用。档案人员应当忠于职守，遵守纪律，具备专业知识，各级人民政府应对工作成绩显著的档案工作者给予奖励。

第三章档案的管理，共 13 条，基本内容涉及档案立卷、移交、利用、鉴定、保管、交换、转让、出卖等方面。对于立卷归档，凡是有国家规定的应当立卷归档的材料，必须按照规定定期移交，集中管理，个人不得据为己有。不得归档的材料，禁止擅自归档。各单位应按规定定期向档案馆移交档案。具有档案、图书或文物等多重属性的文件，可按法律和法规的规定，由各有关单位自行管理，但在利用方面应互相协作。各级档案馆和机关单位的档案机构，应建立科学的管理制度，便于档案的利用，同时应确保档案的安全，并采用先进技术，实现档案管理的现代化。对于保密档案的管理和利用、密级变更和解密，应按保密法律和行政法规的规定办理。国家档案行政部门负责制定鉴定档案保存价值的原则、保管期限的标准及销毁档案的程序和办法；任何组织和个人未经允许和批准都无权擅自销毁具有国家和社会意义的档案。档案所有者应当妥善保管具有国家和社会价值的档案和应当保密的档案；档案行政部门在必要情况下，对于上述档案有权采取代为保管、收购及征购等强制性管理措施；对于集体和个人所有的具有国家和社会价值的档案，可以向国家档案馆寄存或者出卖，但严禁倒卖牟利或私自卖给、赠送给外国人或者外国组织；国家鼓励集体和个人向国家档案馆捐赠档案；禁止出卖属于国家所有的档案；转让国有企业、事业单位的档案原件及复制件的具体办法，由档案行政部门负责制定；凡是具有国家和社会价值的档案及其复制件，禁止私自携运出境。

第四章档案的利用和公布，共 8 条。主要内容是：第一，规定了国有档案的开放期及档案馆所应创造的开放条件，明确了公民和组织利用开放档案的权利。档案一般自形成之日起满 30 年向社会开放，经济、科学、技术、文化等类档案向社会开放的期限，可以少于 30 年，涉及国家安全或者重大利益以及其他到期不宜开放的档案向社会开放的期限，可以多于 30 年；国务院负责批准国家档案行政部门确定的开放档案的期限。为了使公民和组织能够顺利地利用开放的档案，档案馆应当创造各种相关条件，定期公布开放档案目录，简化利用手续，提供方便。第二，规定了档案馆未开放档案的利用办法。组织和公民根据经济建设、国防建设、教学科研和其他各项工作的需要，可以按照有关规定，利用档案馆未开放的档案以及有关机关、团体、企业事业单位和其他组织保存的档案。利用未开放档案的办法，由国家档案行政管理部门和有关主管部门规定。第三，单位和个人有权优先利用其向档案馆移交、捐赠、寄存的档案；有权对不宜向社会开放的档案提出限制利用的意见，档案馆必须维护这些组织和个人的合法权益。第四，规定了国有档案、集体和个人所有档案的公布权限。由国家授权的档案馆或机关可以公布国有档案；集体和个人也有权公布其所有的档案，但不得损害国家利益或他人的合法权益；任何组织和个人未经有公布国有档案权利的档案馆或机关同意，均无权公布国有档案。第五，规定了国家档案馆对档案史料的编研整理职责。档案馆应配备研究人员，加强对档案史料的研究整理及编辑出版工作。

第五章档案信息化建设，共 7 条。没有信息化就没有档案事业的现代化。本次修订在总结档案信息化建设实践需要和一些好的经验做法的基础上，新增档案信息化建设一章，对电子档案的合法要件、地位和作用、安全管理要求和信息化系统建设等方面作出了明确规定。要求各级人民政府将档案信息化纳入信息化发展规划，保障电子档案、传统载体档案数字化成果等档案数字资源的安全保存和有效利用。规定电子档案应当来源可靠、程序规范、要素合规，电子档案与传统载体档案具有同等效力，可以以电子形式作为凭证使用。对电子档案管理信息系统、数字档案馆、档案信息资源共享服务平台的建设提出要求。

第六章监督检查，共 6 条，范围是第四十二条至四十七条。第四十二条，档案主管部门依照法律、行政法规有关档案管理的规定，可以对档案馆和机关、团体、企业事业单位以及其他组织的档案工作责任制和管理制度落实情况，档案库房、设施、设备配置使用情况，档案工作人员管理情况，档案收集、整理、保管、提供利用等情况，档案信息化建设和信息安全保障情况，对所属单位等的档案工作监督和指导情况等进行检查。第四十三条，档案主管部门根据违法线索进行检查时，在符合安全保密要求的前提下，可以检查有关库房、设施、设备，查阅有关材料，询问有关人员，记录有关情况，有关单位和个人应当配合。第四十四条，档案馆和机关、团体、企事业单位以及其他组织发现本单位存在档案安全隐患时，应当及时采取补救措施，消除档案安全隐患。发生档案损毁、信息泄露等情形时，应当及时向档案主管部门报告。第四十五条，档案主管部门发现档案馆和机关、团体、企事业单位以及其他组织存在档案安全隐患时，应当责令限期整改，消除档案安全隐患。第四十六条，任何单位和个人对档案违法行为，有权向档案主管部门和有关机关举报。要求接到举报的档案主管部门或者有关机关应当及时依法处理。第四十七条，档案主管部门及其工作人员应当按照法定的职权和程序开展监督检查工作，要求做到科学、公正、严格、高效，不得利用职权牟取利益，不得泄露履职过程中知悉的国家秘密、商业秘密或者个人隐私。

第七章法律责任，共 4 条，主要规定了对各种违法行为的处罚事项。县级以上人民政府的档案行政部门和有关主管部门，对违反《档案法》规定的直接负责的行为人，有权给以警告、行政处分、经济处罚、责令赔偿损失、没收违法所得、征购非法出卖或私自赠送的档案;对于那些构成犯罪的行为人,应依法追究其刑事责任。这充分体现了《档案法》的强制性。

第八章附则,共 2 条,主要规定了《档案法》实施办法的制定权和批准实行权以及法律的具体实施日期。

《档案法》的基本内容也可以依据其内容性质划分为义务性规范、授权性规范和禁止性规范等。

义务性规范主要用于规定有关行为主体在处理档案事务方面依法应当承担的相关法律义务。如保护档案的法律义务、保守国家机密的义务、为用户创造良好利用条件的义务、将档案事业的建设列入国民经济和社会发展计划的义务,给予有显著成绩的档案主体奖励的义务、有关文化单位在利用方面相互协作的义务等。

授权性规范是指国家立法机关依法规定的有关机关、组织或个人在处理档案事务方面应当享有的权利。如统一制度权、指导监督权、利用开放档案权、档案公布权、接受档案权、优先购买权、行政处罚权、制定档案鉴定原则与标准权、档案销毁权等。

禁止性规范所规定的行为和有关事项是完全禁止存在的。如禁止擅自销毁、倒卖、转让具有国家和社会价值的档案,禁止损毁、丢失国有档案,禁止擅自提供、抄录、公布国有档案,禁止涂改、伪造档案,禁止损害国家安全和组织、个人的合法权益,禁止在档案面临危险时而不采取抢救措施,禁止档案人员玩忽职守,禁止将具有国家和社会价值的档案及其复制件擅自携运出境等。

二、档案行政法规

严格地讲,档案行政法规是指由国务院根据我国的宪法和法律制定的关于档案行政的规范性文件。

(一) 档案行政法规的概念

行政法规是指国务院为领导和管理国家各项行政工作,根据宪法和法律,按照行政法规规定的程序制定的政治、经济、教育、科技、文化、外事等各类法规的总称。由于法律关于行政权力的规定常常比较原则、抽象,因而还需要由行政机关进一步具体化。行政法规就是国务院对法律内容具体化、实践化的一种主要形式。因此,档案行政法规的概念是指由国务院依法制定的各种档案行政管理规范性文件,其中包括由国务院全体会议或常务会议通过的或者经国务院批准发布的国家档案行政事务的规范性文件。

(二) 档案行政法规的种类

档案行政法规的种类主要有三种:一是对档案行政事务作出全面系统的规定的文件,如《国务院关于加强国家档案工作的决定》《档案法实施办法》等;二是对某一方面的档案行政工作作出部分规定的文件,如《机关档案工作条例》《全国档案馆设置原则和布局方案》等;三是对某一项档案行政工作作出比较具体规定的文件,如《关于开放历史档案的几点意见》等。

根据文献查询结果,现行档案行政法规除了《档案法实施办法》《机关档案工作条例》以外,还有国务院于 1980 年 12 月 9 日批准发布的《科学技术档案工作条例》等。

《科学技术档案工作条例》是为了建立、健全科学技术档案工作机制，完整地保存和科学地管理科学技术档案、充分发挥科技档案在社会主义现代化建设中的作用特别制定的。土木工程设计、建造、运行及维护工作中形成的文件材料都归属于科学技术档案范畴。

(三) 档案行政法规的属性特征

档案行政法规既具有其他行政法规的一般属性，同时也具有自身的特点。

档案行政法规的一般属性表现为：

(1) 权威性与命令性。档案行政法规同《档案法》一样，都是国家意志的体现。目前我国的档案行政法规都是从维护党和国家及人民的根本利益出发，结合一定时期档案事业发展的客观形势与需要而制定的，是国家意志与人民意志的统一。就其制定者与其相对人的关系而言，是权力与服从、命令与服从的关系。执行人无权根据自己的主观意志，取舍、变更档案行政法规的有关规定。在这个意义上，档案行政法规具有较强的权威性与命令性。

(2) 直接性与现实性。档案行政法规是国家管理全国档案事业的重要依据和手段，其内容具有明显的直接性与现实性特征。它具体规定了档案工作的组织与管理原则、基本规则、措施和手段，内容涉及档案工作事务的组织、协调、指挥、管理等各个方面。因此，它对我国档案事业的建设与发展具有重要的现实作用和直接的指导意义。

(3) 稳定性与动态性。与国家的其他行政法规一样，档案行政法规也是在相对稳定的状态中不断变化和发展的。一方面，由于档案工作的环境(包括国家的政治环境、经济环境、文化环境等)处在不断变革之中，这就要求档案行政法规的内容随之有所调整与变更；另一方面，档案工作的内在运行机制也会发生一定的变化，这也要求档案行政法规的内容有所变化。但在实际工作中，要掌握动态性的相对性，只有在充分调查和科学论证的基础上，才能对有关档案行政法规作出必要的修改、补充或另立新规，绝不能盲目行事，朝令夕改，人为地降低档案行政法规的权威性。

档案行政法规的特殊性表现为：

(1) 档案行政法规的制定必须符合档案和档案工作的特殊发展规律与特点。世界各国的档案法规的制定实践均证明一个基本原理，即凡是依据档案工作的实际存在和发展规律与特点而制定的档案行政法规，都会对其国家的档案事业的发展起到积极的规范作用；相反，如果无视档案工作的客观存在与发展规律，不考虑本国档案工作的基本特点，那么其实践结果常常是事与愿违。档案的存在与运动是以有机体的形式进行的，每一份文件均为该有机体的一个“活的细胞”，个体文件一旦脱离了其赖以生存的有机体，其价值和作用便无从谈起。因此，档案的管理必须强调有机体的思想，强调集中统一管理的原则，强调全宗原则。任何档案行政法规的制定，都不能违背这些基本思想和原则。

(2) 档案行政法规的制定必须具有历史继承性与发展性特点。继承性是指由于档案事业实践活动的发展，一些原来行之有效的档案行政法规文件的内容便会出现与实际工作不相适应的情况，在这种条件下，国务院及相关部门就必须根据已经变化了的客观环境，修改原来的行政法规文件中的某些规定事项，但这种修改与变化应具有继承性或过渡性，以保持工作的连续性。发展性是指整个档案行政法规体系的内容应随着社会的发展、时代的进步而不断推陈出新，去粗取精。此外，档案行政法规必须以档案法律为依据，随着档案法律的变更和发展而变更和发展。这种“新陈代谢”的功能属性，正是我国档案行政法规生命力的表现。

三、档案地方性法规

档案地方性法规是指省、自治区、直辖市和设区的市、自治州人大及其常委会制定的规范档案工作的法规。截至 2018 年 10 月，现行有效的档案地方性法规 66 件，其中省级 31 件（省级区域实现了全覆盖）、州市级 35 件。

档案地方性法规的特点：

（1）维护国家法制统一。在制定档案地方性法规时，坚持不抵触、不重复、不越权的原则，根据《档案法》《档案法实施办法》，结合地方档案工作实际，在内容和法理上与上位法严格衔接，高度统一，保持与国家法律法规的一致性。按照 2004 年颁布的《行政许可法》和行政审批制度改革的要求，各省级区域档案地方性法规及时修改，取消了档案人员持证上岗、档案中介机构和专业人员资质认定、集体和个人所有档案的出卖等行政许可事项。从档案省级法规看，全国除西藏等 4 个省（自治区）外，其他省（自治区、直辖市）均进行了修改。

（2）突出地方特色。档案地方性法规关注本地区档案工作的新情况、新需求，着力于内容的创新与突破，作出了诸多创新性的规定，体现了本地区档案立法的创新特点和地方特色。《上海市档案条例》规定，国家档案列入国有资产管理的范围，重要档案要登记监管验收。《山东省档案条例》强化了档案行政执法主体的权威性，加大了执法力度，对行政处罚权的实施范围作了适当延伸，突破了原来档案行政管理部门只能对“发生在档案馆”的个别违法行为进行处罚的限制，把大量发生在档案馆以外的违法行为纳入其中。甘肃省、黑龙江省档案地方性法规因地制宜地确定了与国家规定不同的档案移交进馆期限；《广东档案条例》规定公民可以建立个人档案馆；《云南档案条例》规定应加强对记述和反映少数民族档案的管理。

（3）体现前瞻性。许多地方着眼于当前档案工作的实际和未来一段时间内的发展要求，规定了很多具有前瞻性的内容。在档案地方性法规中，福建省提出“加强对电子文件形成、归档和电子档案的管理”；甘肃省提出“利用数字技术管理档案，提高计算机和网络管理水平，逐步实现档案数字化管理”，并就电子文件管理作出规定；云南省提出“建立电子文件与电子档案的管理制度，建立电子文件、电子档案灾难备份基地”等要求。

（4）增强可操作性。相对于《档案法》《档案法实施办法》这些上位法，档案地方性法规就是在制定一部部如何使用规则的说明书，规则具体、指向明确、操作性强应当是地方立法的价值所在。地方档案法规设置条款更加简洁明了，便于操作，从各级人民政府的领导责任到法人和其他组织责任，从档案行政主管部门到各类档案机构，从档案工作原则到各项管理措施，从使用范围到具体实施，地方性法规规定得比较具体，有利于档案法律法规落到实处。

从颁布时间上分析，1995—2010 年，31 件省级档案地方性法规陆续颁布，1996—1999 年是颁布档案地方性法规的高峰时间段。从名称上分析，绝大部分省（区、市）用“条例”，达 23 件；四川等 8 个省（自治区、直辖市）用“办法”。法规名称调整对象表述为“档案”的有 20 件，表述为“档案管理”的有 10 件，表述为“档案工作”的有 1 件。其中，广东省、陕西省在修改档案地方性法规时将“档案管理”改为“档案”，调整对象外延上的变化在一定程度上反映了地方性档案法规建设的发展轨迹。市级档案地方性法规共 35 件，从内容上分析，综合性档案管理方面 21 件、城乡建设档案方面 9 件、征集收集档案方面 2 件、行政村档案方面 1 件、档案安全方面 1 件、档案奖励与处罚方面 1 件。

四、档案工作部门规章

规章作为档案工作法规的金字塔基层，其数量众多、内容具体、作用广泛，是档案管理活动的重要根据。部门档案工作规章是指国务院各部委、中国人民银行、审计署和具有行政管理职能的直属机构等颁布的有关档案事业的规章。制定和发布部门档案工作规章的主体有三类：一是国家档案局；二是国家档案局与国务院各部、各委员会、审计署和具有行政管理职能的直属机构的联合体；三是国务院各部、各委员会、审计署和具有行政管理职能的直属机构。

根据国家档案局官网公布的情况，现行部门规章有 31 项，如表 2-1 所示。

表 2-1　现行档案工作主要部门规章

序号	规章名称	发布日期	实施日期	发布部门
1	档案馆工作通则	1983-4-26	1983-4-26	国家档案局
2	开发利用科学技术档案信息资源暂行办法	1988-10-26	1988-10-26	国家档案局、财政部
3	各级国家档案馆馆藏档案解密和划分控制使用范围的暂行规定	1991-9-27	1991-10-26	国家档案局、国家保密局
4	外国组织和个人利用我国档案试行办法	1991-12-26	1992-7-1	国家档案局
5	各级国家档案馆开放档案办法	1991-12-26	1992-7-1	国家档案局
6	档案执法监督检查工作暂行规定	1992-3-30	1992-3-30	国家档案局
7	外商投资企业档案管理暂行规定	1994-12-29	1994-12-29	外经贸部、国家经贸部、国家档案局
8	城市建设档案归属与流向暂行办法	1997-7-28	1997-7-28	国家档案局
9	国家重点建设项目档案管理登记办法	1997-8-19	1997-8-19	国家档案局、国家计委
10	乡镇档案工作试行办法	1998-1-5	1998-1-5	国家档案局
11	国有企业资产与产权变动档案处置暂行办法	1998-3-5	1998-3-5	国家档案局、国家经济体制改革委员会、国家经济贸易委员会、国家国有资产管理局
12	开发区档案管理暂行规定	1999-6-30	1995-6-30	国家档案局、国务院特区办、国家科委
13	档案行政处罚程序暂行规定	2000-5-10	2000-5-10	国家档案局
14	艺术档案管理办法	2001-12-31	2002-2-1	文化部、国家档案局
15	电子公文归档管理暂行办法	2003-7-28	2003-9-1	国家档案局

（续表）

序号	规章名称	发布日期	实施日期	发布部门
16	档案行政许可程序规定	2005-5-17	2005-7-1	国家档案局
17	婚姻登记档案管理办法	2006-1-23	2006-1-23	民政部、国家档案局
18	机关文件材料归档范围和文书档案保管期限规定	2006-12-18	2006-12-18	国家档案局
19	高等学校档案管理办法	2008-8-20	2008-9-1	教育部、国家档案局
20	社会保险业务档案管理规定(试行)	2009-7-23	2009-9-1	人力资源和社会保障部、国家档案局
21	电影艺术档案管理规定	2010-6-29	2010-8-1	国家广播电影电视总局、国家档案局
22	审计机关审计档案管理规定	2011-11-28	2013-1-1	审计署、国家档案局
23	各级各类档案馆收集档案范围的规定	2011-11-21	2011-11-21	国家档案局
24	企业文件材料归档范围和档案保管期限规定	2012-12-20	2013-2-1	国家档案局
25	档案管理违法违纪行为处分规定	2013-1-24	2013-3-1	监察部、人力资源和社会保障部、国家档案局
26	集体林权制度改革档案管理办法	2013-5-2	2013-6-22	国家档案局、国家林业局
27	城市社区档案管理办法	2015-12-1	2016-1-1	国家档案局、民政部
28	会计档案管理办法	2015-12-15	2016-1-1	国家档案局、财政部
29	环境保护档案管理办法	2016-12-27	2017-3-1	国家档案局、环境保护部
30	村级档案管理办法	2017-12-18	2018-1-1	国家档案局、民政部、农业部
31	机关档案管理规定	2018-10-11	2019-1-1	国家档案局

五、档案工作地方行政规章

档案工作地方行政规章是地方人民政府依据档案法律、档案行政法规、地方性档案法规制定的规范性法律文件的总称。制定地方档案行政规章是为了更好地完成法定的行政区域性任务。虽然地方性规章具有实施范围的有限性和局部性特点，但其内容具体，能够充分体现其地方特色，提供了便于操作的行为规范。截至 2018 年 10 月，现行有效的档案工作地方行政规章 132 件，其中，省级 58 件，州市级 74 件。部分省级档案工作地方行政规章如表 2-2 所示。

表 2-2 部分省级档案工作地方行政规章

序号	省份	名称	序号	省份	名称
1	河北	河北省档案收集管理办法	11	广东	广东省乡(镇)档案管理办法
2	河北	河北省乡(镇)档案管理办法	12	广东	广东省中外合资、合作经营企业档案管理规定
3	山东	山东省重大活动档案管理办法			
4	四川	四川省档案工作规范化管理办法(试行)	13	湖北	湖北省中外合资、合作经营企业档案管理暂行办法
5	四川	四川省国家档案馆管理办法			
6	陕西	陕西省各类档案馆管理办法	14	湖北	湖北省档案登记办法
7	云南	云南省档案馆收集档案范围细则	15	湖北	湖北省重大活动档案管理试行办法
8	辽宁	辽宁省破产企业档案管理规定	16	海南	海南省档案馆开放档案实施细则
9	安徽	安徽省档案征集办法	17	海南	海南省重大活动照片音像档案管理暂行办法
10	广东	广东省档案馆收集档案范围实施细则	18	江苏	江苏省城建档案管理办法

（续表）

序号	省份	名称	序号	省份	名称
19	浙江	浙江省城市建设档案管理办法	28	重庆	重庆市城乡建设档案管理办法
20	浙江	浙江省国家档案馆管理办法	29	重庆	重庆市三峡库区移民档案管理办法
21	浙江	浙江省档案登记备份管理办法	30	天津	天津市档案行政执法工作规定
22	内蒙古	内蒙古自治区重大活动档案管理办法	31	天津	天津市非国家所有档案管理规定
23	宁夏	宁夏回族自治区档案登记办法	32	天津	天津市档案收集办法
24	江西	江西省档案登记办法	33	天津	天津市城市建设档案管理规定
25	福建	福建省国家档案馆管理办法	34	上海	上海市档案馆设置管理办法
26	福建	福建省档案登记暂行办法	35	上海	上海市城市建设档案管理暂行办法
27	福建	福建省重大活动档案管理办法	36	上海	上海市城市建设档案管理暂行办法

六、国家档案行政管理部门规范性文件

规范性文件是指除政府规章外，行政机关及法律、法规授权的具有管理公共事务职能的组织，在法定职权范围内依照法定程序制定并公开发布的针对不特定的多数人和特定事项，涉及或者影响公民、法人或其他组织权利义务，在本行政区域或其管理范围内具有普遍约束力，在一定时间内相对稳定、能够反复适用的行政措施、决定、命令等行政规范文件的总称。2018 年 12 月，国务院办公厅印发《关于全面推行行政规范性文件合法性审核机制的指导意见》，明确要求各地各部门结合工作实际编制规范性文件制定主体清单并向社会公布。根据国家档案局官网公布情况，其中有现行效用的规范性文件如表 2-3 所示。

表 2-3　国家档案行政管理部门规范性文件

序号	文号	文件名称	发文日期
1	国档发〔1984〕10 号	国家档案局关于严格执行历史档案归属管理问题的通知	1984-8-1
2	国档发〔1987〕4 号	国家档案局关于颁发《编制全国档案馆名称代码实施细则》的通知	1987-3-5
3	国档发〔1087〕6 号	国家科委、国家档案局关于印发《科学技术研究档案管理暂行规定》的通知	1987-3-20
4	国档发〔1987〕14 号	国家档案局、国家经委、国家计委、国家科委印发《关于加强科学技术档案工作的意见》的通知	1987-6-30
5	国档发〔1987〕27 号	国家档案局关于印发《机关档案工作业务建设规范》等三个文件的通知	1987-12-4
6	国档发〔1988〕4 号	国家档案局、国家计委关于印发《基本建设项目档案资料管理暂行规定》的通知	1988-3-17
7	国档发〔1988〕7 号	国家档案局关于向从事档案工作三十年的人员颁发《荣誉证书》的通知	1988-4-21
8	国档发〔1991〕20 号	国家档案局关于印发《工业企业档案分类试行规则》的通知	1991-7-4
9	国档发〔1992〕11 号	国家档案局关于印发《档案资料目录报送方案》的通知	1992-7-8
10	档办字〔1995〕5 号	关于向从事档案工作三十年人员颁发“荣誉证书”有关问题的通知	1995-4-19
11	档函字〔1998〕82 号	关于对国有企业破产档案流向问题的请示的复函	1998-7-15
12	档发〔1999〕2 号	国家档案局关于修改《国有企业资产与产权变动档案处置暂行办法》行政处罚罚款额度的通知	1999-3-18
13	档发〔1999〕4 号	国家档案局、中央档案馆关于认真贯彻落实《国务院办公厅关于加强基础设施工程质量管理的通知》，进一步加强建设项目档案工作的通知	1999-5-6

（续表）

序号	文号	文件名称	发文日期
14	档发〔2002〕5 号	国家档案局、国家经贸委、国家计委关于印发《企业档案管理规定》的通知	2002-7-22
15	档函〔2005〕205 号	国家档案局关于印发《国家档案局关于加强驻外机构和境外企业档案工作的意见》的通知	2005-9-22
16	档发〔2006〕2 号	国家档案局、国家发展和改革委员会关于印发《重大建设项目档案验收办法》的通知	2006-6-14
17	档函〔2006〕26 号	国家档案局、国家发展和改革委员会、中华全国工商业联合会关于印发《关于促进民营企业档案工作发展的意见》的通知	2006-2-23
18	档发〔2007〕10 号	国家档案局、民政部、农业部关于印发《关于加强社会主义新农村建设档案工作的意见》的通知	2007-12-21
19	档发〔2007〕12 号	国家档案局关于印发《关于加强民生档案工作的意见》的通知	2007-12-29
20	档办〔2007〕59 号	国家档案局办公室关于印发《国家档案局关于加强对基层单位档案工作监督、指导的意见》的通知	2007-4-10
21	档函〔2007〕108 号	国家档案局关于做好各级国家档案馆实施《中华人民共和国政府信息公开条例》工作的通知	2007-5-16
22	档发〔2008〕3 号	国家档案局、国家发展和改革委员会关于印发《国家电子政务工程建设项目档案管理暂行办法》的通知	2008-5-20
23		国家档案局政府信息公开工作管理办法(试行)	2008-5-1
24	档函〔2008〕207 号	国家档案局、中央档案馆关于印发《档案工作突发事件应急处置管理办法》的通知	2008-8-27
25	档函〔2008〕289 号	国家档案局关于加强新增中央投资项目档案管理的通知	2008-12-24
26	档发〔2009〕6 号	国家档案局、国务院国有资产监督管理委员会关于印发《关于进一步加强中央企业档案工作的意见》的通知	2009-12-4
27	档函〔2009〕55 号	国家档案局、国家知识产权局关于印发《关于加强知识产权档案管理的意见》的通知	2009-3-10
28	档发〔2010〕3 号	国家档案局、民政部、农业部关于印发《社会主义新农村建设档案工作示范县实施办法》的通知	2010-7-3
29	档办〔2010〕116 号	国家档案局办公室关于发布《数字档案馆建设指南》的通知	2010-6-17
30	档函〔2010〕121 号	国家档案局关于启用“中国档案行业徽标”的通知	2010-6-17
31	档函〔2010〕239 号	国家档案局关于加强新疆维吾尔自治区建设项目档案工作的意见	2010-11-5
32	档办〔2011〕196 号	国家档案局办公室关于印发《国家档案局关于加强中央和国家机关所属机构档案工作的意见》的通知	2011-10-20
33	档办〔2011〕236 号	关于印发《社会主义新农村建设档案工作示范县预验收方案》和《社会主义新农村建设档案工作示范县验收方案》的通知	2011-12-6
34	档发〔2012〕4 号	国家档案局、水利部、国家能源局关于印发《水利水电工程移民档案管理办法》的通知	2012-4-23
35	档办发〔2012〕4 号	国家档案局办公室、教育部办公厅关于印发《全国中小学档案教育社会实践基地建设管理暂行办法》的通知	2012-9-27
36	档发〔2012〕7 号	国家档案局关于印发《电子档案移交与接收办法》的通知	2012-8-29
37	档办发〔2013〕5 号	国家档案局办公室关于印发《档案信息系统安全等级保护定级工作指南》的通知	2013-7-10
38	档办发〔2014〕6 号	国家档案局办公室关于印发《数字档案馆系统测试办法》的通知	2014-11-26
39	档办发〔2014〕7 号	国家档案局办公室关于印发《档案数字化外包安全管理规范》的通知	2014-12-8

（续表）

序号	文号	文件名称	发文日期
40	档发〔2015〕3号	国家档案局关于印发《金融企业业务档案管理规定》的通知	2015-5-5
41	档办发〔2015〕4号	国家档案局办公室关于印发《企业电子文件归档和电子档案管理指南》的通知	2015-12-2
42	档办发〔2016〕1号	国家档案局办公室关于印发《档案信息系统安全保护基本要求》的通知	2016-1-4
43	档发〔2016〕6号	国家档案局印发《关于进一步加强档案安全工作的意见》的通知	2016-4-26
44	档发〔2016〕11号	国家档案局、国家发展和改革委员会关于印发《建设项目电子文件归档和电子档案管理暂行办法》的通知	2016-11-4
45	档发〔2016〕12号	国家档案局、国务院扶贫开发领导小组办公室关于做好精准扶贫档案工作的意见	2016-9-30
46	档发〔2016〕13号	国家档案局、国务院扶贫开发领导小组办公室关于印发《精准扶贫档案管理办法》的通知	2016-9-30
47	档发〔2016〕15号	国家档案局关于印发《建设项目档案监督指导工作指南》的通知	2016-12-16
48	档发〔2017〕2号	国家档案局关于印发《国家重点档案文件级目录数据验收办法（试行）》的通知	2017-3-6
49	档办发〔2017〕2号	国家档案局办公室关于印发《企业数字档案馆（室）建设指南》的通知	2017-9-1
50	档办发〔2017〕3号	国家档案局办公室关于印发《电子档案管理系统基本功能规定》的通知	2017-12-15
51	档发〔2017〕4号	国家档案局关于印发《国家重点档案专项资金管理办法》的通知	2017-5-19
52	档办发〔2017〕4号	国家档案局办公室关于印发《档案行业网络与信息安全信息通报工作规范》的通知	2017-12-15
53	档发〔2017〕6号	国家档案局关于印发《国家重点档案保护与开发项目管理细则（试行）》的通知	2017-7-13
54	档发〔2017〕9号	国家档案局关于印发《国家档案局科技项目管理办法》的通知	2017-9-7
55	档发〔2017〕10号	国家档案局关于印发《区域性国家重点档案保护中心建设与管理办法》的通知	2017-10-16
56	档办发〔2018〕1号	国家档案局办公室印发《关于进一步加强和改进档案统计工作的意见》的通知	2018-6-19
57	档发〔2018〕13号	国家档案局关于印发《企业境外档案管理办法》的通知	2018-8-2
58	档发〔2018〕17号	国家档案局关于印发《国家档案局优秀科技成果奖励办法》的通知	2018-9-27
59	档发〔2018〕19号	国家档案局、人力资源社会保障部关于印发《档案专业人员继续教育规定》的通知	2018-12-24

七、档案工作标准体系

档案工作标准是针对档案工作领域中的重复性事物和概念制定或修订的各种标准的总称，是单位和个人档案工作的基础以及一致遵循的规范。

档案工作标准化是指在技术、经济、科学及管理等社会实践中，对档案工作领域中的重复性事物和概念通过制定、实施标准，达到统一，以获得最佳秩序和社会效益的过程。档案工作标准化是档案行业健康发展的基础，是实现档案管理现代化和信息化的必要条件。

在1979年12月举行的全国文献检索标准化工作会议上，国家档案局首次提出档案工作过程标准化的提案，这是中国档案标准化工作的开端。1985年，国家标准局批准发布了我国第一个档案工作国家标准《档案著录规则》(GT/T 3792.5—1985),为中国档案工作的标准化提供了依据。

1986 年,标准化研究室作为专门研究和制定我国档案工作标准的机构正式成立,很好地促进了我国档案工作标准化的发展。1988 年,《文书档案案卷格式》(GB/T 9705—88)正式颁布;1989 年,《照片档案管理规范》(GB/T 11821—89)和《科学技术档案案卷构成的一般要求》(GB/T 11822—89)发布;1992 年,《全宗单》(GB/T 13967—92)和《档案交接文据格式》(GB/T 13968—92)发布;1994 年,《缩微摄影技术用 35 mm 卷片拍摄技术图样和技术文件的规定》(GB/T 15021—94)和《档案分类标引规则》(GB/T 15418—94)发布。除国家标准外,国家档案局还制定了一系列档案行业标准。1992 年,我国首个档案行业标准《档案工作基本术语》(DA/T 1—1992)发布,此后,我国档案工作标准化快速发展,颁布了大量的行业标准。1992—1995 年间发布的档案行业标准包括《档案装具》(DA/T 6—1992)、《直列式档案密集架》(DA/T 7—1992)等。

现行档案工作标准体系中,国家标准如表 2-4 所示。

表 2-4　国家标准

序号	标准号	标准名称	批准日期	实施日期
1	GB/T 9705—2008	文书档案案卷格式	2008-11-13	2009-6-1
2	GB/T 11821—2002	照片档案管理规范	2002-12-4	2003-5-1
3	GB/T 11822—2008	科学技术档案案卷构成的一般要求	2008-11-13	2009-6-1
4	GB/T 13967—2008	全宗单	2008-11-13	2009-5-1
5	GB/T 15418—2009	档案分类标引规则	2009-9-30	2010-2-1
6	GB/T 17678.1—1999	CAD 电子文件光盘存储、归档与档案管理要求　第一部分:电子文件归档与档案管理	1999-2-26	1999-10-1
7	GB/T 18894—2016	电子文件归档与电子档案管理规范	2016-8-29	2017-3-1
8	GB/T 20163—2006	中国档案机读目录格式	2006-3-15	2006-10-1
9	GB/T 26162—2021	信息与文献　文件(档案)管理　概念与原则	2021-12-31	2022-7-1
10	GB/T 26163.1—2010	信息与文献　文件管理　文件元数据　第 1 部分:原则	2011-1-14	2011-6-1

国家档案局制定的行业标准如表 2-5 所示。

表 2-5　行业标准

序号	标准编号	标准名称	批准日期	实施日期	备注
1	DA/T 1—1992	档案工作基本术语	1992-7-20	1992-10-20	
	DA/T 1—2000	档案工作基本术语	2000-12-6	2001-1-1	代替 DA/T 1—1992
2	DA/T 2—1992	科学技术研究课题档案管理规范	1992-7-20	1992-10-20	
3	DA/T 3—1992	档案馆指南编制规范	1992-7-20	1992-10-20	
4	DA/T 4—1992	缩微摄影技术　在 16 mm 卷片上拍摄档案的规定	1992-7-20	1992-10-20	

（续表）

序号	标准编号	标准名称	批准日期	实施日期	备注
5	DA/T 5—1992	缩微摄影技术　在 A6 平片上拍摄档案的规定	1992-7-20	1992-10-20	
6	DA/T 6—1992	档案装具	1992-7-20	1992-10-20	
7	DA/T 7—1992	直列式档案密集架	1992-7-20	1992-10-20	
8	DA/T 8—1994	明清档案著录细则	1995-6-12	1995-10-1	
9	DA/T 9—1994	明清档案档号编制规则	1995-6-12	1995-10-1	
10	DA/T 10—1994	高等学校档案实体分类法	1995-6-12	1995-10-1	
11	DA/T 11—1994	文件用纸耐久性测试法	1995-6-12	1995-10-1	
12	DA/T 12—1994	全宗卷规范	1995-6-12	1995-10-1	
13	DA/T 13—1994	档号编制规则	1995-6-12	1995-10-1	
14	DA/T 14—1994	全宗指南编制规范	1995-6-12	1995-10-1	
15	DA/T 15—1995	磁性载体档案管理与保护规范	1996-3-1	1996-10-1	
16	DA/T 16—1995	档案字迹材料耐久性测试法	1996-3-1	1996-10-1	
17	DA/T 17. 1—1995	全国革命历史档案数据采集标准　革命历史档案著录细则	1996-3-1	1996-10-1	
	DA/T 17. 2—1995	全国革命历史档案数据采集标准　革命历史资料著录细则	1996-3-1	1996-10-1	
	DA/T 17. 3—1995	全国革命历史档案数据采集标准　革命历史档案资料主题标引规则	1996-3-1	1996-10-1	
	DA/T 17. 4—1995	全国革命历史档案数据采集标准　革命历史档案资料分类标引规则	1996-3-1	1996-10-1	
	DA/T 17. 5—1995	全国革命历史档案数据采集标准　革命历史档案机读目录软磁盘数据交换格式	1996-3-1	1996-10-1	
18	DA/T 18—1999	档案著录规则	1999-5-31	1999-12-1	代替 GB/T 3792. 5—1985
19	DA/T 19—1999	档案主题标引规则	1999-5-31	1999-12-1	
20	DA/T 20. 1—1999	民国档案目录中心数据采集标准　民国档案著录细则	1999-5-31	1999-12-1	
	DA/T 20. 2—1999	民国档案目录中心数据采集标准　民国档案主题标引细则	1999-5-31	1999-12-1	
	DA/T 20. 3—1999	民国档案目录中心数据采集标准　民国档案分类标引细则	1999-5-31	1999-12-1	
	DA/T 20. 4—1999	民国档案目录中心数据采集标准　民国档案机读目录软磁盘数据交换格式	1999-5-31	1999-12-1	
21	DA/T 21—1999	档案缩微品保管规范	1999-5-31	1999-12-1	
22	DA/T 22—2015	归档文件整理规则	2015-10-25	2016-6-1	
23	DA/T 23—2000	地质资料档案著录细则	2000-12-6	2001-1-1	
24	DA/T 24—2000	无酸档案卷皮卷盒用纸及纸板	2000-12-6	2001-1-1	
25	DA/T 25—2000	档案修裱技术规范	2000-12-6	2001-1-1	
26	DA/T 26—2000	挥发性档案防霉剂防霉效果测定法	2000-12-6	2001-1-1	

（续表）

序号	标准编号	标准名称	批准日期	实施日期	备注
27	DA/T 27—2000	档案防虫剂防虫效果测定法	2000-12-6	2001-1-1	
28	DA/T 28—2002	国家重大建设项目文件归档要求与档案整理规范	2002-11-29	2003-4-1	
	DA/T 28—2018	建设项目档案管理规范	2018-4-8	2018-10-1	代替 DA/T 28—2002
29	DA/T 29—2002	档案缩微品制作记录格式和要求	2002 11 29	2003-4-1	
30	DA/T 30—2002	满文档案著录名词与术语汉译规则	2002-11-29	2003-4-1	
	DA/T 30—2019	满文档案著录名词与术语汉译规则	2019-3-4	2019-9-1	代替 DA/T 30—2002
31	DA/T 31—2005	纸质档案数字化技术规范	2005-4-30	2005-9-1	
32	DA/T 32—2005	公务电子邮件归档与管理规则	2005-4-30	2005-9-1	
33	DA/T 33—2005	明清档案目录中心数据采集标准—明清档案机读目录数据交换格式	2005-4-30	2005-9-1	
34	DA/T 34—2005	国家档案馆爱国主义教育基地工作规范	2005-8-30	2005-10-1	
	DA/T 34—2019	国家档案馆爱国主义教育基地工作规范	2019-3-4	2019-9-1	代替 DA/T 34—2005
35	DA/T 35—2007	档案虫霉防治一般规则	2007-6-6	2007-7-1	
36	DA/T 36—2007	人身保险业务档案管理规范	2007-6-6	2007-7-1	
37	DA/T 37—2008	历史图牒档案修裱技术规范	2008-4-23	2008-7-1	
38	DA/T 38—2008	电子文件归档光盘技术要求和应用规范	2008-4-23	2008-7-1	
39	DA/T 39—2008	会计档案案卷格式	2008-6-20	2008-9-1	
40	DA/T 40—2008	印章档案整理规则	2008-6-20	2008-9-1	
41	DA/T 41—2008	原始地质资料立卷归档规则	2008-6-20	2008-9-1	
42	DA/T 42—2009	企业档案工作规范	2009-11-2	2010-1-1	
43	DA/T 43—2009	缩微胶片数字化技术规范	2009-11-2	2010-1-1	
44	DA/T 44—2009	数字档案信息输出到缩微胶片上的技术规范	2009-11-2	2010-1-1	
45	DA/T 45—2009	档案馆高压细水雾灭火系统技术规范	2009-11-2	2010-1-1	
46	DA/T 46—2009	文书类电子文件元数据方案	2009-12-16	2010-6-1	
47	DA/T 47—2009	版式电子文件长期保存格式需求	2009-12-16	2010-6-1	
48	DA/T 48—2009	基于 XML 的电子文件封装规范	2009-12-16	2010-6-1	
49	DA/T 49—2012	特殊和超大尺寸纸质档案数字图像输出到缩微胶片上的技术规范	2012-11-15	2013-1-1	
50	DA/T 50—2014	数码照片归档与管理规范	2014-12-31	2015-8-1	
51	DA/T 51—2014	电影艺术档案著录规则	2014-12-31	2015-8-1	
52	DA/T 52—2014	档案数字化光盘标识规范	2014-12-31	2015-8-1	
53	DA/T 53—2014	数字档案 COM 和 COLD 技术规范	2014-12-31	2015-8-1	
54	DA/T 54—2014	照片类电子档案元数据方案	2014-12-31	2015-8-1	
55	DA/T 55—2014	特藏档案库基本要求	2014-12-31	2015-8-1	
56	DA/T 56—2014	档案信息系统运行维护规范	2014-12-31	2015-8-1	

（续表）

序号	标准编号	标准名称	批准日期	实施日期	备注
57	DA/T 57—2014	档案关系型数据库转换为 XML 文件的技术规范	2014-12-31	2015-8-1	
58	DA/T 58—2014	电子档案管理基本术语	2014-12-31	2015-8-1	
59	DA/T 59—2017	口述史料采集与管理规范	2017-8-2	2018-1-1	
60	DA/T 60—2017	纸质档案真空充氮密封包装技术要求	2017-8-2	2018-1-1	
61	DA/T 61—2017	明清纸质档案病害分类与图示	2017-8-2	2018-1-1	
62	DA/T 62—2017	录音录像档案数字化规范	2017-8-2	2018-1-1	
63	DA/T 63—2017	录音录像类电子档案元数据方案	2017-8-2	2018-1-1	
64	DA/T 64.1—2017	纸质档案抢救与修复规范　第 1 部分：破损等级的划分	2017-8-2	2018-1-1	
	DA/T 64.2—2017	纸质档案抢救与修复规范　第 2 部分：档案保存状况的调查方法	2017-8-2	2018-1-1	
	DA/T 64.3—2017	纸质档案抢救与修复规范　第 3 部分：修复质量要求	2017-8-2	2018-1-1	
	DA/T 64.4—2017	纸质档案抢救与修复规范　第 3 部分：修复操作指南	2018-4-8	2018-10-1	
65	DA/T 65—2017	档案密集架智能管理系统技术要求	2017-8-2	2018-1-1	
66	DA/T 66—2017	城市轨道交通工程文件归档要求与档案分类规范	2017-8-2	2018-1-1	
67	DA/T 67—2017	档案保管外包服务管理规范	2017-8-2	2018-1-1	
68	DA/T 68—2017	档案服务外包工作规范	2017-8-2	2018-1-1	
69	DA/T 69—2017	纸质归档文件装订规范	2018-4-8	2018-10-1	
70	DA/T 70—2018	文书类电子档案检测一般要求	2018-4-8	2018-10-1	
71	DA/T 71—2018	纸质档案缩微数字一体化技术规范	2018-4-8	2018-10-1	
72	DA/T 72—2019	岩心档案管理规范	2019-3-4	2019-9-1	
73	DA/T 73—2019	档案移动服务平台建设指南	2019-3-4	2019-9-1	
74	DA/T 74—2019	电子档案存储用可录类蓝光光盘(BD-R)技术要求和应用规范	2019-3-4	2019-9-1	
75	DA/T 75—2019	档案数据硬磁盘离线存储管理规范	2019-3-4	2019-9-1	
76	DA/T 76—2019	绿色档案馆建筑评价标准	2019-3-4	2019-9-1	
77	DA/T 77—2019	纸质档案数字复制件光学字符识别(OCR)工作规范	2019-12-16	2020-5-1	
78	DA/T 78—2019	录音录像档案管理规范	2019-12-16	2020-5-1	
79	DA/T 79—2019	证券业务档案管理规范	2019-12-16	2020-5-1	
80	DA/T 80—2019	政府网站网页归档指南	2019-12-16	2020-5-1	
81	DA/T 81—2019	档案库房空气质量检测技术规范	2019-12-16	2020-5-1	
82	DA/T 82—2019	基于文档型非关系型数据库的档案数据存储规范	2019-12-16	2020-5-1	
83	DA/T 83—2019	档案数据存储用 LTO 磁带应用规范	2019-12-16	2020-5-1	
84	DA/T 84—2019	档案馆应急管理规范	2019-12-16	2020-5-1	
85	DA/T 85—2019	政务服务事项电子文件归档规范	2019-12-16	2020-5-1	

第三章

档案馆(室)建设

第一节　档案馆(室)建筑

第二章档案工作体系内容中已经阐述了机关档案室、企事业单位档案室以及各类档案馆的设置要求及其基本职责与具体任务，这也传递了一个潜在的基本信息，即无论是什么单位，档案工作都是必不可少的。如此，档案实体的容身之所——档案馆(室)是不可或缺的。离开了档案馆(室)建设去谈档案工作，犹如空中楼阁。

一、档案馆(室)建筑选址要求

档案馆基地选址应纳入城市总体规划，应选择工程地质条件和水文地质条件较好的地段，并宜远离洪水、山体滑坡等自然灾害易发生的地段；应远离易燃、易爆场所和污染源；应选择交通方便、城市公用设施较完备的地段；应选择地势较高、场地干燥、排水通畅、空气流通和环境安静的地段。

档案馆的总平面布置应符合以下要求：①档案馆建筑宜独立建造。当确需与其他工程合建时，应自成体系并符合相关规范的规定；②总平面布置宜根据近远期建设计划的要求，进行一次规划、建设，或一次规划、分期建设；③基地内道路应与城市道路或公路连接，并应符合消防安全要求；④人员集散场地、道路、停车场和绿化用地等室外用地应统筹安排；⑤基地内建筑及道路应符合《无障碍设计规范》(GB 50763—2012)的规定。

机关档案室设置应符合单位工作需要并综合考虑安全要求，应在建筑设计时综合考虑档案室设置要求，尽量避免临时将普通用房改装成档案室的做法。

二、档案馆(室)建筑设计要求

档案馆(室)建筑设计一般规定如下：

(1) 档案馆建筑应根据其等级、规模和功能设置各类用房，并宜由档案库、对外服务用房、档案业务和技术用房、办公用房和附属用房组成。

(2) 档案馆的建筑布局应按照功能分区布置各类用房，并应达到功能合理、流程便捷、内外相互联系又有所分隔，避免交叉。各类用房之间进行档案传送时，不应通过露天通道。

(3) 档案馆建筑设计应使各类档案及资料保管安全、调阅方便；查阅环境应安静；工作人员应有必要的工作条件。

(4) 四层及四层以上的对外服务用房、档案业务和技术用房应设电梯。两层或两层以上的档案库应设垂直运输设备。

(5) 锅炉房、变配电室、车库等可能危及档案安全的用房不宜毗邻档案库。

(一) 档案库

(1) 档案库可包括纸质档案库、音像档案库、光盘库、缩微拷贝片库、母片库、特藏库、实物档案库、图书资料库、其他特殊载体档案库等，并应根据档案馆的等级、规模和实际需要选择设置或合并设置。

(2) 档案库应集中布置、自成一区。除更衣室外，档案库区内不应设置其他用房，且其他用房之间的交通也不得穿越档案库区。

(3) 档案库区的平面布局应简洁紧凑。

(4) 档案库区或档案库入口处应设缓冲间，其面积不应小于 6 m^2；当设专用封闭外廊时，可不再设缓冲间。

(5) 档案库区内比库区外楼地面应高出 15 mm，并应设置密闭排水口。

(6) 每个档案库应设两个独立的出入口，且不宜采用串通或套间布置方式。

(7) 档案库净高不应低于 2.60 m。

(8) 档案库内档案装具布置应成行垂直于有窗的墙面。档案装具间的通道应与外墙采光窗相对应，当无窗时，应与管道通风孔开口方向相对应。

(9) 档案装具排列的各部分尺寸：①主通道净宽不应小于 1.20 m；②两行档案装具间净宽不应小于 0.80 m；③档案装具端部与墙的净距离不应小于 0.60 m；④档案装具背部与墙的净距离不应小于 0.10 m。

(10) 档案装具的档案存储定额的计算指标：①当采用五节档案柜时，库房每平方米(使用面积)存储档案长度不小于 2.70 延长米；②当采用双面档案架时，库房每平方米(使用面积)存储档案长度不小于 3.30 延长米；③当采用密集架时，库房每平方米(使用面积)存储档案长度不小于 7.20 延长米。

(11) 档案库楼面均布活荷载标准值不应小于 5 kN/m^2，采用密集架时不应小于 12 kN/m^2。

(12) 当档案库与其他用房同层布置且楼地面有高差时，应满足无障碍通行的要求。

(13) 母片库不应设外窗；珍贵档案存储应专设特藏库。

(二) 对外服务用房

(1) 对外服务用房可由服务大厅(含门厅、寄存处等)、展览厅、报告厅、接待室、查阅登记室、目录室、开放档案阅览室、未开放档案阅览室、缩微阅览室、音像档案阅览室、电子档案阅览室、政府公开信息查阅中心、对外利用复印室和利用者休息室、饮水处、公共卫生间等组成。规模较小的档案馆可合并设置。

(2) 阅览室设计：①自然采光的窗地面积比不应小于 1∶5；②应避免阳光直射和眩光，窗宜设遮阳设施；③室内应能自然通风；④每个阅览座位使用面积，普通阅览室每座不应小于 3.5 m^2，专用阅览室每座不应小于 4.0 m^2，若采用单间，房间使用面积不应小于

12.0 m^2;⑤阅览桌上应设置电源;⑥室内应设置防盗监控系统。

(3) 缩微阅览室设计:①应避免阳光直射;②宜采用间接照明,阅览桌上应设局部照明;③室内应设空调或机械通风设备。

(三) 档案业务和技术用房

(1) 档案业务和技术用房可由中心控制室、接收档案用房、整理编目用房、保护技术用房、翻拍洗印用房、缩微技术用房、音像档案技术用房、信息化技术用房组成,并应根据档案馆的等级、规模和实际需要选择设置或合并设置。

(2) 中心控制室设计:①室内应设空调;②与其他用房的隔墙的耐火极限不应低于2.0 h,楼板的耐火极限不应低于1.5 h,隔墙上的门应采用甲级防火门。

(3) 接收档案用房可由接收室、除尘室、消毒室等组成。

(4) 消毒室设计:①采用单独的密闭门;②设有单独的直达屋面外的排气管道,废气排放应符合国家现行有关环境保护标准的规定;③室内顶棚、墙面及楼、地面材料应易于清洁;④消毒室应在室内外分设控制开关,其排气管道不应穿越其他用房。

(5) 整理编目用房可由整理室、编目室、修史编志室、展览加工制作室、出版发行室组成。

(6) 保护技术用房可由去酸室、理化实验室、档案有害生物防治室、裱糊修复室、装订室、仿真复制室等组成。

(7) 裱糊修复室内应设电热装置、给水排水设施,并应采取相应的安全防护措施。

(8) 装订室内应设摆放裁纸设备、压力机及装订机的位置。

(9) 翻拍洗印用房应由翻拍室、冲洗室、印像放大室、水洗烘干室、翻版胶印室组成,其中翻拍室和冲洗室可与缩微用房的缩微摄影室和冲洗处理室合用。

(10) 缩微技术用房可由资料编排室、缩微摄影室(分大型机室和小型机室)、冲洗处理室、配药和化验室、质量检测室、校对编目室、拷贝复印室、放大还原室和备品库组成。缩微技术用房宜设于首层,应自成一区。①缩微摄影室应远离振源及空气污染源;各设备之间严禁灯光干扰;室内地面应坚实平整,便于清洗;墙面不宜采用强反射材料。②拷贝复印室应环境清洁;地面应防止产生静电;门窗应密闭、防紫外光照射;应有强制排风和空气净化设施。③冲洗处理室应严密遮光;室内墙面、地面和管道应采取防腐措施;应有满足冲洗要求的水质、水压、水温和水量的设施设备;冲洗池污水应单独集中处理。

(11) 音像档案技术用房可由音像档案技术处理室、编辑室等组成。

(12) 信息化技术用房可由服务器机房、计算机房、电子档案接收室、电子文件采集室、数字化用房组成。数字化用房由档案前期处理室、纸质档案扫描室、其他载体档案数字化室、数字化质量检测室、档案中转室组成。

(13) 服务器机房和计算机房的设计应符合《数据中心设计规范》(GB 50174—2017)的规定。

(四) 办公用房和附属用房

(1) 办公用房应符合《办公建筑设计标准》(JGJ/T 67—2019)的规定。

(2) 附属用房可包括警卫室、车库、卫生间、浴室、医务室、变配电室、水泵房、电梯机房、空调机房、通信机房、消防用房等，并应根据档案馆的等级、规模和实际需要选择设置或合并设置。

(五) 外围护结构

(1) 档案库应减少外围护结构面积。外围护结构应根据其使用要求及室内温湿度、当地室外气象计算参数和有无采暖、通风、空调设备等具体情况，通过技术经济比较，合理确定其构造。①当需要设置采暖设备时，外围护结构的传热系数应在《公共建筑节能设计标准》(GB 50189—2015)规定的基础上再降低10%；②当需要设置空气调节设备时，外围护结构的传热系数应符合《公共建筑节能设计标准》(GB 50189—2015)的规定。

(2) 库房屋顶应采取保温、隔热措施。①平屋顶上采用架空层时，基层应设保温、隔热层，架空层应通风流畅，其高度不应小于0.30 m；②炎热多雨地区的坡屋顶其下层为空间夹层时，内部应通风流畅。

(3) 档案库门应为保温门；窗的气密性能、水密性能及保温性能分级要求应比当地办公建筑的要求提高一级。

(4) 档案库每开间的窗洞面积与外墙面积比不应大于1∶10，档案库不得采用跨层或跨间的通长窗。

第二节　档案馆(室)硬件配置

档案馆(室)硬件配置主要是指应档案管理及利用等工作要求，在档案馆(室)建筑内安装与使用各种所需的设施设备。设施是指为某种需要(如消防、安监)而建立的系统，设备是指可供馆务工作中长期使用的装置。按照档案管理规范化要求，档案馆(室)内必须配置消防设施、温湿度与消毒灭菌控制设施、安防设施以及档案装具、电气、照明、通风、采暖、防紫外线、防雷、防尘、防污染等设备。

一、档案馆(室)设施配置要求

(一) 消防设施

1. 防火设计要求

档案馆(室)建筑防火设计，应符合《建筑设计防火规范》(GB 50016—2014)和《建筑内部装修设计防火规范》(GB 50222—2017)的有关规定。档案库区中同一防火分区内的库房之间的隔墙均应采用耐火极限不低于3.0 h的防火墙，防火分区间及库区与其他部分之间的隔墙应采用耐火极限不低于4.0 h的防火墙，其他内部隔墙可采用耐火极限不低于2.0 h的不燃烧体。档案库中楼板的耐火极限不应低于1.5 h。垂直运输档案、资料的电梯应邻近档案库，并应设在防火门外；电梯井应封闭，其围护结构应为耐火极限不低于2.0 h的不燃烧体；特藏库宜单独设置防火分区；特级、甲级档案馆和属于一类高层的乙级档案馆建筑均应设置火灾自动报警系统；其他乙级档案馆的档案库、服务器机房、缩微用房、音像技术用房、空调机房等房间应设置火灾自动报警系统;馆区应设室外消防给水系统。特级、甲级档案馆中的特藏库和非纸质档案库、服务器机房应设惰性气体灭火系统。特级、甲级档案馆中的其他档案库房、档案业务用房和技术用房,乙级档案馆中的档案库房可采用洁净气体灭火系统或细水雾灭火系统;档案库内不得设置明火设施。档案装具宜采用不燃烧材料或难燃烧材料;档案馆库区建筑及每个防火分区的安全出口不应少于2个;档案库区缓冲间及档案库的门均应向疏散方向开启,并应为甲级防火门;库区内设置楼梯时,应采用封闭楼梯间,门应采用不低于乙级的防火门;档案馆建筑应配置灭火器,并应符合《建筑灭火器配置设计规范》(GB 50140—2005)的规定。

2. 火灾自动报警系统

火灾自动报警系统部署是档案馆(室)建设强制性要求。系统由火情探测(感应)触发装置、火灾报警装置、联动输出装置以及具有其他辅助功能装置组成。它能在火灾初期,将燃烧产生的烟雾、热量、火焰等物理量,通过火灾探测(感应)器变成电信号,并将电信号传输到系统中央控制器,同时以声或光的形式通知或广播火情,便于楼层疏散,并联动消防装置响应灭火措施。

档案馆(室)内火灾自动报警系统肩负火灾安全防范重任,是档案馆(室)建筑设备自动化系统的重要组成部分。系统设计首先必须符合《火灾自动报警系统设计规范》(GB 50116—2013)的要求,同时也要适应档案馆建筑的特点,合理选配产品,做到安全适用、技术先进、经济合理。火灾自动报警系统的设计要点是:根据被保护的档案对象发生火灾时燃烧的特点确定火灾类型;按照火灾探测器的总数和其他报警装置数量确定火灾报警控制器的总容量;按划分的报警区域设置区域报警控制器;根据消防设备确定联动控制方式;按防火灭火要求确定报警和联动的逻辑关系;最后还要考虑火灾自动报警系统与档案馆建筑设备、通信、办公等自动化系统的适应性。

(1) 探测器选配

火灾探测器是火灾自动报警系统的触发装置。按探测的火灾特征参量可分为感烟火灾探测器、感温火灾探测器、感光火灾探测器、烟温复合式火灾探测器以及气体火灾探测器;按其测控范围又可分为点型火灾探测器和线型火灾探测器两大类。点型火灾探测器只能对警戒范围中某一点周围的温度、烟雾等参数进行控制,如点型离子感烟火灾探测器、点型紫光火焰火灾探测器、点型感温火灾探测器等。线型火灾探测器则可以对警戒范围中某一线路周围温度、烟雾进行探测,如红外光束线型火灾探测器、激光线型火灾探测器、缆式线型感温火灾探测器等。档案馆建筑中宜选用感烟火灾探测器为主。

(2) 探测区域探测器设置要点

火灾探测区域一般以独立的房间划分探测区域,每个房间内至少应设置一只探测器。在敞开或封闭的楼梯间、消防电梯前室、走道、坡道、管道井、闷顶、夹层等场所都应单独划分探测区域,设置相应探测器。内部空间开阔且门口有灯光显示装置的大面积房间可划分为一个探测区域,但其最大面积不能超过1 000 m^2。探测器的设置一般按保护面积确定,按每只探测器保护面积和保护半径确定,要考虑房间高度、屋顶坡度、探测器自身灵敏度三个主要因素的影响,但在有梁的顶棚上设置探测器时必须考虑梁突出顶棚的影响。

另外，在设置火灾探测器时，还要考虑档案馆建筑内部走道宽度、至端墙的距离、至墙壁梁边距离、空调通风口距离以及房间隔情况等的影响。

（3）探测器总数确定

首先确定一个探测区域所需设置的探测器数量，其计算公式为

$$N=\frac{S}{KA} \tag{3-1}$$

式中，N 为探测器数量（只），取整数；S 为该探测区域的面积（m^2）；A 为探测器的保护面积（m^2）；K 为修正系数。

（4）报警器选配

火灾报警控制器是火灾自动报警系统的中枢，它接收信号并作出分析判断，一旦发生火灾，它立即发出火警信号并启动相应消防设备。报警器选配要综合考虑报警区域划分、区域内火灾报警控制器的容量等情况确定。

（5）联动设备控制

火灾发生时，火灾报警控制器发出警报信息，消防联动控制器根据火灾信息管理部联动关系，输出联动信号，启动有关消防设备实施防火灭火。消防联动必须在“自动”和“手动”状态下均能实现。在自动情况下，档案馆建筑中的火灾自动报警系统按照预先编制的联动逻辑关系，在火灾报警后，输出自动控制指令，启动相关设备动作。手动情况下，应能根据手工操作，实现对应控制。

由于火灾自动报警系统的特殊地位，使得它在布线安装方面有别于档案馆建筑中其他控制系统。对线缆的选型和布线方式：一要满足自动报警装置自身的技术条件，如其报警传输线大多数要求采用双绞线等；二要满足一定的机械强度；三要采取穿管保护、暗敷或阻燃措施；四要与其他低压系统电缆竖井分开布设；五要使其传输网络不与其他传输网络共用。

3. 档案馆库房灭火装置

档案馆内灭火装置应根据不同空间的不同建筑功能进行合理选用。本节主要介绍纸质档案库房内七氟丙烷气体灭火装置的选配。

我国公安部在《关于进一步加强哈龙替代品及其技术管理的通知》中，第一推荐用七氟丙烷（HFC-227ea）气体自动灭火系统为卤代烃类哈龙替代灭火系统。通知明确规定：七氟丙烷气体自动灭火系统属于全淹没系统，可以扑救 A（表面火）、B、C 类和电器火灾，可用于保护经常有人的场所。七氟丙烷灭火剂无色、无味，不导电，挥发性强，灭火高效，对臭氧层的破坏性为零，符合环保要求。它的灭火机理是以破坏分子中的燃烧链为主，降温为辅。它以液态形式喷射到防护区域，迅速转变成气态，吸收大量的热量，切断分子中的燃烧链，从而迅速灭火。在没有火情的状态下，对人体无害，且灭火后，及时通风迅速排除灭火剂，即可很快恢复正常情况，适用于有工作人员常驻的场所。

七氟丙烷灭火装置分为有管网和无管网两种。无管网由箱体喷头喷放，喷放不够均匀。有管网七氟丙烷灭火剂平时放置在钢瓶间内，通过高压管网连接，火灾发生时，将灭

火剂由钢瓶间输送到需要灭火的防护区,通过喷头进行灭火。喷头喷放均匀,灭火效果好。但由于需要单独设置钢瓶间和管网,因此成本较高。对于有多个防护区域的情况,有管网系统可以用同一套系统保护多个防护区,并可以对不同防护区发生的火灾有针对性地进行喷放。

七氟丙烷灭火操作方式有以下三种。

一是自动控制灭火。这种操作需要把中控室的手动/自动转换锁设置在自动状态,当烟感、温感报警器同时报警时,控制器发出火警警报,火警指示灯亮,机房内声光报警器响,延时指示灯亮,30 秒后,启瓶指示灯亮,若允许键在“允许”状态,则启动钢瓶,库房内喷头喷气灭火。一般情况下,不建议采用这种方式。

二是手动控制灭火。当现场发现火情时,消防值班人员或档案工作人员应在确保档案库房内无人的情况下,关上库房防火门,按下库房防火门外的紧急启动按钮。此时进入七氟丙烷 30 秒灭火延时期,声光报警器启动,30 秒内现场人员必须立即撤离到安全地带。因为当七氟丙烷达到 10% 以上时,人就会产生不适感觉,长时间就会有生命危险。此外,在高温下,七氟丙烷产生的分解物氟化氢(HF)有危害性,而且,燃烧物产生的毒气对人也具有危害性。30 秒后,库房内喷头自动喷气灭火。防火门上方墙壁上的气体释放指示灯闪烁。灭火后,必须经过充分通风,排除库房内废气后,才能进入现场,以免发生危险。比较而言,这种灭火方式比较安全、可靠,目前大部分档案馆采用该方式。

三是机械启动灭火。在消防中控室接到火警后,无法正常启动灭火系统时,消防值班人员应立即赶到钢瓶间,用钥匙打开强制启动锁,再按启动键,此时,延时灯亮,30 秒后钢瓶启动,进入灭火状态。若在按下启动键后,30 秒内火情已被控制住,应按紧急停止键,同时将紧急启动复位,钢瓶就不会被启动,喷头不会喷出七氟丙烷。

(二) 温湿度与消毒灭菌控制设施

档案库房内适宜的温湿度标准是:温度介于 14～24 ℃,相对湿度维持在 45%～60%。在规定范围内,温度每昼夜波动幅度为 ±2 ℃,相对湿度为 ±5%。温湿度控制设施可以实时监测档案库房内温湿度情况,并通过历史数据分析库内温湿度变化趋势,通过控制系统自动调节空调、除湿机、加湿机、消毒灭菌机等运行状态,防止高温高湿造成书虫滋生或低温低湿引起纸张脆性老化、缩微胶片层降解碎化等不利情况,以达到延长档案自然寿命的效果。

1. 空调系统

机关、企事业单位等档案室可根据库房面积及室藏档案类别情况,配置功率合适的柜体或挂壁空调机即可,但需要档案工作人员根据室内温湿度情况人工开启或关闭空调设备。档案馆库房一般设置具备恒温恒湿调控功能的中央空调。恒温恒湿空调系统包括三个系统。

(1) 恒温恒湿空调压缩制冷剂循环系统:低温低压的制冷剂气体被压缩机吸入并压缩成高温高压的制冷剂气体(压力和温度增加),高温高压的制冷剂气体通过冷凝器(风冷或水冷)放出热量,冷凝成液体。通过截流装置节流后变成低温低压制冷剂液体进入低压的蒸发器,蒸发器中的液态制冷剂低压蒸发吸收空气的热量(从而空气被降温及除湿),最终制冷剂与空气之间形成一定的温度差，液态制冷剂亦完全蒸发变为低温低压的气体回到压缩机压缩，完成制冷剂循环过程。

(2) 恒温恒湿空调空气循环系统：风机将空气从回风口吸入，经过蒸发器降温、除湿，或加湿器加湿，或电加热器加热升温后经送风口送到用户所需的空间内，送出的空气与空间内的空气混合后流动到回风口，从而形成一个空气处理循环。

(3) 恒温恒湿空调电气自控系统：自动系统又分为温湿度控制及故障保护部分。温湿度控制是通过温湿度控制器，将回风的温湿度与用户设定的温湿度作对比，自动运行压缩机降温、除湿，或加湿器、电加热等元件，实现恒温恒湿的自动控制。故障保护控制是通过压力保护、延时器、继电器、过载保护等相互组合，达到对压缩机、风机、加湿器等元件的故障保护控制。

目前，档案馆一般采用商用一体化的恒温恒湿空调系统，用户只需要根据季节情况设定适宜的温湿度值即可保证库房内的温湿度情况。若想进一步自动化控制库房温湿度状况，可以专门设计一套温湿度实时监控系统，确保档案库房温湿度的控制精度和速度，实现温湿度数据采集、记录和统计分析的自动化。这样的系统一般由 1 台计算机(上位机)、1 个接口转换器和若干下位机组成。下位机位于各个档案库房中，它是以 AT89C51 为核心的单片机系统(包括键盘和 LCD 显示屏)，完成对档案库房温湿度信息的实时数据采集，并且可以根据当前温湿度来控制空调和加/去湿机的启动或停止，实现温湿度的自动控制。上位机作为信息管理系统主要完成参数设置、数据库管理(数据接收、存储和显示)和控制下位机等功能。

2. 除湿机

除湿机由风扇将潮湿空气抽入机内，经过制冷系统(压缩机、蒸发器、冷凝器)相互作用下凝结成霜，系统自动升温化霜成水流入盛水箱或通过排水管流出室外，如此产生干燥空气排出并循环运行使室内湿度降低，达到使潮湿空间逐步干爽的效果。

档案馆库房若使用了恒温恒湿空调系统，一般只需根据天气季节情况在其控制面板上设定适宜的湿度值即可保证库房内的湿度情况。若实在遇上梅雨季节长期湿度超高情况，可辅助启用除湿机去除库房内的水汽，降低湿度。

3. 加湿器

在秋冬干燥季节里，由于空气干燥，湿度偏低，尤其是北方地区，过低的湿度会导致档案的纸张含水量降低，纸张收缩变形，如果长时间得不到改善，纸张就很容易破碎，导致档案无法长久保存。

用于档案库房内调控湿度的加湿器主要是工业用加湿器。小型档案室也可采用一般的家用加湿器来提高室内湿度。用于档案馆库房内的热蒸发型加湿器也叫电热式加湿器，其工作原理是将水在加热体中加热到 100 ℃，产生水蒸气，用风机将水蒸气送出。所以电加热式加湿器是技术最简单的加湿方式，一般和中央空调配套使用，不单独使用。

4. 消毒灭菌净化机

档案库房内消毒灭菌机(设备)必须同时具备杀灭各种病毒、细菌及空气净化功能。根据档案库房的实际空间，测算安装消毒灭菌设备的数量。通过智能控制器连接消毒灭菌设备,一般由中心控制系统根据反馈的数据实现定时开关消毒灭菌设备。消毒灭菌设备的开启宜设定在节假日期间或夜间进行,这样可使工作人员进入库房时受消毒剂的影响降至最低程度,保护工作人员的安全健康。

消毒灭菌净化一体机采用控湿、消毒、净化技术,实时监测库房内湿度、空气质量状态,监测数据通过设备系统自动进行比对并控制设备工作,使库房内部湿度、空气质量的管理自动化、平衡化。其原理是:①污浊的空气进入初效过滤器,粒径在 10 μm 以上的颗粒物被拦截;②进入亚高效杀菌净化电子集尘单元的空气被进一步净化,同时空气中的细菌被杀灭;③进入冷冻除湿模块,潮湿的空气被干燥,达到档案室要求的湿度;④空气进入等离子净化杀菌装置,空气中的甲醛、苯、臭氧、氮氧化合物等有害气体被吸附;⑤空气进入光谱催化装置,空气中的细菌、病毒、有机挥发物等有害气体被净化还原;⑥净化的空气经过被水润湿的湿膜,水分子吸收空气中的热量而蒸发,形成湿润空气;⑦彻底净化的空气携带湿空气加入负离子,被送回室内。

(三) 安防设施

档案馆(室)安防设施主要指库房及办公区的物防设施和技防设备。

物防就是物理防范,由能保护防护目标的物理设施如防盗门、窗、保险柜等构成,主要作用是阻挡和推迟罪犯作案。档案馆(室)现代的物理防范,已经不是单纯的纯物质屏障的被动防范,而是越来越多地采用高科技手段,一方面使实体屏障被破坏的可能性变小,增大延迟的时间;另一方面也使实体屏障本身增加探测和反应的功能。

技防即应用现代技术实现安全防范,主要有红外防盗报警系统及视频监控系统。档案库房防盗报警系统可通过微波、红外线等检测设备,对出入库房的人员进行检测。设定在非工作时间对进入库房的情况进行报警,并显示报警的具体位置,保证库房档案的安全管理。视频监控系统是在档案库房内外、档案阅览室、档案库房周边区域等重点防区安装红外线摄像机进行监控管理,并将各路视频信号上传中心控制系统,实现动态监视、录像回放查询功能以及电话联网报警或 110 联网报警的功能。

红外防盗报警系统原理:凡是温度超过绝对 0 ℃的物体都能产生热辐射,而温度低于 1 725 ℃的物体产生的热辐射光谱集中在红外光区域,因此自然界的所有物体都能向外辐射红外光。而任何物体由于本身物理和化学性质的不同、本身温度的不同所产生的红外辐射的波长和距离也不尽相同,通常分为三个波段:近红外波长范围 0.75～3 μm;中红外波长范围 3～25 μm;远红外波长范围 25～1 000 μm。人体辐射的红外波长在 3～50 μm,其中 8～14 μm 占 46%,峰值波长在 9.5 μm。在室温条件下,任何物体均有辐射。温度越高的物体,红外辐射越强。人是恒温动物,红外辐射也最为稳定。无论系统是采用被动红外探测器还是采用主动红外探测器,均能有效探测到非正常情况下人身的红外辐射,引发警报。

二、档案馆(室)设备配置要求

1. 密集架

密集架作为存放档案实体的重要装具之一,被档案部门广泛使用,它主要由轨道、架体、底盘、面板、门板、目录卡及传动装置、密封装置、防倒装置组成。轨道包括地轨和导轨;架体包括立柱、挂板、搁板、分隔棒、防尘板;传动装置包括链条、齿轮、手盘、轴承、滚轮、锁定等;密封装置是为了防止密集柜合架时因为撞击产生损伤,同时还可以降低架体开合时撞击所产生的噪声,起到防撞、防尘、防潮、防噪声、防鼠的作用;防倒装置安置在导轨上面,用来稳固密集柜,防止密集柜倾倒。

档案密集柜的设计结构决定了它能有效而又节约地把数量庞大的文件材料和档案储存起来,同时又方便调用。因为密集架采用密集储存的独特方式,所以提高了空间的利用率,对物品存放的安全性也有所增强。在现阶段,密集架的众多优势使其在相关行业和部门得到了普及和推广,极大地方便了档案保管和利用。

但密集架在地震、洪水等自然灾害来临时也暴露了其体量大、拆卸时间长、不易转移等缺点,使其在面临突发情况时,不便于搬运,难以及时转移,以致造成档案安全隐患乃至档案实体的损失。比如,2008 年四川汶川大地震后,解放军及武警官兵抢救档案时,发现凡装在可移动铁皮柜中的档案的损害程度要轻一些,装在不可搬动密集架里的档案受损的程度要重一些。

密集柜可单列或多列一起在导轨上行走,每列具有手刹制动装置(自锁柄)。自锁柄在 OFF 位置时,架体不能移动,在 ON 位置时,架体可移动。每列架体的侧面板上有标签框,移动列底部有防倒装置,每个组合箱体的前后各一列装有总锁,用于整体的锁闭,起到保密作用,导轨的端部安装限位装置。

密集架制造公差要求如下:每标准节组装后,外廓尺寸(长、宽、高)的极限偏差为 ±1 mm;每标准节组装后,侧面板与中腰板的对缝处的间隙小于 1 mm;轨道安装后,其平行度偏差不大于 1 mm/m,全长不大于 1 mm;同一截面上的平行度偏差不大于 1 mm/m,全长不大于 1 mm;每两条轨道的平行度偏差小于 1 mm;导轨对接处高低差不大于 0.3 mm;由段组成的低梁装配后的直线度不大于 0.5 mm/m,全长不大于 1 mm。

密集架载重要求如下:单面搁板上均匀载重 40 kg,双面均匀布负载 80 kg,最大挠度小于 4 mm,24 h 卸载后,搁板没有裂缝,残余变形量不大于 0.3 mm;标准节(六层双面搁板)在全负载(每块单面搁板均布载重 40 kg)情况下,架体、立柱没有明显变形,架体不会产生倾倒现象;在全负载情况下,各列密集柜在手动操纵下运行自如,没有阻滞现象。每标准节手动摇力不小于 12 N;在受全部载荷 1/20 外力(沿 X、Y 轴两个方向的水平外力)反复作用 100 次后,取消外力,架体所产生的倾斜不大于总高的 1%,支架、立柱没有明显的变形。

2. 文件柜

存放档案及文件材料一般采用钢制文件柜,绿色环保且具有相当的刚度及密封性,既便于室内排列与叠放,也便于长途搬运。档案馆(室)库房里用作档案装具的多数是五节文件柜,尺寸规格一般是 W900 mm×D390 mm×H2 000 mm,其制作工艺应满足《钢制文件柜》(QB/T 1097—2010)的要求。柜体应采用优质冷轧钢板,经过酸洗、磷化、恒温静电喷涂处理,达到坚固耐用的要求。具体工艺要求是:①冲压件必须平整,各种钢制文件柜零部件折边圆楞的半径不得大于板料厚的 2.5 倍;②气焊焊接件应平整牢固,其焊痕应均匀，焊痕高度不大于 1 mm，不得有焊穿、焊瘤、假焊、飞溅等缺陷；③点焊应牢固可靠，焊点均匀，不得焊焦焊穿，焊点直径为 3～8 mm，焊点间距应控制在 100 mm 以内；④产品表面喷塑处理色泽均匀，不得有明显的疙瘩、皱纹、露底等影响外观的缺陷。

相对密集架而言，文件柜的特点是灵活轻便，但存放档案的容积率低。经过 2008 年汶川地震档案抢救事件，国家档案局于 2010 年 5 月专门召开“全国档案安全体系建设工作会议”，明确了要研究制造可拆式密集型档案保密存储箱(柜)。可拆式密集型档案保密存储箱(柜)是由五个可拆式档案保密存储箱组合为一个团体，节数和列数可随意组合。这种设计既能达到提高库房档案容积率存放更多档案的效果，又可以在突发安全事故时拆分转移整箱档案，加快档案抢救速度。

3. 保密柜

保密柜是保密文件柜、保密档案柜的简称，它广泛应用于政府机关、军队、银行、院校和大中型企业的技术部门和档案部门，比如存放高考试卷、技术研发文档、国家机密文件等。在档案设备术语中，保密柜就是保密档案柜。

保密柜的核心技术是符合保密要求的保密锁，档案保密柜的保密锁通常采用的是电子密码锁。符合保密标准的电子密码锁应该至少满足：可设置达 15 位的超强密码，增加破解难度；应具备断电存码的功能，即在密码锁断电的情况下保留密码锁已设定的相关信息；自动报警的功能，即在输入密码错误四次后，自动报警；遗忘密码时可以采取技术解决更码；特殊情况下可以采用机械钥匙开柜。保密锁一般都会有备用钥匙，此钥匙由授权管理者配用。

保密柜的柜门应采用内陷式，达到防撬效果。保密柜的柜体应至少满足以下条件：柜体应是加厚钢板，互扣式摺边结构，内藏式防撬门，三方向多点设计(天地锁)。

保密柜与保险柜有相似之处，又有区别。①保密柜主要是用来存放重要文件材料以及高密级档案材料等，而保险柜主要是用来存放现金以及贵重物品。②保密柜一般适用于办公室或是档案室，而保险柜适用于家庭以及银行和财会人员。③一般而言，保密柜重量相对于保险柜来说更轻。④保密柜的要求是文件或档案材料保密，即对每次开锁有明确记录，保险柜重视物品的安全，假定某重要机密文件存放在保险柜，被人偷拍、复印再放回原处，从迹象上看文件仍然存放在保险柜，可是文件信息却已泄露。保密柜要求有开锁记录，即可以轻易地判断信息是否已经泄密。

4. 防磁柜

要使磁介质档案达到防磁的效果，必须将一个空间屏蔽起来，使在这个空间中的磁介质档案免受外界磁场的干扰，这个屏蔽就叫磁屏蔽。磁屏蔽的原理是利用一个密闭的铁壳，使其壁与空腔中的空气构成一个并联的磁路。由于空气的磁导率接近于 1，而铁壳的磁导率至少有几千，所以空腔的磁阻远大于壁的磁阻。这样，在外磁场的作用下，磁感应通量中绝大部分沿着空腔的铁壳壁“通过”，进入空腔内的磁通量很少，从而达到防磁目的。为了达到更理想的磁屏蔽效果，可采用多层铁壁的方法，漏进空腔里的残余磁通量一次次地屏蔽掉。电子档案防磁柜正是基于这个原理制造的。

当前对防磁柜的技术要求是：外界磁场为 6 000 Gs(高斯)时，柜内磁场不大于 6 Gs；

柜体应采用整体抗震结构，柜门应采用暗藏式门铰链，采用防撬结构设计；应具有双重防潮保障，防尘防静电；柜内抽屉层数应能够根据需要进行调整，抽屉内配有调整板，也可根据档案材料或文件资料的大小、宽度等进行调节，防止晃动或打乱。

5. 纸质档案数字化设备

纸质档案数字化加工设备主要是扫描仪、光盘刻录机等。

扫描仪是一种捕获影像的装置。作为一种光机电一体化的电脑外设产品，它是继鼠标和键盘之后的第三大计算机输入设备，可将影像转换为计算机可以显示、编辑、存储和输出的数字格式文件。根据《纸质档案数字化规范》（DA/T 31—2017），为保障档案数字化副本文件法律认可性，满足数字副本长期保存的需求，扫描生成的图像文件编码结构中除了要拥有图像宽度、图像高度、水平分辨率、垂直分辨率、位深度等元数据外，必须按照Exif标准在其生成之时向头文件写入4个元数据值：①设备制造商，要求按扫描仪制造商规范名称写入；②设备型号，按扫描仪型号规范名称写入；③数字化时间，按《数据元和交换格式　信息交换　日期和时间表示法》（GB/T 7408—2005）规定的格式著录：YYYY-MM-DDThh：mm：ss；④色彩空间，按色彩空间的规范名称写入。档案扫描应根据纸质档案原件实际情况、数字化目的、数字化规模、计算机网络和存储条件等选择相应的扫描设备，以及进行相关参数的设置和调整。参数的设置和调整应保证扫描后数字图像清晰、完整、不失真，图像效果最接近档案原貌。扫描分辨率的选择应保证扫描后图像清晰、完整，并综合考虑数字图像后期利用方式等因素。扫描分辨率最小应不小于200 dpi。如文字偏小、密集、清晰度较差时，建议扫描分辨率不小于300 dpi。需要进行COM输出的档案，扫描分辨率建议不小于300 dpi；需要进行高精度仿真复制的档案，扫描分辨率建议不小于600 dpi。故必须根据不同的情况选择适当的扫描仪进行纸质档案数字化处理。

光盘刻录机是一种数据写入设备，利用激光将数据写到空光盘上从而实现数据的存储，其写入过程可以看作普通光驱读取光盘的逆过程。标志光盘刻录机性能的主要技术指标包括数据的读取传输率和数据的写入速度，理论上速度越快性能就越好，但由于技术的限制，光盘刻录机的写入速度远比它的读取速度要低得多。以CD-R为例，它最高的读取速度可以达到最大24倍速，而它的写入速度通常只有2倍速、4倍速、6倍速、8倍速等选择。写入速度越高，其写入时间越短，优势是显而易见的，但实际由于盘片、刻录软件以及兼容性的限制，高速的写入速度很可能引起“飞盘”现象，导致刻录失败。基于扩展性和稳定性的考虑，高速读写4倍速或2倍速、4倍速可擦写的CD-RW产品应该是首选。但必须注意，纸质档案数字化成果存储用的光盘必须满足《电子文件归档光盘技术要求和应用规范》（DA/T 38—2008）要求。

第三节　档案馆（室）制度建设

制度建设是一个宽泛的概念。若视其为一个机构的制度建设，则至少包括人事制度、财务制度、工会制度、会议制度、考评制度等，它们共同构成一个庞大的制度体系，规范着一个单位内部的运行秩序及与外部环境交往的规则。本节主要介绍档案接收与保管、档案利用、档案信息编研等馆（室）务工作的制度建立与实行。

制度是档案馆（室）实行科学管理的依据和准则，是整个档案馆（室）工作正常而有秩序进行的保证。没有规矩，不成方圆。制度规定着人们应该和不应该做什么，具有其强制性，是其监督的一面；同时，由于制度事先告诉人们应该和能够做什么、不应该和不能够做什么，使之在行动之前就有一个明确的是非界限，对人的行为进行调节，使之符合制度的要求，是其导化的一面。制度的"督"和"导"的功能是同时存在、相辅相成的。必须指出的是，档案馆（室）制度的建设必须在第三章所列法律与规章的框架之内，不得与上位的法律、规章冲突。

一、档案馆制度建设指导思想

档案馆制度建设的指导思想首先应体现"三个要求""一个结合"。从宏观管理的角度体现档案馆的要求，规范档案馆工作；关注现实，面向未来，既要兼顾传统现实，又要体现时代特点，面对变化的环境及信息技术的应用等，对档案馆提出前瞻性、方向性的要求；在业务规范上要把积极应用信息技术，做好服务工作作为基点，在服务水平、运行机制等方面有更高更合理的要求。此外，以信息化管理为主线，通过制度促进业务工作相互交叉、渗透和共生，注重流程、彻底变革、打破常规和创造性地运用信息技术，形成新的业务链。

二、档案馆制度建设原则

制度建设的原则可概括为：连续性和封闭性、稳定性和发展性、政策性和可行性、科学性和目的性、群众性和可检性的统一。档案馆制度既是广大档案工作者长期工作、生活实践充分证明了的、符合或基本符合档案事业发展规律的经验总结，又受制于所在档案馆原有传统的长期影响，只有保持其时空的连续性、形式的稳定性、内容的发展性、督导全过程的封闭性，才能实现其管理的有效性。同时，要求各项规章制度从实际出发，符合此时此地档案馆的实际情况，具有鲜明的政策性和较强的可行性；符合档案馆服务宗旨及管理过程的客观规律，成为调动全体馆员工作积极性和创造性的重要手段，具有严格的科学性和明确的目的性；具有广泛的群众性和高度的可检性。同时，随着新的管理理念而产生的新的管理方法，使规章制度适应变化的需要，保持制度的新颖性和适应性；随着档案馆自动化管理系统的更新、管理模式的引进、工作内容的变化和管理方法的更新，修订旧制度，增加新制度，保持制度的周期性和实用性。

三、档案馆规章制度的内容建设

（1）综合性制度，包括有关档案工作的办法或条例，它是参照国家制定的有关章程、规程、条例等，结合本部门工作实际和发展目标制定的根本大法，内容包括档案工作的目标，管理体制及基本任务，人员编制、经费、设备，文件材料的归档、移交和接收，档案的管理，档案的利用，档案的鉴定和销毁，考核、奖励和处罚等，用词考究、语言精练、提纲挈领、指导性强。

(2) 行政管理制度,主要包括组织管理制度、岗位责任制(岗位职责、岗位要求、考核办法、岗位过错追究办法)、人员管理制度、设备的管理与使用制度、经费的管理与使用制度、行政管理制度等。其中岗位责任制是重点,包括档案馆领导、各岗位人员及立卷归档单位领导、文书立卷人员的职责(做什么)、岗位要求(做到什么程度)、考核办法,并同步纳入各自的岗位职责,接受相应的考核。

(3) 业务管理制度,主要包括各种载体档案的收集、整理、保管、鉴定、编研、提供利用、检索、统计登记的相关办法、细则、要求、标准等。目前纸质档案的相关制度比较健全,而非纸质档案,特别是电子档案及档案信息数字化的相关制度、标准、规范亟待加强。

(4) 工作规程及规范,它是以上制度的高度提炼和标准化程序,以图、表形式展示,如档案借阅工作规程及服务规范、档案证明服务与成绩翻译服务规程、立卷归档工作规程及规范、档案鉴定销毁工作规程及规范等。

以下列举档案馆的一些主要制度以供参考。

档案馆工作职责:

一、大力宣传、贯彻执行党和国家有关档案工作的政策、法规。规划区域(行业、专业)内档案工作,不断推进档案管理规范化、标准化和信息化进程。

二、建立健全档案工作各项规章制度,并负责监督、指导、检查其执行情况。

三、负责各门类档案及有关资料的收集、征集、整理、分类、鉴定、保管、保护、统计等工作。

四、开展档案的开放和利用工作。

五、负责馆内布展维护、参观接待及相关服务工作。

六、参加信息工作的整体化建设,负责编辑档案参考资料,编制检索工具,通过各种途径,为社会经济(行业、专业)发展及各项中心工作服务。

七、参加档案工作协作、学术研究和交流活动。

八、负责对档案工作人员的业务培训。

九、开展档案宣传工作和利用者教育活动。

十、接受并完成档案行政管理部门、单位领导交办的有关档案和档案工作的任务。

档案馆馆长岗位职责:

一、认真学习和贯彻执行党和国家关于档案工作的方针、政策和法规。

二、按照档案馆的职责范围,主持档案馆的全面工作以及档案馆的布展维护、参观接待及相关服务。

三、负责拟订档案工作计划、规划,进行年度的本馆工作总结,拟制(修订)档案工作的各项规章制度、管理办法,并认真地组织实施。

四、组织实施本馆档案工作的标准化、规范化、现代化管理;监督、指导(若有行政管理授权或许可的情况下)各部门或下属单位档案业务工作。

五、对本馆人员进行合理分工,随时掌握工作情况,督促并要求按计划完成任务。

六、组织本馆人员参加档案业务学习和学术研究活动,不断提高档案人员的业务素质;负责本馆人员的业务指导;组织档案工作人员的业务培训。

七、抓好档案鉴定、编研和全宗管理工作,编制科学合理的全宗分类大纲和分类方案。

八、调查了解档案工作情况,定期向主管领导汇报工作并提出意见和建议。

九、完成上级主管单位交办的其他工作任务。

档案鉴定小组职责:

一、贯彻执行党和国家关于档案工作的方针、政策和法规,遵守本单位有关档案工作的规章制度。

二、负责对需要销毁的档案材料进行审定和批准。

三、负责对各门类档案材料的归档范围和保管期限进行审定和批准。

注:一个档案馆收集档案范围及档案移交接收工作规定,必须通过上级档案行政管理部门的批准,必须符合2011年国家档案局令第9号公布的《各级各类档案馆收集档案范围的规定》的要求。

档案库房管理制度:

一、档案库房是专门保存档案的场所,应始终坚持维护档案的完整与安全的原则。

二、库房管理应严格做到"八防",门口应设立警示牌。严禁将易燃易爆品、腐蚀物品、雨具以及与档案无关的物品带入库房。

三、库房内要保持清洁。未经允许,非本馆人员一律不得进入库房。

四、坚持每天观测库房内温湿度,并根据实际需要,及时调节,定期检查有关防护设施,发现问题及时处理。

五、定期在库房内投放防虫、防霉药物,发现虫、霉应及时处理。

六、严格执行档案进出库登记制度,建立健全登记手续。

七、每年定期对库藏档案进行一次检查,清点档案数量,及时发现需修改、整理的档案,填写检查记录,确保档案的完整与安全。

八、下班前必须切断电源,关好门窗。对库房进行全面检查后,方可关门落锁。节假日前必须认真检查库房安全,并安排人员值班。

档案利用制度(以某市国家档案馆为例):

一、档案范围

本馆保管的档案分为向社会开放、限制使用和从严控制使用三类。

(一)向社会开放档案范围:自形成之日起满三十年的一般档案,及未满三十年的经济、科学、技术、文化等类档案。

(二)限制使用档案范围:自形成之日起未满三十年及已满三十年,但涉及国家安全或重大利益以及其他到期不宜开放的档案。

(三)从严控制使用档案范围:

(1)档案形成单位移交档案时明确提出不能开放的档案。

(2)未解密的密级文件。

二、利用档案手续

(一)开放档案的利用手续:

(1) 凡我国公民和组织,持有合法证件(身份证、介绍信等),均可利用开放的档案;

(2) 港、澳、台同胞和华侨查取个人及其亲属的档案,需提供有效的本人身份证件及亲属关系证明,方可查阅;

(3) 港、澳、台同胞和华侨为其他目的而利用开放档案,需经有关主管部门介绍,方可查阅;

(4) 外国组织和个人利用开放档案资料,根据《外国组织和个人利用我国档案试行办法》办理。

(二) 限制使用档案的利用手续:凡要求利用尚未向社会开放的档案,需持立档单位介绍信,明确利用者的身份及利用档案的目的与查阅内容。

(三) 从严控制使用档案的利用手续:需持立档单位介绍信,写明查阅内容,并有立档单位的领导签名,经本馆审核后方可查阅。

三、其他规定

(一) 根据《政府信息公开条例》规定,公民、法人和其他组织持有身份证、工作证或介绍信等合法证明,可在本馆查阅公开的政府信息。

(二) 办理申请公开政府信息的,请申请人填写《政府信息公开申请表》,写明需申请的单位及内容,提供申请材料后,由工作人员转递给相关公开义务人予以答复。

(三) 婚姻、职称等民生档案异地查档跨馆申请必须由本人来馆办理,审核通过后填写表格,七个工作日内来我馆拿取档案,如遇特殊情况可适当延后。

(四) 赠、寄存档案的单位和个人,对其档案享有优先利用权,并可对其档案中不宜向社会开放的部分提出限制利用的意见,本馆负责维护他们的合法权益。

(五) 我馆档案出证提供免费复印,为保护原始档案的完整性,查阅者每人每天调阅实体档案不超过 30 本,复印不超过 30 张,若因工作需要确实要增加数量的,经本馆负责人审核后方可获取;若需批量复印的,请提前进行申请预约,获取时限以具体情况而定。

(六) 本馆人员只能查阅与工作相关的档案,查阅其他内容,需按规定提供介绍信或工作函件。

(七) 对于影响本馆工作秩序,干扰、妨碍他人的利用者,本馆工作人员有权停止其利用档案。

档案鉴定销毁制度:

一、档案鉴定应以国家有关规定和《档案保管期限表》等为依据,由档案鉴定领导小组准确划定档案的销毁范围。

二、档案鉴定一般采取逐卷逐件审查的直接鉴定法。

三、档案鉴定工作一般每 5～10 年进行一次。

四、对通过鉴定且确认无保存价值的档案,档案馆应写出《档案鉴定报告》和《档案鉴定销毁清册》,一式两份,交鉴定领导小组审批通过,并经鉴定小组成员在鉴定报告上签字确认后,方可销毁。

五、销毁档案的工作由档案馆负责执行,销毁档案时,应遵循档案管理有关规定及保密原则,指派专人负责销毁、监督,保密委员会应派员进行监销,参加档案销毁的人员都应在销毁清册上签字。

六、档案鉴定过程中形成的鉴定工作的申请、报告、销毁清册等材料应归入同类档案永久保存。档案鉴定工作结束后,档案馆应及时做好档案整理、检索工具调整等善后处理工作。

七、电子档案的鉴定、销毁,参照国家关于电子档案鉴定销毁的有关规定执行。

八、未经允许,任何个人和部门不得私自销毁档案。严禁将保管期限已满,或者失去保存价值的档案资料当作废纸出售或随意放置。

档案安全保密制度:

为了做好档案的安全保密工作,根据《中华人民共和国保守国家秘密法》及有关保密规定,制定本制度。

一、档案馆工作人员在接受、保管、提供查阅利用档案资料时,要按有关规定认真核对,做到签字、登记、注销等手续齐全,账目清楚。

二、档案工作人员要严格遵守国家机密,不准随意摘抄、传播密级档案的内容,不准利用职权私自复印档案材料。

三、查阅密级档案,必须履行批准手续,只能在档案馆内查阅、复印。未经批准,不准将密级档案借出。

四、在工作中形成的废纸,不得随意乱扔。

五、档案信息上网,必须遵守档案保密规定,严防泄密。

六、每年进行一次保密检查,并报上级主管部门或领导。

七、发现失泄密问题要及时向领导汇报,并采用补救措施,防止扩散。

档案统计工作制度:

一、严格执行《中华人民共和国统计法》,认真做好档案的统计工作。

二、指定专人及时对档案的收进、移出、整理、鉴定、保管、利用、销毁以及档案工作人员、机构、经费、库房、设备等情况进行统计,做好年报表。负责上级档案部门需要的各种报表的填报工作。

三、严格执行国家和系统内所规定的统计计量单位和报表格式,做到数字准确,字迹工整,不得潦草和涂抹,使档案统计工作标准化。

四、搞好档案统计分析,及时掌握档案和档案工作情况,进一步提高档案工作的管理水平。

档案馆防火制度:

一、坚持消防教育,增强防火意识,学习消防知识,掌握消防器材的使用方法。

二、严禁无关人员进入库区,室内禁止吸烟,杜绝火源。

三、库房及过道禁止存放易燃易爆物品,保持道路通畅。不准乱拉乱接电线,档案柜与电源保持安全距离。

四、做好储水工作,下班前切断电源,关好门窗。

五、定期进行消防安全检查,发现隐患及时整改。

六、发现险情及时报警,组织抢救。

档案馆复印机管理制度：

一、复印机为档案馆业务工作专用，指派专人负责管理。非档案馆(室)人员未经允许，不得随意进入复印机房，更不得擅自操作机器。

二、使用复印机时，要严格按照操作规程进行，发现问题及时报告，由管理人员负责处理。

三、做好安全防范工作，机房内严禁存放易燃、易爆、易腐蚀物品，下班和人离时要关闭机器，切断电源。

四、保持室内整洁卫生，严禁在机房内抽烟、吃零食等。

档案馆计算机房管理制度：

一、机房内计算机及服务器为档案管理专用，不对外开放，并指派专人负责管理。非本馆人员允许，不得随意进入机房，更不得操作机器。

二、使用计算机时，要严格按照操作规程进行，发现问题及时报告，由管理人员负责处理。

三、涉密计算机系统应做到专人、专用、专管，符合国家安全保密有关法规和学校有关规章制度。

四、凡计算机安装程序、系统、修改数据及打印材料等须经馆领导同意，统一安排。不得私自代人输入数据、打印材料和拷贝程序，更不能输入游戏之类。如违反规定，给予批评教育直至严肃处理。原有数据、程序不得随意修改。

五、做好安全防范工作，机房内严禁存放易燃、易爆、易腐蚀物品，下班和人离时要关闭机器，切断电源，关好门窗。

第四节　档案职业道德建设

档案职业道德是世界各国档案界普遍关注的一个重要问题。职业道德是指从事某职业的人员共同认可的并在职业活动中应自觉遵守的行为准则与规范。在第三章中强调了档案工作法规建设，但法规的作用是有限的，档案工作中尚有很多行为未纳入或无法纳入法规之管辖当中，这就需要档案馆(室)建设中加强单位(行业)文化软实力建设，尤其是要加强档案职业道德建设。

一、档案职业道德的层次及结构

档案职业道德具有明显的层次性和多重规定性。从档案职业道德的总体来看，档案工作者首先应当遵守一般社会公德，特别是社会主义道德，并且努力达到共产主义道德的崇高境界。这些道德主要体现为档案工作者的个体道德素质和群体道德素质两个方面。

档案工作者的个体道德素质，由道德情感、道德信念、道德认识、道德意志及道德习惯等方面构成。道德情感，是指弃恶扬善、追求真善美、摒弃假恶丑的思想情感。道德信念，是人们对一定的人生观、价值观和行为准则的正确性与正义性的深刻而执着的笃信,以及由此而产生的对有关道德的强烈责任感和使命感。道德认识,是指人们对行为的是非曲直的判断、分析和评价,它是道德情感与道德行为的理性前提和基础。道德意志,是指人们在道德行为中自觉克服各种困难的心理素质。以上所言的道德情感、道德信念、道德认识、道德意志等都是内在的、主观的,它们只有转化为一定的道德行为才能表现出来。因此,道德行为是衡量职业道德水准的重要尺度。一定的道德行为的持续与反复,便会形成一个档案工作者的职业道德习惯,其实质与内涵就是道德品质。因此,道德品质就是一定社会道德原则和道德规范在个体思想和行为中的体现,是通过个体的道德行为所表现出来的较稳定的内在性特征和倾向。

档案工作者的群体道德素质,主要由集体道德风范和社会道德环境构成,这种群体道德素质是个体道德素质的共同性的集中体现。良好的个体道德素质,有利于形成良好的群体道德风范和道德环境,从而也会提高档案工作的整体道德水准。同时,良好的群体道德风范和道德环境条件,也有利于个体道德素质的提高,即个体可以在这种氛围中,逐渐培养自身的道德情操,提升自己的道德层次。

二、档案职业道德规范的内容

档案职业道德有自己特定的内容,这些内容能够鲜明地体现本职业的特点,如忠于历史,维护历史真实面貌;忠实守信,不为功利所动;保守机密,守口如瓶;甘于寂寞,不图浮华;严谨求实,不畏权势等。

1. 忠于职守,爱岗敬业

忠于职守是指档案工作者应当尽到保护、管理档案的义务,尽到为档案用户提供优质信息服务的职责;爱岗敬业是指档案专业工作人员应当对档案事业的建设和发展倾注较之普通公众更多的爱心,全心全意地投身于本职工作之中。

第一,保护档案及相关资料的完整与安全,以确保其作为历史证据的可靠性。作为一名合格的档案工作者,首要的任务就是维护其所保存文件的完整性。在此项责任中,必须考虑到保管机构、文件形成者、文件与档案的用户的合法权益能否得到合理维护。档案工作者必须客观公正地履行自己的专业职责,坚决抵制来自任何方面的、为隐瞒和歪曲事实而要求篡改文件或档案等历史证据的压力,努力维护历史的真实。真实性和可靠性是档案、文件作为历史客观证据的基本保证。为了达到这一目的,档案工作者必须保护档案、文件的有机整体的完整性。

第二,从历史、法律、职能、行政管理等角度,对档案文件、资料进行筛选、鉴定和保管,切实合理地运用来源原则,保持文件之间的历史联系(或原有联系)。档案工作者应当根据普遍性的、科学性的原则和方法进行工作,必须根据档案管理原则履行自己的职责。这些原则包括对处于不同运动阶段上的文件或档案的有效控制、保护和处置原则,对具有国家和社会价值的档案的鉴定与移交原则,对档案进行安全保管和保护的原则,以及档案整理、著录、出版和信息提供利用的原则等。档案工作者应当熟悉文件产生机构的历史沿革和文件收集政策,并且依此对所接收文件进行公正的鉴定,并能尽快地根据档案原则(如来源原则、文件原顺序原则等)及公认的标准,对挑选进馆的档案进行整理和著录。

第三,档案工作者在进行文件的整理、保护和利用工作中,应当保护档案的证据作用。档案工作者在进行档案文件的鉴定、整理、著录、保管、提供利用等档案管理工作中,应当确保文件(包括电子文本文件、声像文件等)的档案价值。利用者利用的档案组合体中如有不对社会公开提供利用的档案需抽出,并向利用者说明。

第四,档案工作者应当确保档案所含信息的连续性。档案工作者对文件取舍的选择,首先要考虑保存那些反映文件形成者主要活动证据的文件,也要考虑档案用户的利用需求及其变化情况。

第五,档案工作者应当对从事的工作活动进行记录,并能对其工作进行辩护。档案工作者应对文件的整个生命周期做好记录,并在采用新方式和新信息管理方法时与文件工作者进行合作。档案工作者不仅要收集现有的文件,还应保证从一开始就将现行的信息和档案体系结合,纳入与保存珍贵文件相关的工作程序中。

2. 遵纪守法,严守机密

档案工作者应当保守所管理档案信息内容的机密,增强保密观念,培养良好的保密习惯,并且在档案管理实践中同各种失密、泄密、窃密行为作斗争。

首先,档案工作者应当注意保护国家的安全及集体和公民个人的隐私,不得销毁相关档案文件信息,尤其是易于更新和消除的相关电子文件信息。档案工作者应当尊重文件形成者或文件所涉及当事人的隐私及其他合法权益。

其次,档案工作者应当珍视国家和社会给予的特殊信任,并在实际工作中,不利用其职务之便,为自己或他人谋求私利。应当客观、公正地对待其专业"特权",约束自身的行为。档案工作者不应在工作中捞取好处,或者从事有害于档案机构、档案用户及专业同行的个人活动。档案工作者可以利用自己所保存的档案信息,进行有利于国家、民族文化和社会精神文明建设的研究与出版活动。但是,这种工作必须在与其他档案用户同等的利用条件下进行,即不应该利用工作之便泄露不宜对社会公开的档案信息内容,不允许私人性的研究和出版工作干扰所在单位的档案专业活动的正常进行。档案工作者若想使用版权所有者未发表的档案史料,必须首先征得当事人的同意。

最后,档案工作者应当自觉养成良好的职业保密习惯。习惯是在职业行为的反复实践中逐渐形成的、一贯的、稳定的、习以为常的行为,即古人所言的"从心所欲,不逾矩"。档案职业道德习惯的社会意义,在于它将对有关道德原则和规范从应该遵守转变为习惯遵守。养成良好的保密习惯,就是要使档案工作者自觉地遵守保密纪律,以高度的政治责任感来从事档案工作这种崇高的社会职业。

3. 博学求进,公正服务

提高档案工作者的知识水平、工作能力和专业水平等方面的基本素质,不仅是从事档案工作的必要条件,也是档案工作者提高职业道德规范的重要内容之一。档案工作者应当加强自身的政治理论素养,提高政治理论素质。只有这样,才能在实际工作中明辨是非、坚持真理、实事求是,以正确的立场、观点和方法对待档案工作。档案工作者肩负着保护人类社会档案文化、延续人类社会文明传播之重任。人类社会实践活动赋予了档案十分丰富的内容,要想对这些内容广泛的历史文化遗产进行科学管理和有效利用,无疑对档案工作者提出了较高的文化知识素质要求。就现代信息社会的客观要求而言,档案工作者一般应当努力使自己具备四个方面的知识储备,即法律知识、专业理论知识、哲学理论知识和现代管理知识。同时,档案工作者还应努力学习现代信息技术,以便使档案事业适应现代社会高速发展的需要。作为一名合格的档案工作者,应当系统地、持续不断地更新知识,并卓有成效地做好本职工作。此外,还应努力运用专业知识,献身所从事的专业机构和人类社会的文化建设事业。

档案工作者应当尽可能地提供档案信息,为档案用户服务,即为所有合法的利用者提供公正的服务。档案工作者应对所保存的档案进行编目,以便为档案用户提供快捷的查询服务。档案工作者应以合作的精神答复用户提问,尽可能地鼓励档案用户根据档案机构的规定、档案收藏情况、法律法规的规定、档案所有者的权益、寄存及捐赠协议等,利用他们所保存的档案。档案工作者应当忠实地遵守和公正地履行文件收集时达成的所有协议,为了最大限度地发挥档案的社会文化作用,应当根据情况的变化及时调整档案的利用政策与规定。

三、档案馆(室)加强职业道德建设

档案馆(室)在政治学习及业务学习中,应将上述职业道德内容融合进去,促进全员加深对档案职业道德的认识。必要时可以组织专题学习或参加单位外由档案行政管理部门、档案协会等组织的专题学习,并在学习后安排发言讨论,提高对档案职业道德特点的认识。此外也可在日常工作及年度考核中探索、完善档案职业道德建设制度。

1. 根基建设

加强思想政治教育。职业道德建设是对人的道德建设,归根结底需要对人的思想进行建设,因此,加强工作人员的思想政治教育是档案管理职业道德建设的根基。加强档案管理工作人员的思想教育,学习马克思主义,坚持全心全意为人民服务的宗旨,学习科学发展观与社会主义核心价值观,要与我国、我党的主导思想保持一致。

2. 规范建设

加强法律法规保障。职业道德建设有一定的强制性,这就需要法律和制度的保障,要加强职业道德建设的规范,并为其提供法律法规以及各种制度的保障,既为档案管理工作人员的工作开展提供指导,也对那些违反职业道德的行为给予处罚,以儆效尤。尤其是许多档案涉及国家机密,安全性至关重要,因此将其需要遵循的职业道德以法律的形式体现出来非常重要。首先工作人员要严格遵守已有的档案管理人员职业道德规范,再针对不详的、缺失的职业道德规范,制定细则予以补充。

3. 机制建设

完善职业道德教育机制。加强档案管理人员的职业道德教育,从源头上提高工作人员的道德水平势在必行。对档案管理人员实施职业道德教育可从三个方面进行,即学校教育、在职教育和自我教育。学校教育主要是完善全日制高校的档案管理专业的课程建设,开设或者增强开设与职业道德相关的课程。对档案管理人员进行在职教育,不仅要培训和提高他们的专业技能,也是对其职业道德实施的一种鞭策和监督。此外还要加强自我教育,俗语说“吾日三省吾身”,档案管理人员要在工作中加强自我教育和自我检讨,时刻督促自己学习和进步。

4. 监督建设

加强监督与正面宣传机制建设。加强档案管理人员的职业道德,仅仅靠自觉远远不够,还要建立起相关的监督机制。从内部与外部共同努力,加强对档案管理人员职业道德的约束,可从内部监督、外部监督、正面宣传三个方面入手。强化内部监督机制建设,要对档案管理人员的职业素质进行单位内的考核,明确考核制度,对评分标准进行量身定制。强化外部监督机制建设,包括上级主管部门对档案人员职业道德的考核、考察与监督执行情况,另外要接受群众监督,倾听来自群众的声音,根据群众的意见进行调整。此外还要加强宣传,包括积极培训以及正面积极意义的宣传。

第四章

信息与信息管理

第一节　信　　息

一、信息的概念

（一）信息的含义

实践中，人们常说的文字、图片、景象、实物、逻辑等都是信息。据有关信息词源考究，我国古人早就在汉语中运用“信息”一词，如唐代杜牧的《寄远》一诗中，有“塞外音书无信息，道傍车马起尘埃”之句。也有人认为，信息一词源于英语“information”，原是“解释”“陈述”的意思。本书认为，这些考据对理解信息的含义有所帮助，但更须注重的是，演变后的“信息”词义广泛，在不同研究领域有不同的定义。美国数学家、信息论的创始人香农（Claude Elwood Shannon，1916. 4. 30—2001. 2. 24）对信息的定义是“用来消除随机不定性的东西”，这一定义当前被人们看作是经典性定义并加以引用。

从内涵上理解，信息是客观世界中各种事物的运动状态和变化的反映，是客观事物之间相互联系和相互作用的表征，表现的是客观事物运动状态和变化的实质内容。作为自然存在的信息是无所不在的，作为社会存在的信息充满于人们的各种社会活动之中。在土木工程领域，规划、论证、勘测、设计、施工、运维及其社会关注等方面的有关记录，无论其表现形式是文字、图像、语音、数字模型等，也无论它的载体是纸张、实物、磁盘、光盘等，都可以说是信息。信息是需要被记载、加工和处理的，是需要被交流和使用的。为了记载信息，人们发明并使用各种各样的物理符号如汉字、拼音、阿拉伯数字、英文字母、数字 0/1 等以及它们的组合来表示信息。

在计算机及网络技术发达的今天，人们经常谈论到信息与数据。数据是指对客观事件进行记录并可以鉴别的符号，是对客观事物的性质、状态以及相互关系等进行记载的物理符号或这些物理符号的组合。数据不仅指狭义上的数字，还可以是具有一定意义的文字、字母、图形、图像、视频、音频、数字符号及其组合等，它是客观事物的属性、数量、位置及其相互关系的抽象表示。例如，“0，1，2，…”，“阴、雨、下降、气温”，“学生的档案记录、货物的运输情况”等都是数据。在计算机科学中，数据是指所有能输入到计算机并被计算机程序处理的符号的介质的总称，是用于输入电子计算机进行处理，具有一定意义的数字、字母、符号和模拟量等的通称。计算机存储和处理的对象十分广泛，表示这些对象的数据也随之变得越来越复杂。

数据经过加工后就成为信息。例如 N 个测量点的坐标及高程数据被地形识别软件读取加工后就成为地形图、等高线等信息，N 个混凝土强度被统计软件分析后就得出平均值、中位数、均方差等信息。工程中常用的报表、账册、图纸等，都是对数据加工处理后产生的信息。应注意的是，数据与信息之间既有联系又有区别。数据虽能表现信息，但并非任何的数据都有信息表示，如单独的“1”“2”等并不表示什么，它还需要指定要表示的对象及量词，如 1 个人，2 辆车。所以，信息是更基本、更直接地反映现实的概念，并通过数据的处理来具体反映。

在早期社会生活中，人们对信息的认知是比较宽泛和模糊的，常常把信息与消息(消息是作为社会存在的信息)等同看待。到了 20 世纪尤其是 20 世纪中期以后，由于现代信息技术的快速发展及其对人类社会的深刻影响，信息工作者和相关领域的研究人员才开始探讨并给出信息的准确含义。

(二) 信息的分类

信息分类就是把具有相同属性或特征的信息归并在一起，把不具有这种共同属性或特征的信息区别开来的过程。信息通常可以采用以下分类方式。

(1) 按信息特征划分。信息按其特征可分为自然信息和社会信息。自然信息是反映自然事物的、由自然界产生的信息，如土木工程建造中常需考虑的地质信息、气象信息、水文信息等是自然信息；社会信息是反映人类社会的有关信息，如工程项目的市场信息、材料价格信息、道路交通条件信息等是社会信息。自然信息在一定条件下演变为社会信息，如用于构筑工程的石料，其密度、硬度、饱水率等属性是自然信息，但当工地实验室通过测试得出其具体值并用作选材与定价的参考依据时，这些自然信息相应就转化为社会信息。

(2) 按信息加工程度划分。信息按其加工程度可分为原始信息和综合信息。从信息源直接采集的信息为原始信息。工地上测量、试验的读数即为原始信息。在原始信息的基础上，经过信息系统的综合、加工产生出来的新的数据称为综合信息。如测量平差后的坐标、高程即是综合信息。产生原始信息的信息源往往分布广且较为分散，所以收集原始信息的工作量一般很大。但原始信息是“纯粹意义、绝对意义上的档案”，在土木工程档案与信息管理中有着至高的地位。综合信息则在决策管理中更为有用。

(3) 按信息来源划分。信息按其来源可分为内部信息和外部信息。在系统内部产生的信息称为内部信息，如施工单位的人员、机械配置、施工生产单位安排及进度计划等；在系统外部产生的信息称为外部信息(或称为环境信息)，如业主单位下达的指令、钢材水泥的价格、天气的状况等对于施工单位来讲是外部信息。对管理而言，一个系统的内、外部信息都是有用的，影响着决策、计划、组织、指导、实施、控制等环节。

(4) 按管理层次划分。信息按其管理层次可分为战略级信息、战术级信息和作业级信息。战略级信息主要来自组织的外部环境，是高层管理人员制订组织长期策略的信息，如未来经济状况预测信息、政策环境信息、技术趋势信息等。对土木工程施工单位而言，战略级信息决定了其主业的类型(如是以地铁还是城市道路、公路建设为主业)；战术级信息为中层管理人员监督和控制业务活动以及有效地分配资源所需的信息，如各种报表及统计信息，它们被普遍应用于建筑施工单位参与市场的方式及市场区域的选择；作业级信息是反映组织具体业务情况的信息，如应付款信息、材料库存信息、机械配备信息等，它们是空间时间上近距离、近程的信息。

（5）按信息稳定性划分。信息按其稳定性可分为固定信息和流动信息。固定信息是指在一定时期内具有相对稳定性，且可以重复利用的信息，如各种定额、标准、工艺（工法）、规章制度、国家政策法规等；流动信息是指在生产经营活动中不断产生和变化的信息，它的时效性很强，如反映企业的人、财、物、产、供、销状态及其他相关环境状况的各种原始记录、单据、报表、情报等。

（6）按信息生成时间划分。信息按其生成的时间可分为历史信息、现时信息和预测信息。历史信息反映过去某一时段已经发生了的客观事件的信息；现时信息是指当前发生并获取的信息；预测信息是依据历史数据按一定的数学模型预测获得的未来发展趋势的信息，是一种参考信息。

（7）按信息流向划分。信息按其流向的不同可分为输入信息、中间信息和输出信息。

（8）按载体划分。信息按载体的不同可分为文字信息、声像信息和实物信息。

（三）信息的特征

尽管信息的类型及其表现形式是多种多样的，但都有着各自的特性。一般来说，信息具有以下特征：

（1）普遍性。信息是事物运动的状态和方式，只要事物存在，只要有事物的运动，就会有其运动的状态和方式，就存在着信息。无论是在自然界、人类社会还是在人类思维领域，绝对“真空”是不存在的，绝对不运动的事物也是没有的。因此，信息是普遍的存在。

（2）依存性。信息本身是看不见、摸不着的，它必须依附于一定的物质形式（如纸张、声波、电磁波、化学材料等），不可能脱离物质单独存在。通常把这些以承载信息为主要任务的物质形式称为信息的载体。信息没有语言、文字、图像、符号等记录手段便不能被表达，没有物质载体便不能存储、传播，但其内容并不因为记录手段或物质载体的改变而发生变化。

（3）时效性。信息的时效性是指信息从源头出来，经过接收、加工、传递、利用的时间间隔及其效率。时间间隔越短，使用信息越及时，使用程度越高，时效性越强。信息的时效性是人们进行信息管理工作时要谨记的特性。信息在工程实际中是动态的、不断产生并不断变化的，只有及时处理数据、及时得到信息，才能做好决策和工程管理工作，避免事故的发生，真正做到事前管理。

（4）真实性。信息有真信息与假信息之分。真实、准确、客观的信息是真信息，可以帮助管理者作出正确的决策，虚假、错误的信息则可能使管理者作出错误的决策。在信息系统中，应充分重视这一点。一方面要注重收集信息的正确性；另一方面在对信息传送、存储和加工处理时要保证其不失真。

（5）层次性。信息为满足管理的要求分为不同的层次：战略级信息、战术级信息和作业级信息。例如:对于某航电枢纽工程,业主(或国家主管部门)关心的是战略信息,如工程规模多大为好,是申请贷款还是社会集资,各分项工程进展如何,工程能否按期完工,投资能否得到有效控制等;设计单位关心的是技术是否先进,经济上是否合理,设计结果能否保证工程安全等;监理单位为了对业主负责,则对设计、施工的质量、进度以及成本等方面的信息更关注。设计、监理关心的这些信息大多属于战术(策略)层次。而施工单位处于项目作业的执行地位,它需要的是基层信息,关心的是其所担负项目的进度、质量以及施工成本等方面的作业级信息情况。

(6) 系统性。在实际工程中,不能片面地处理数据,片面地产生、使用信息。信息本身就需要相关人员全面地掌握各方面的数据后才能获得。信息也是系统的组成部分之一,只有从系统的观点来对待各种信息,才能避免工作的片面性;只有全面掌握投资、进度、质量、合同等各方面的信息,才能做好项目管理、施工管理及监督管理等工作。

(7) 可分享性。信息区别于物质的一个重要特征是它可以被共同占有,共同享用。在土木工程建造BIM协同管理平台中,各种空间信息及属性信息可以被获得授权的用户共享,这样既保证了各部门使用信息的统一性,也保证了决策的一致性。信息共享有其两面性,一方面有利于信息资源的充分利用,另一方面也可能造成信息的贬值,不利于保密。因此,在信息系统的建设中,既需要利用先进的网络和通信设备以实现信息的共享,又需要具有良好的保密安全措施,以防保密信息的扩散。

(8) 可加工性。人们可以对信息进行加工处理,把信息从一种形式变换为另一种形式,并保持一定的信息量。在计算机科学技术中,信息的可加工性是指可以对收集来的信息进行去伪存真、去粗取精,以及由表及里、由此及彼地加以处理。它是在原始信息的基础上,生产出价值含量高、方便用户利用的二次信息的活动过程,这一过程将使信息增值。只有在对信息进行适当处理的基础上,才能产生新的、用以指导决策的有效信息或知识。

(9) 可存储性。信息的可存储性即信息存储的可能程度。信息的形式多种多样,它的可存储性表现在能存储信息的真实内容且不发生畸变,能在较小的空间中存储更多的信息,存储安全不丢失,能在不同形式和内容之间很方便地进行转换和连接,对已经存储的信息可随时随地以最快的速度检索所需的内容。

(10) 可传输性。信息可通过各种各样的手段进行传输。信息传输要借助一定的物质载体,实现信息传递(传输)功能的载体称为信息媒介,古代有烽火、驿传、书信,现代有电话、电子邮件等。在现代计算机技术与网络环境下的一个完整的信息传输过程必须具备信源(信息的发出方)、信宿(信息的接收方)、信道(信息传输的媒介)、信息等四个要素。

(11) 价值性。信息是经过加工并对生产经营活动产生影响的数据,是劳动创造的一种资源,因而它是有价值的。索取一份经济情报或者利用大型数据库查阅文献所付的费用是信息价值的部分体现。信息的使用价值必须经过转换才能得到,如工程档案中的信息,要转换为证据、数据并结合应用环境才能具备使用价值。信息的价值性还体现在及时性上,"时间就是金钱"可以理解为及时获得有用的信息,信息资源就可被转换为物质财富。如果时过境迁,信息的价值就会大为降低。在土木工程中,一些反映施工记录的现行档案会随着时间的推移慢慢变成历史档案,丧失其现实作用。

(四) 信息的基本要求

信息必须符合管理的需要,要有助于工程项目和管理系统的运行,不能造成信息泛滥和污染。一般来说,信息必须符合如下基本要求:

(1) 专业对口。不同的项目管理职能人员、不同专业的项目参建者,在不同的时间、对不同的事件有不同的信息要求,所以信息首先要专业对口,按专业的需要提供、传输和流动。在计算机信息系统中,就是要分模块来管理不同专业的信息,达成数据的集成与数据库的统一。

(2) 反映实际情况。信息必须符合实际应用的需要,符合目标且简单有效。这是信息辅助管理的前提,否则就会变成影响决策的干扰因素,变成废纸堆、垃圾数据等,不但无助于管理决策,反而导致决策失误、计划落空、控制无效。

(3) 及时提供。只有及时提供信息,及时反馈,管理者才能及时地控制项目的实施过程。信息一旦过时,决策便失去时机,很可能造成不应有的损失。

(4) 简单,便于理解。信息要尽可能便于使用者的利用,应符合人们日常接收信息的习惯。在土木工程设计、建造过程中,对于大多数不懂专业、不懂项目管理的业主来说,要采用更为直观明了的表达方式,如 BIM 模型、电子表格、图形渲染、多媒体等。

(五) 信息在管理中的重要性

信息是管理的基础与纽带,是使各项管理职能得以充分发挥的前提,信息活动贯穿管理的全过程,管理就是通过信息协调系统的内部资源、外部环境和系统目标实现系统功能的活动。总的来说,信息在管理中的重要性表现在以下几个方面:

(1) 信息是管理系统的基本构成要素,并促使各要素形成有机联系。信息是构成管理系统的基本要素之一,正是有了信息活动,管理活动才得以进行。同时,由于信息反映了组织内部的权责结构、资源状况和外部环境的状态,管理者能据此作出正确的决策,所以信息也是使管理系统各要素形成有机联系的媒介。可以说,没有信息,就不会有管理系统的存在,也就不会有组织的存在,管理活动也就失去了存在的基础。

(2) 信息是决策者正确决策的基础。决策者所拥有的各种信息以及对信息的消化吸收是其作出决策的依据。决策者只有及时掌握全面、充分而有效的信息,才能统揽全局,高瞻远瞩,从而作出正确的决策。

(3) 信息是组织中各部门、各层次、各环节协调的纽带。组织中的各个部门、层次与环节是相对独立的,有自己的目标、结构和行动方式。但是,组织需要实现整体的目标,管理系统的存在也是为了达到这个目的。为此,组织的各个部门、层次与环节需要协调行动,以消除各自所具有的独立性的影响,这除了需要一个中枢(管理者)以外,还需要有纽带能够将其联系在一起,使其能够相互沟通。信息就充当了这样的角色,成为组织中各个部门、层次与环节协调的纽带。

(4) 信息是管理过程的媒介,可以使管理活动顺利进行。在管理活动中,信息发挥了极为重要的作用。各种管理活动都表现为信息的输入、变换、输出与反馈。因此,管理的过程也就是信息输入、变换、输出和反馈的过程。这表明管理过程是以信息为媒介的，唯有信息的介入，才使管理活动得以顺利进行。

（5）信息的开发和利用是提高社会资源利用效率的重要途径。社会资源是有限的，需要得到合理有效的利用以提高其服务社会发展的效能。土木工程建造过程中，对工、料、机等信息的掌握与利用，可以降低施工企业成本，降低施工作业能耗，从而提高工程经济效益与社会效益。在运营维护过程中，对档案信息的充分掌握，可使作业过程心中有数、有的放矢，节省人力、物力，降低运维成本。

二、信息资源

（一）信息资源的含义

信息是普遍存在的，只有满足一定条件的信息才能称为资源。狭义的信息资源是指信息本身或信息内容，即经过加工处理，对决策有用的数据。广义的信息资源是指信息活动中各种要素的总称，包括信息、信息技术以及相应的设备、资金、人才等。广义的信息资源归纳起来由信息生产者、信息、信息技术三大要素构成。

（1）信息生产者，包括原始信息生产者、信息加工者、信息再生产者。

（2）信息，区分为自然信息与社会信息，但对于所有应用到人类生活中的信息，都认为它是信息生产者的劳动成果，属于信息资源的目标要素。

（3）信息技术，是能延长或扩展人的信息能力的各种技术的总称，是对声音、图像、文字等数据和各种传感信号的信息进行收集、加工、存储和利用的技术。信息技术作为生产工具，为信息收集、加工存储与传递提供支持与保障。

在信息资源中，信息生产者是关键因素，因为信息和信息技术都离不开人的作用。信息是由人生产和消费的，信息技术也是由人创造和使用的。

（二）信息资源的特性

与物质、能量等资源相比较，信息资源具有能够重复使用、价值因人而异等内禀性质，表现出以下特性：

（1）共享性。在理想条件下，信息资源可以被反复交换、多次分配、共享使用。由于信息对于物质载体有相对的独立性，信息资源可以多次反复地被不同的人利用，在利用过程中信息量不仅不会被消耗掉，反而会得到不断的扩充和升华。

（2）选择性。信息资源的开发利用对使用对象具有一定的选择性，同一信息对不同的使用者产生的影响和效果是不同的。信息资源的开发利用是智力活动过程，它包括利用者的知识积累、知识结构状况和逻辑思维能力。

（3）驾驭性。信息资源具有驾驭其他资源的能力。驾驭性可理解为支配性，是指信息资源具有开发和支配其他资源的能力。

（4）无穷性。由于信息资源是人类智慧的产物，它产生于人类的社会实践活动并作用于未来的社会实践，而人类的社会实践活动是一个永不停息的过程，因此，信息资源的来源是永不枯竭的。

第二节　信息管理

一、信息管理的含义

信息管理是人类为了有效地开发和利用信息资源，以现代信息技术为手段，对信息资源进行计划、组织、领导及控制的社会活动。简单地说，信息管理就是人对信息资源和信息活动的管理。对于上述定义，可从以下几个方面进行理解：

（1）信息管理的对象是信息资源和信息活动。信息资源是信息生产者、信息、信息技术的有机体。信息管理的根本目的是控制信息流向，实现信息的效用与价值。信息活动是指人类社会围绕信息资源的形成、传递和利用而开展的管理活动与服务活动。信息资源的形成阶段以信息的产生、记录、收集、传递、存储、处理等活动为特征，目的是形成可以利用的信息资源；信息资源的开发利用阶段以信息资源的传递、检索、分析、选择、吸收、评价、利用等活动为特征，目的是实现信息资源的价值，达到信息管理的目的。

（2）信息管理是管理活动的一种。管理活动的基本职能（计划、组织、领导/协调、控制）仍然是信息管理活动的基本职能，只不过信息管理的基本职能更有针对性。

（3）信息管理是一种社会规模的活动。这反映了信息管理活动的普遍性和社会性，是涉及广泛的社会个体、群体和国家参与的普遍性的信息获取、控制和利用的活动。

二、信息管理的分类

（1）按管理层次分为宏观信息管理、中观信息管理、微观信息管理。

（2）按管理性质分为信息生产管理、信息组织管理、信息系统管理、信息市场管理等。

（3）按应用范围分为企业信息管理、政务信息管理、商务信息管理、公共事业信息管理等。

（4）按管理手段分为手工信息管理、计算机辅助信息管理、智能化信息管理。

（5）按信息内容分为经济信息管理、科技信息管理、教育信息管理、军事信息管理等。

三、信息管理的特征

（1）管理类型特征。信息管理是管理的一种，具有管理的一般性特征。例如，管理的基本职能是计划、组织、领导/协调、控制；管理的对象是组织活动；管理的目的是实现组织的目标等。但是信息管理作为一个专门的管理类型，又有自己的独有特征，即管理的对象不是人、财、物，而是信息资源和信息活动。信息管理贯穿整个管理过程。

（2）时代特征。随着经济全球化，世界各国和地区之间的政治、经济、文化交往日益频繁，组织与组织之间的联系越来越广泛，组织内部各部门之间的联系越来越多，以致信息量猛增。由于信息技术的快速发展，信息处理和传播的速度越来越快。随着管理工作要求的提高，信息处理的方法也越来越复杂，不仅需要一般的数学方法，还要运用数理统计方法、运筹学方法等。信息管理所涉及的领域不断扩大，从知识范畴上看，信息管理涉及管理学、社会科学、行为科学、经济学、心理学、计算机科学等。从技术上看，信息管理涉及计算技术、通信技术、办公自动化技术、测试技术、缩微技术等。

四、信息管理的职能

1. 计划职能

通过调查研究预测未来，根据战略规划所确定的总体目标分解出阶段目标和任务，并规定实现这些目标的途径和方法，制订出各种信息管理计划，如信息资源建设计划、信息系统建设计划等。

信息资源建设计划是信息管理的主计划，包括信息资源建设管理的战略规划和常规管理计划。信息资源建设管理的战略规划是信息管理的行动纲领，规定组织信息管理的目标、方法和原则。常规管理计划是指信息管理的日常计划，包括信息收集计划、信息加工计划、信息存储计划、信息利用计划和信息维护计划等，是对信息资源建设管理战略规划的具体落实。

信息系统是信息管理的重要方法和手段。信息系统建设计划是信息管理过程中一项至关重要的专项计划，是关于信息系统建设的行动安排和纲领性文件，内容包括信息系统建设的工作范围，人、财、物和信息等资源的需求，系统建设的成本预(估)算，工程进度安排和相关的专题计划等。信息系统建设计划中的专题计划是信息系统建设过程中为保证某些细节能够顺利完成、保证工作质量而制订的，这些专题计划包括质量保证计划、配置管理计划、测试计划、培训计划、信息准备计划和系统切换计划等。

2. 组织职能

随着经济全球化、网络化、知识化的发展与网络通信技术、计算机信息处理技术的发展带来的对人类生产生活方式的深刻影响，信息活动的组织也随之发展。计算机网络及信息处理技术被应用于组织中的各项工作，使组织能更好地收集情报，更快地作出决策，增强了组织的适应能力与竞争力，从而使组织信息资源管理的规模日益增大。信息管理对于组织显得更加重要，信息管理部门成为组织中的重要部门。信息管理部门不仅要承担信息系统组建、信息系统运行保障、维护更新等工作，还要向信息资源使用者提供信息、技术支持与培训等。综合起来，信息管理的组织职能包括信息系统研发与管理、信息系统运行维护与管理、信息资源管理与服务、提高信息管理组织的有效性等四个方面。

3. 领导职能

信息管理的领导职能是指信息管理领导者对组织内所有的成员的信息行为进行指导或引导并施加影响，使成员能自觉自愿地为实现组织的信息管理目标而工作的过程。其主要作用就是使信息管理组织成员更有效、更协调地工作，发挥自己的潜力，从而实现信息管理组织的目标。信息管理的领导职能不是独立存在的，它贯穿信息管理的全过程，贯穿于计划、组织和控制等职能当中。

4. 控制职能

为了确保组织的信息管理目标，以及为此而制订的信息管理计划能顺利实现，信息管理者根据事先确定的标准或因发展需要而重新确定的标准，对信息工作进行衡量、测算和评价，并在其出现偏差时进行纠正，以防止偏差继续发展或今后再度发生。此外，根据组织内外环境产生的变化和组织发展的需要，在信息管理计划的执行过程中，对原计划进行修订或制订新的计划，并调整信息管理工作的部署。也就是说，控制工作一般分为两类：一类是纠正实际工作，减小实际工作结果与原有计划及标准的偏差，保证计划的顺利实施；另一类是纠正组织已经确定的目标及计划，使之适应组织内外环境的变化，从而纠正实际工作结果与目标和计划的偏差。

五、信息管理的原则

1. 共享原则

共享原则是在信息管理活动中为获得信息潜在的价值，力求最大限度地利用信息的管理思想。因为共享性是信息的基本特征，不仅组织需要信息共享，社会也需要信息共享，否则信息就不能发挥其潜在的价值。当然共享是相对性的，特别是对于非公共资源性质的信息，共享信息是有条件的，只会在有限的范围内进行。在信息管理系统设计上，要求信息共享的路径是通的，但必须获得授权许可才可以访问、撷取被认为是有价值的信息（商品）。

2. 激活原则

激活原则是对所获得的信息进行分析和转换，使信息活化，体现为管理者服务的思想。信息并不都是资源，未经激活的信息没有任何用处，只有在被激活之后才会产生效用，使用激活原则就可以使信息为管理者服务。信息咨询企业是专门为用户做“激活”信息服务的。所有的管理者都应该学会自己激活信息，激活能力是管理者信息管理能力的核心。一般地讲，信息管理的激活原则有三种激活方式：综合激活、推导激活、联想激活。

（1）综合激活，通过对已经拥有的众多相关信息进行深入分析和理解，根据需要将它们逻辑地组合起来或加以转换，以求获得新信息的方法，可分为简单综合和辩证综合两类。简单综合类似于物理上的叠加效应，即部分加部分等于整体的思想，按空间及逻辑上分为纵向综合（过去 + 现在）、横向综合（相互关联 + 不同区域 + 不同方面）、外观综合（外表现象 + 外观信息）、方面综合（某一方面的全体信息）、纵横结合（纵向 + 横向 + 外观 + 方面）；辩证综合是部分相加大于整体的思想，按信息内涵与外延的叠加与耦合效应，分为兼容综合（兼顾考虑、多样统一）、扬弃综合（辩证分析、去伪存真）、典型综合（又称全息综合，由典型局部作整体判断）。

（2）推导激活，从已知信息出发，根据已知的定理、定律或事物之间的某些联系，进行逻辑推理或合理推导，以求获得新信息的方法，可分为因果推导、关联推导、辐射推导、逆向推导等。①因果推导是根据事物之间的因果关系，从已知的“因”出发，做前因后果的纵向推导，获得新信息。②关联推导系根据事物之间的已知规律或某种相互关联，从已知信息出发做前后左右的横向推导，获得新信息。③辐射推导是以已知信息为中心向四周做发散思维，获得新信息。辐射推导又可以细分为要素辐射（以信息中的某一要素为中心进行辐射推导）、范围辐射（以不同的信息处理方法获得新信息的辐射推导）、功能辐射（以已有信息的功能为中心进行的辐射推导)、延伸辐射(以辐射后的新信息为中心再进行辐射的推导)等四种。④逆向推导是从已知信息出发,通过由因到果的思考或相反方向思考,以获得新信息。逆向推导要求作为“中心”来推导的信息必须真实,就像工程测量中基准点要求必须精准,否则一切都是空的。推导应尽可能遵循既有的客观规律和联系,允许一定的灵活性、想象、经验,但不应有过多的假设。推导获得的新信息是或然的,是否正确还必须经过验证。

(3) 联想激活,从已知信息联想到另外一条信息或几条信息,以求获得新信息的方法。细分为相似联想、接近联想、比较联想。相似联想是由已知信息联想到与此相似的另一信息;接近联想是由已知信息联想到与此相接近的另一信息(时间或空间上的接近);比较联想是将已知信息与联想到的信息进行比较,激活产生新信息。

3. 系统原则

系统原则是以系统的观点和方法,从整体上、全局上、时空上认识管理客体,以求获得满意结果的管理思想。信息管理要坚持系统原则,这是因为管理客体自身不仅是一个系统,而且也是另一个大系统的组成部分,即子系统。系统是信息流的通道,是信息功能得以实现的前提和基础,要管理信息资源和信息活动,就离不开对信息通道的管理;系统是对信息资源和信息活动进行管理的重要工具,任何信息管理的意图最后都需要通过系统实现。

4. 整序原则

整序原则是指对所获得的信息按照“关键字”进行排序。信息管理中的信息量极大,如果不排序,查找所需信息的速度会非常慢、非常困难,甚至找不到。在工程档案管理中,先要区分项目,再按文件材料的构成分类,继而按文件材料内容或时间上的区分来组卷,再按卷内文件材料的独立性来分件,这些一步一步的工作规则其实就是信息管理的整序原则,最终按“项目(全宗)”“类别(部分)”“案卷”“文件”等关键字编制档案号——案卷的身份证号,实现 N 多档案信息的序列化。对于电子文件归档与电子档案管理亦是如此。未排序的信息只能反映单件(条)信息的内容,不能定量地反映该信息在某一整体中某方面的特征。整序之后,信息按类归并,在此特征下信息总体内涵和外延容易显现,也便于人们发现信息中的冗余和漏缺,方便检索和利用。另外,同一组信息按不同的关键字排序所得的序列也不相同,管理者可以根据自己的需要选择信息的特征进行整序,以便获得自己需要的信息序列。

5. 防范原则

正因为信息是可以共享的,商业竞争对手、不同利益集团、国家或其他组织体可能撷取到对方不愿意公开共享的信息,由此产生了信息安全问题,就要求信息管理者随时予以防范。这就是信息管理的防范原则,也叫安全原则。在 BIM 技术环境与工程项目融合管理平台中,实现工程信息的共享并构建多维度建筑信息模型技术的路径是通的,也是非常有益于工程运维管理的,但正因为各设计单位基于其成果的商业保护、施工单位基于其工法及成本信息的竞争性保护等,工作中采取了防范原则,使一些工程信息成为“信息孤岛”,难以实现大数据效应。

6. 搜索原则

搜索原则是信息管理者在管理过程中千方百计地寻求有用信息的管理思想，搜索就是查询有用的信息。对于信息管理者来说，信息搜索应该包括强烈的搜索意识、明确的搜索范围和有效的搜索方法。搜索意识对于信息管理者至关重要，它是管理者及时、有效地获取信息的前提。因为任何信息都不会自动来到管理者的面前，管理者要时时处处都有一种强烈的搜索欲望和搜索动机，这是就搜索意识，它是最重要的信息管理意识。

六、信息管理的发展趋势

(1) 信息管理从以收集和保存信息为主向以传播和查找为主的方向转变。现代计算机及网络技术的发展为收集和存储信息创造了良好的条件，然而更重要的问题是如何在海量的信息中找到需要的信息，这是今后要解决的主要问题。

(2) 信息系统从分散、孤立、局部地解决问题，走向系统、整体、全局性地解决问题。这是社会发展的需求。人们的观念发生变化，普遍认识到只有实现资源共享才能真正解决社会对信息的需求，共同建设、共享建设成果是将来信息管理发展的必由之路。

(3) 信息管理从手工管理向自动化、网络化、数字化的方向发展，信息管理模式的改变和水平的提高依赖技术条件的支持。

(4) 信息管理从单纯管理信息本身向管理与信息活动有关资源的方向发展。信息管理不仅关注物质因素，而且还要关注人文因素、社会因素和经济因素的综合管理。

(5) 信息管理从辅助性配角地位向决策性主角地位转变，信息管理的作用会逐渐显现，并将在经济繁荣和社会发展中发挥越来越大的作用。

第三节 计算机信息管理软件

可以说，若没有计算机及网络技术的快速发展与广泛应用，信息与信息管理的概念不会被如此深刻地抽象出来并被普遍接受，人们还是会习惯于使用文字、图片、景象、实物、逻辑等词汇来直接表达所要描述的信息对象，还是会习惯于用传统方式去管理由这些信息符号构成的纸质文件、图书、照片、图画、实物等。但当这一切通过计算机及网络技术映射为由 0 和 1 构成的数字信号并主要通过光电、电磁等原理显现(输出)为图像、声音及其他感官信号时，信息的概念自然而然地在社会生活实践中构建了起来。档案作为重要信息资源，对它的保存、管理以及查询利用，已经离不开计算机及其相应的管理软件。档案工作对电子文件归档与电子档案管理的技能要求越来越高，作为档案工作人员必须对计算机信息管理软件有基本的了解。

计算机软件从总体上可分为系统软件和应用软件两大类。系统软件包括操作系统和一系列基本的工具软件(比如编译器、数据库管理、存储器格式化、文件系统管理、用户身份验证、驱动管理、网络连接等方面的工具)；应用软件是为了某种特定的用途而开发的软件，较常见的有办公软件如 WPS，信息管理软件如档案管理、财务管理软件，辅助设计软件如 AutoCAD、Bentley，实时控制软件如极域电子教室，以及一些教育与娱乐软件等。

一、档案信息管理应用软件

当今世界计算机技术和网络技术日新月异，在办公自动化背景下，用人工方式或简单地使用计算机管理和利用档案信息材料效率低下。办公 OA 系统、工程质量报检系统、施工安全监控系统、计量支付系统、项目运维系统等土木工程相关信息系统产生的众多电子文件，必须采用先进、合理的电子文件归档与电子档案管理系统进行管理和使用。

档案信息管理系统宜采用多层结构，配置应可以随着需求灵活变化；公共组件是管理系统的主要组成部分，联合业务组件共同实现面向角色的服务；安全控制级别体系在系统的每个层次上，为用户授权、数据加密、网络控制等安全控制手段提供支撑；标准规范接口允许授权用户以标准方式接入，通过系统接口集成，实现 OA 等各类业务系统上持续产生的归档文件转入档案管理信息系统中，保证系统的对外延伸性。

本书以公益开放的某档案信息管理系统介绍软件架构情况。

该系统自上而下分为 4 个平台层次。①物理层：信息系统的物理基础平台，包括网络、服务器和存储设备。②数据层：基于物理基础平台上的应用系统支撑平台，包括操作系统、数据库管理系统等系统软件。该系统基于 Windows 7.0 以上操作系统，其免费版自带一个小型的开源数据库管理系统。③应用层（中间层）：应用系统的中枢和基柱，以档案管理系统平台和中间件对外提供通用的功能服务。④应用表示层：为客户端提供友好的使用交互界面，主要实现档案与信息数据录入、档案与信息管理、档案与信息检索及利用服务等功能。

数据流和存储模型设计：系统的数据存储采用关系数据库加全文库的方式，通过数据采集，形成标准规范化数据。档案条目和电子文件分开存储，分别存在关系数据库和全文库中。将关系数据库中的档案条目信息和全文库中的电子原文信息进行关联，成为系统的数据资源。数据采集针对不同的数据来源，提供多种数据采集录入方式：纸介质档案可以通过扫描录入方式；多媒体档案可以通过音、视频采集系统转换方式；用户的历史数据可以通过“档案管理”中的数据转换功能直接转入关系数据库中；信息系统的归档文件则通过集成接口归入档案信息管理系统中，再由档案管理人员进行整理和归档。

系统以提高不同类型的档案和文件资料的整理速度并提供全面的利用为目的，实现各类档案的网上归档组卷、整理、编目、检索、浏览、下载、编辑、打印、统计、鉴定、销毁的管理，实现档案数据的录入、信息检索、报表统计、信息发布等功能，提高档案的管理水平和利用效率，实现各类档案信息资源共享和对各类档案形成全流程监督。

（1）多全宗管理。全宗是指一个独立机关、组织或个人在社会活动中形成的档案有机整体，它的基本含义有三点，即全宗是一个有机整体，全宗是在一定的历史活动中形成的，全宗是以一定的社会单位为基础而构成的。全宗管理是档案信息管理系统的组成部分，包括全宗著录、全宗修改、全宗历史、全宗信息统计、检索、打印、输出等。

（2）档案管理。通过档案信息管理系统对档案信息进行综合管理，包括档案信息著录、制定档案组成规则及进行档案统计、档案保管等。系统能对不同专业、门类的文件材料(如基建、会计、合同、科研、图片、声像等文件材料)进行分类管理,并根据不同等级设置相应的权限。按权限设置提供给档案管理人员对数据进行增、删、改、查的功能,实现档案数据的日常维护。

(3) 档案分类(门类)管理。系统建立文书档案、声像档案、实物档案等类型,提供每种类型档案的标准模板,模板包括档号组合原则、各类报表、排列顺序规则等。档案分类具备可扩展性,档案管理员可增、减档案类型,针对每一个档案类型可扩展分类,并可以对档案类型模板的属性进行自定义。

(4) 档号生成。档案信息管理系统可以设定不同的档号生成原则,使用不同数据采集方式采撷到的文件材料转入档案信息管理系统时,系统自动产生档号。档案管理人员可手动调整档号,不拘泥于固有生成的档号。

(5) 整理编目。档案目录信息采集、整理,系统自选规范数据录入格式,保证数据完整、准确。利用下拉框、必填项等规定数据类型,避免手工输入的错误。针对采集的数据进行整理,进入整编库。对不同的档案类型,提供不同的整理(立卷)规则。

(6) 归档管理。档案信息管理系统设置各门类档案组成规则、档案所需的各种流水号等,通过各种途径收集整理的文件、档案在归档时自动生成编号、档号、序号、案卷分类、备考表盒号、件号、案卷号、卷内顺序号等。档案管理人员可以限制案卷的总页数,可以灵活地进行流水号调整,可以进行案卷的拆分、合并等操作。

(7) 归档文件管理。包括归档文件著录、拆件管理、插件管理、开放管理、归档文件鉴定、归档文件销毁、借阅管理、移交接收、检索利用、信息统计、打印输出等。通过文件服务器实现电子文件的数据库保存备份,实现档案的全文录入,建立档案全文库。

(8) 资料管理。包括资料著录、开放管理、资料鉴定、资料销毁、借阅管理、移交接收、检索查询、统计报表、打印输出等。

(9) 系统维护。包括用户权限设置、系统日志管理、密级和地址设置、数据备份与数据恢复、分类设置、界面设置、系统模板设置、文件夹设置等功能。

(10) 数据管理。包括提示项设置、倒排项设置、统计界面设置、报表设置、数据导入、数据导出等功能。档案统计是对各类电子档案数据进行统计,是了解、分析档案数据总量及查借阅情况的重要方法。它对档案工作发展方向和工作核心的指引有重要的意义。系统提供常规的统计功能,还能提供各类自定义查询。档案管理人员在满足一般统计功能的需求下,可以方便快捷地查询到系统数据,进行统计分析,形成统计图表。

(11) 多点同时录入与数据共享。网络版软件支持多点的同时录入、综合检索、数据共享等功能。

(12) 档案鉴定与销毁。档案快到保管期时,系统应设置预警,提示档案员对过期档案进行鉴定,以确认是否需要进行变更或者销毁。

(13) 档案借阅审批。系统对不同的用户设置有相应的文件查看权限,对文件有查看选取权的用户,可以直接阅读原文,不用办理借阅手续。用户有权限范围外的查看需要时,需要走借阅审批的流程。系统设置有文件自动回收功能,在借阅时间到期时,系统会将借出的文件强制回收。

（14）光盘制作。为使档案数据适应移动办公的需求，系统要含有光盘制作功能，可将系统数据转换为符合国家标准的光盘档案，可用在数据互换、离线保管、档案移交等方面，并将检索结果进行光盘打包。用光盘查阅档案时，不需要使用第三方浏览工具便可直接阅读数据文件。通过光盘制作，可以提供系统数据脱机存储、异地保存的功能。

二、数据库相关软件

在档案与信息管理中，数据库的建立与维护是核心工作。作为土木工程档案与信息管理人员，应当理解数据库既指数据在计算机存储硬件上的客观存在，也指代与数据库操作及管理相关的软件。数据库相关软件主要有数据库、数据库管理系统、数据库系统三类，它们三个既有本质区别，又有密切联系。

（一）数据库

数据库是一个按数据结构来存储和管理数据的计算机软件系统。数据库的概念包括两层含义：①在物理上，数据库是一个实体，它是能够合理保管数据的“仓库”，用户在该“仓库”中存放要管理的事务数据，“数据”和“库”两个概念结合形成数据库概念。②在逻辑上，数据库是数据管理的方法和技术，它能更合适地组织数据、更方便地维护数据、更严密地控制数据和更有效地利用数据。

要深入了解数据库的概念，必须从计算机文件系统说起。操作系统中负责管理和存储文件信息的软件机构称为文件管理系统，简称文件系统。文件系统由三部分组成：文件系统的接口、对对象操纵和管理的软件集合、对象及属性。从系统角度来看，文件系统是对文件存储设备的空间进行组织和分配，负责文件存储并对存入的文件进行保护和检索的系统。具体地说，文件系统负责为用户建立文件，存入、读出、修改、转储文件，控制文件的存取，当用户不再使用时撤销文件等。文件系统的缺点是文件松散包装、文件管理安全性差。

为了解决文件系统的缺点，20 世纪 60 年代中期，数据库技术被提出。数据库技术的特点是数据不再只针对某一特定应用，而是面向全组织，具有整体的结构性，其共享性高、冗余度小，具有一定的程序与数据间的独立性，并且实现了对数据进行统一的控制。经过几十年的发展，数据库技术日臻完善，出现了多种类型的数据组织结构。根据数据的组织结构不同，数据库区分为网状数据库、层次数据库、关系型数据库和非关系型数据库四种。常见的数据库模型主要是关系型数据库和非关系型数据库。

1. 关系型数据库

关系型数据库是将复杂的数据结构用较为简单的二元关系（二维表）来表示。在该类型数据库中，对数据的操作基本上都建立在一个或多个表格上，可以采用结构化查询语言（SQL）对数据库进行操作。其优点是：①数据存储规范，易于理解。数据以行和列的方式并按照最小关系表方式存储，数据管理清晰，读取、查询方便。数据的形式和内容在存入数据之前已经定义好，所以整个数据表的可靠性和稳定性都比较高。②强调 ACID 规则[原子性（Atomicity）、一致性（Consistency）、隔离性（Isolation）、持久性（Durability）]，可以满足对事务性要求较高或者需要进行复杂数据查询的数据操作，而且可以充分满足数据库操作的高性能和操作稳定性的要求。其缺点主要有：①关系数据库所采用的二维表格数据模型不能有效地处理多维数据，不能有效处理互联网应用中半结构化和非结构化的海量数据，如 Web 页面、电子邮件、音频、视频等。②高并发读写的性能低。关系型数据库达到一定规模时，非常容易发生死锁等并发问题，导致其读写性能下降非常严重。③支撑容量有限。④数据库的可扩展性和可用性低。

2. 非关系型数据库

关系型数据库在超大规模和高并发的 Web2.0 纯动态网站已经显得力不从心，暴露了很多难以克服的问题。非关系型数据库就是为了解决大规模数据集合多重数据种类带来的挑战，尤其是大数据应用难题而出现的。非关系型数据库的优点是：①性能高、可扩展性好。非关系型数据库基于键值对，很多操作不需要经过 SQL 层的解析，所以性能非常高。同样也是因为基于键值对，数据之间没有耦合性，所以非常容易水平扩展。②查询速度快。非关系型数据库将数据存储于缓存之中（而关系型数据库将数据存储在硬盘中），查询速度远比关系型数据库快。③存储数据的格式多样。非关系型数据库的存储格式是键值对形式、文档形式、图片形式等，所以可以存储基础类型以及对象或集合等各种格式，而关系型数据库只支持基础类型。其缺点是维护上比较复杂，不提供对结构化查询语言的支持，目前尚无工业标准，用户学习和使用成本高。

随着计算机及互联网技术的发展，必将会建立一系列新的数据库技术，如分布式数据库、并行数据库、知识库、多媒体数据库等，这些都将是数据库技术重要的发展方向。当前，许多研究者将多媒体数据库作为研究的重点，并认为将多媒体技术和可视化技术引入多媒体数据库是未来数据库技术发展的热点和难点。对于土木工程建设及运维中融合 BIM 技术的文件与档案管理、信息编研等系统，则更需要新型数据库的鼎力支撑。

（二）数据库管理系统

1. 数据库管理系统概念

数据库管理系统（Database Management System，DBMS）是用来定义和管理数据的软件。如何科学地组织和存储数据、高效地获取和维护数据、保证数据的安全性和完整性，这些都需要靠数据库管理系统完成。目前比较流行的数据库管理系统有 Oracle、DB2、SQL Server、MySQL 等。

2. 常用的关系型数据库管理系统

（1）Oracle：Oracle 数据库是由美国甲骨文公司开发的世界上第一款支持 SQL 语言的关系型数据库。经过多年的完善与发展，Oracle 数据库已经成为世界上最流行的数据库，也是甲骨文公司的核心产品。Oracle 数据库具有很好的开放性，能在所有的主流平台上运行，并且性能高、安全性高、风险低；但是其对硬件的要求很高，管理维护和操作比较复杂而且价格昂贵。档案信息数据量大，安全性能要求高，所以在数字档案馆建设中应当使用 Oracle 数据库管理系统。

（2）DB2：DB2 是 IBM 公司著名的关系型数据库产品。DB2 无论稳定性、安全性、恢复性等都无可挑剔，而且从小规模到大规模的应用都可以使用，但是用起来比较繁琐，比较适合大型的分布式应用系统。

(3) SQL Server:SQL Server 是由 Microsoft 开发和推广的关系型数据库,它的功能比较全面、效率较高,可以作为中型企业或单位的数据库平台。SQL Server 可以与 Windows 操作系统紧密结合,无论是应用程序开发速度还是系统事务处理运行速度,都能得到大幅度提升。但是,SQL Server 只能在 Windows 系统下运行。单位档案室或工程项目的档案数据管理可以采用 SQL Serve 系统。

(4) MySQL:MySQL 是开放源代码的轻量级关系型数据库,MySQL 数据库使用最常用的 SQL 结构化查询语言对数据库进行管理。由于 MySQL 是开放源代码的,因此可以根据用户需要对其缺陷进行修改。由于 MySQL 数据库体积小、速度快、成本低、开放源码等优点,被广泛应用于互联网的中小型网站中。

3. *数据库管理系统主要功能*

(1) 创建数据库

数据库系统使用一组操作系统文件来映射数据库管理系统中保存的数据库,数据库中的所有数据和对象都存储在其映射的操作系统文件中。数据库中存储了表、视图、索引、存储过程、触发器等数据库对象,这些数据库对象存储在系统数据库或用户数据库中,用来保存数据库的基本信息及用户自定义的数据操作等。

在数据库管理系统中创建数据库,就是为数据库确定名称、大小、存放位置、文件名和所有文件组的过程。如在 SQL Server 中创建数据库的方法主要有两种:一是在 SQL Server Management Studio 窗口中使用现有命令和功能,通过方便的图形化向导创建;二是通过 SQL 语句创建。在创建数据库之后,就可以对数据库进行管理操作,如查看、修改、删除等,查看是指可以浏览数据库的各种属性和状态,修改是指可以修改数据库的名称、大小、自动增长等,删除数据库是对不需要的数据库进行删除,以释放多余的磁盘空间。

(2) 创建数据表

在关系型数据库中,表是数据库的基本构成,也是最重要的对象,它是用来存储数据和操作数据的逻辑结构。对数据库的各种操作,实际上就是对数据库中表的操作。表是由定义的列数和可变的行数组成的逻辑结构,以表格形式显示。行称为记录,列是一组相同数据类型的值,称为字段或域。表的每一行都是实体的一个完整描述,在表中不必对行进行排序。在每个列和行的相交处是一个称为值的特定数据项,它是实体某一项属性的表示。

在 SQL Server 中,表分为 4 种类型:标准表、系统表、临时表和分区表。①标准表是数据库中最常用的表,它用来为数据库提供存储空间。②系统表中存储了有关 SQL Server 的配置、数据库设置、用户和表对象的描述等系统信息。用户可以通过系统表查看当前服务器中数据库及数据库中包含的表等。通常情况下,数据库管理员常使用系统表来维护服务器。③临时表就是临时创建的,不能永久保存的表。该类表在用户退出系统或者系统修复时将自动被删除。它通常用来存储查询过程中出现的一些临时数据或者信息。④分区表是当一个表中的数据量过于庞大时,将数据水平划分成多个单元的表。这些单元可以分散到数据库中的多个文件组中，实现对单元中数据的并行访问。使用分区表的优点在于可以方便地管理大型表，提高对表中数据的使用效率。

与创建数据库一样，可以通过图形界面操作方法和使用 SQL 语句方法创建表。创建后，可以添加、删除、修改列。表中的每一列都有一个与之对应的特定数据类型和列数据属性。数据类型主要有数字数据类型、字符数据类型、二进制数据类型、日期和时间数据类型、空间数据类型、长度可变的系统数据类型、其他数据类型以及自定义数据类型。

创建表后应检查表数据完整性。表数据完整性指的是数据库中表数据的准确性和一致性。数据完整性是衡量数据库中数据质量好坏的一种标志。表主键是通过表数据中的一个列或多个列组合的数据来唯一标识表中的每一行数据，它确保一个表中不能存在相同的两行数据，而且位于主键约束下的数据应使用确定的数据，不能输入 NULL 来代替确定的数值。在管理数据时，应确保每个数据表都拥有自己唯一的主键，从而实现数据的实体完整性。外键是确保数据完整性并显示表之间关系的一种方法，它也是由表的一个列或多个列组成，是和相关表中事先定义的具有唯一性的列一起使用的。外键约束用来建立和强调两个表之间的关联。

（3）数据查询与管理

关系数据的一个重要内容就是可以在任意两个表中存在关系，这种关系为查询带来新的内容，通过不同的连接查询可以将不同的表之间的不同列返回到同一个结果集中，从而组成需要的结果。在 SQL Server 数据库系统中，SELECT 语句是 SQL 语言中的核心内容，数据查询通过 SELECT 语句来实现。

（4）表数据操作

表数据操作主要包括数据的插入、修改和删除等。创建好的数据表，需要不断地向其中插入新的数据以满足用户的需求。这些数据可以是从其他应用程序中得到的，也可以是新数据并要添加到新创建的或已存在的数据表中的。向表中添加数据时应该注意两点：第一是用户权限，只有数据库管理员、数据库和数据库对象所有者及其授权用户才有权限向表中添加数据；第二是数据格式，对于不同的数据类型，插入数据的格式也不一样，应当严格遵守它们各自的格式要求。修改和删除的操作权限亦是如此。

（5）索引与视图

在 SQL Server 中，索引和视图主要起到辅助查询和组织数据的功能，通过使用它们，可以大大地提高查询数据的效率。索引类似目录，使得查询更快速、更高效，适用于访问大型数据库。视图是将查询语句压缩，使得大部分查询语句放在服务端，而客户端只需输入要查询的信息，而不用写出大量的查询代码。

索引是一个单独的、物理的数据库结构，它是某个表中一列或若干列值的集合和相应的指向表中物理标识这些值的数据页的逻辑指针清单。索引依赖于表建立，它提供了数据库中编排表中数据的内部方法。

视图可以被看成是虚拟表或存储查询，可通过视图访问的数据不作为独特的对象存储在数据库内。视图的结构和数据是对数据表进行查询的结果。视图被定义后便存储在数据库中，通过视图看到的数据是存放在基表中的数据。当对通过视图看到的数据进行修改时,相应的基表的数据也会发生变化。同时,若基表的数据发生变化,这种变化也会自动地反映到视图中。视图可以是一个数据表的一部分,也可以是多个基表的联合,也可以由一个或多个其他视图产生。通过创建视图可以对各种用户查看的信息进行限制。

(6) 安全管理与数据库维护

数据库的安全性是指保护数据库以防止不合法的使用所造成的数据泄露、更改或破坏。数据库安全保护措施是否有效是数据库管理系统的主要指标之一。数据库的安全性与计算机系统的安全性(包括操作系统、网络系统的安全性)是紧密联系、相互支持的。

SQL Server 的安全机制主要包括三个等级。一是服务器级别的安全机制。这个级别的安全性主要通过登录账户进行控制,要想访问一个数据库服务器,必须拥有一个登录账户。二是数据库级别的安全机制。这个级别的安全性主要通过用户账户进行控制,要想访问一个数据库,必须拥有该数据库的一个用户账户身份。用户账户身份是通过登录账户进行映射的,可以属于固定的数据库角色或自定义数据库角色。三是数据对象级别的安全机制。这个级别的安全性通过设置数据对象的访问权限进行控制。如果是使用图形界面管理工具,可以在表上右击,选择【属性】【权限】命令,然后启动相应的权限复选框即可。

(7) 数据库备份与恢复

为了保证数据的安全,需要定期对数据进行备份。备份的方式有很多种,需要遵循的规则有两个,一是尽早并且经常备份,二是不要备份到相同磁盘的一个文件中,应该确保在完全分离的位置。电子档案管理要求异地备份。恢复数据库就是让数据库根据备份的数据回到备份时的状态。当恢复数据库时,SQL Server 会自动将备份文件中的数据全部复制到数据库中,并回滚任何未完成的事务,以保证数据库中的数据完整性。

(三) 数据库系统

数据库系统(Data Base System,DBS)通常由软件、数据库和数据库管理员组成。数据库概念前文已介绍,数据库管理员是指从事管理和维护数据库管理系统的工作人员。数据库系统涉及的软件构成主要有操作系统、各种宿主语言、实用程序以及数据库管理系统,这其中有关操作系统、数据库管理系统、计算机语言等方面的内容前文也已介绍,下面主要介绍数据库系统实用程序的有关内容。

数据库系统的开发是一项软件工程。一般分为 7 个阶段:①规划;②需求分析;③概念模型设计;④逻辑设计;⑤物理设计;⑥程序编制及调试;⑦运行及维护。这些阶段的划分目前尚无统一的标准,各阶段间相互链接,且常常需要回溯修正。在数据库系统的开发过程中,每个阶段的工作成果就是写出相应的文档。每个阶段都是在上一阶段工作成果的基础上继续进行,整个开发工程必须有依据、有组织、有计划、有条不紊地展开工作。

1. 规划

规划的主要任务就是作必要性及可行性分析,主要包括以下步骤:①在收集整理有关资料的基础上,要确定将建立的数据库系统与周边的关系,要对应用系统定位,其规模的大小、所处的地位、应起的作用均须作全面的分析和论证。②明确应用系统的基本功能,划分数据库支持的范围。分析数据来源、数据采集的方式和范围,研究数据结构的特点,估算数据量的大小,确立数据处理的基本要求和业务的规范标准。③规划人力资源调配。对参与研制和维护系统运作的管理人员、技术人员的技术业务水平提出要求,对最终用户、操作员的素质作出评估。④拟定设备配置方案。论证计算机、网络和其他设备在时间、空间两方面的处理能力,要有足够的内外存容量,系统的响应速度、网络传输和输入输出能力应满足应用需求并留有余量。要选择合适的操作系统、数据库管理系统和其他支撑软件。设备配置方案要在使用要求、系统性能、购置成本和维护代价各方面综合权衡。⑤对系统的开发、运行、维护的成本作出估算,预测系统效益的期望值。⑥拟定开发进度计划,还要对现行工作模式如何向新系统过渡作出具体安排。⑦规划阶段的工作成果是写出详尽的可行性分析报告和数据库应用系统规划书。内容应包括:系统的定位及其功能、数据资源及数据处理能力、人力资源调配、设备配置方案、开发成本估算、开发进度计划等。⑧可行性分析报告和数据库应用系统规划书经审定立项后,成为后续开发工作的总纲。

2. 需求分析

需求分析大致可分成三步来完成:

一是需求信息的收集。需求信息的收集一般以机构设置和业务活动为主干线,从高层到低层逐步展开。

二是需求信息的分析整理。对收集到的信息要作分析整理工作。数据流图是业务流程及业务中数据联系的形式描述,应当指明数据存在的数据符号,这些数据符号也可指明该数据所使用的媒体;应当指明对数据执行的处理符号,这些符号也可指明该处理所用到的机器功能;应当指明几个处理和(或)数据媒体之间的数据流的流线符号;应当使用便于读、写的数据流程图的特殊符号。数据流图既是需求分析的工具,也是需求分析的成果之一。

数据字典是进行数据收集和数据分析的主要成果。数据字典(Data Dictionary, DD)详细描述系统中的全部数据。数据字典包含以下几个部分:数据项(是数据的原子单位)、数据组项(由若干数据项组成)、数据流(表示某一数据加工过程的输入/输出数据)、数据存储(是处理过程中要存取的数据)、数据加工过程(包括数据加工过程名、说明、输入、输出、加工处理工作摘要、加工处理频度、加工处理的数据量、响应时间要求等)。

三是需求信息的评审。开发过程中的每一个阶段都要经过评审,确认任务是否全部完成,避免或纠正工作中出现的错误和疏漏。一般聘请项目外的专家参与评审,可保证评审的质量和客观性。评审可能导致开发过程回溯,甚至会反复多次。但是,一定要使全部的预期目标都达到才能让需求分析阶段的工作暂告一个段落。需求分析阶段的工作成果是写出一份既切合实际又具有预见的需求说明书,并且附以一整套详尽的数据流图和数据字典。

3. 概念模型设计

概念模型不依赖于具体的计算机系统,它纯粹反映信息需求的概念结构。建模在需求分析结果基础上展开,需要对数据进行抽象处理。概念模型设计可分三步完成:①设计局部概念模型,确定局部概念模型的范围、定义实体、定义联系、确定属性、逐一画出所有的局部 E-R 图(Entity Relationship Diagram),并附以相应的说明文件。②设计全局概念模型。建立全局 E-R 图的步骤是：确定公共实体类型、合并局部 E-R 图、消除不一致因素、优化全局 E-R 图、画出全局 E-R 图，并附以相应的说明文件。③概念模型的评审。评审分两部分进行，第一部分是用户评审，第二部分是开发人员评审。

4. 逻辑设计

逻辑设计阶段的主要目标是把概念模型转换为具体计算机上数据库管理系统所支持的结构数据模型。逻辑设计的输入要素包括：概念模式、用户需求、约束条件、选用的数据库管理系统的特性。逻辑设计的输出信息包括：数据库管理系统可处理的模式和子模式、应用程序设计指南、物理设计指南等。

(1) 设计模式与子模式。数据库的模式设计可分四步完成：建立初始关系模式、规范化处理、模式评价、修正模式。须经过多次的模式评价和模式修正，确定最终的模式和子模式，并写出逻辑数据库结构说明书。

(2) 编写应用程序设计指南。根据设计好的模式和应用需求，规划应用程序的架构，设计应用程序的草图，制订每个应用程序的数据存取功能和数据处理功能梗概，提供程序上的逻辑接口，并编写出应用程序设计指南。

(3) 编写物理设计指南。根据设计好的模式和应用需求，整理出物理设计阶段所需的一些重要数据和文档。例如，数据库的数据容量、各个关系的数据容量、应用处理频率、操作顺序、响应速度、各个应用的 lra 和 tv、程序访问路径建议等。这些数据和要求将直接用于物理数据库的设计。最后，编写出物理设计指南。

5. 物理设计

物理设计是对给定的逻辑数据模型配置一个最适合应用环境的物理结构。物理设计的输入要素包括：模式和子模式、物理设计指南、硬件特性、操作系统和数据库管理系统的约束、运行要求等。物理设计的输出信息主要是物理数据库结构说明书，其内容包括物理数据库结构、存储记录格式、存储记录位置分配及访问方法等。物理设计主要有：①存储记录结构设计；②存储空间分配设计；③访问方法的设计；④物理设计的性能评价。

6. 程序编制及调试

在逻辑数据库结构确定以后，应用程序设计的编制就可以和物理设计并行地展开。程序模块代码通常先在模拟的环境下通过初步调试，然后再进行联合调试。联合调试的工作主要有以下几点：①建立数据库结构。根据逻辑设计和物理设计的结果，用数据库管理系统提供的数据语言编写出数据库的源模式，经编译得到目标模式，执行目标模式即可建立实际的数据库结构。②调试运行。数据库结构建立后，装入试验数据，使数据库进入调试运行阶段，并运行应用程序进行测试。③装入实际的初始数据。在数据库正式投入运行之前，应制定数据库重新组织的可行方案、故障恢复规范和系统的安全规范。

7. 运行和维护

数据库正式投入运行后，运行维护阶段的主要工作是：①维护数据库的安全性与完整性。按照制定的安全规范和故障恢复规范，在系统的安全出现问题时，及时调整授权和更改密码。及时发现系统运行时出现的错误，迅速修改，确保系统正常运行。把数据库的备份和转储作为日常的工作，一旦发生故障，立即使用数据库的最新备份予以恢复。②监察系统的性能。运用数据库管理系统提供的性能监察与分析工具，不断地监控着系统的运行情况。当数据库的存储空间或响应时间等性能下降时，立即进行分析研究找出原因，并及时采取措施改进。如可通过修改某些参数、整理碎片、调整存储结构或重新组织数据库等方法，使数据库系统保持高效率地正常运作。③扩充系统的功能。在维持原有系统功能和性能的基础上，适应环境和需求的变化，采纳用户的合理意见，对原有系统进行扩充，增加新的功能。

三、网络资源管理

电子文件归档与电子档案管理是时代进步的要求，2020 年新修订的《档案法》单独设置了“档案信息化建设”一章，明确应当将档案信息化纳入信息化发展规划，保障电子档案、传统载体档案数字化成果等档案数字资源的安全保存和有效利用。这就要求档案与信息管理工作必须加强网络资源管理。工程档案作为整体档案资源的重要构成，相关工作人员需要对网络设备、网络信息资源、网络安全管理方面的知识有所了解。

（一）网络设备及其管理

计算机网络是指将地理位置不同的具有独立功能的多台计算机及其外部设备，通过通信线路连接起来，在网络操作系统、网络管理软件及网络通信协议的管理和协调下，实现资源共享和信息传递的计算机系统。网络设备主要有计算机、集线器、交换机、网桥、路由器、网关、网络接口卡（NIC）、无线接入点（WAP）、打印机和调制解调器、光纤收发器、光缆等。下面结合数字档案馆建设要求简略介绍交换机和路由器功用与管理。

1. 交换机

广义的交换机就是一种在通信系统中完成信息交换功能的设备。交换是按照通信两端传输信息的需要，用人工或设备自动完成的方法，把要传输的信息送到符合要求的路由上的技术统称。在计算机网络系统中，交换概念的提出是对于共享工作模式的改进。

建立一个大型数字档案馆局域网，同时要求将局域网接入因特网，选择主干交换机时需要考虑的因素：①数字档案馆局域网的拓扑结构、内部子网的划分、虚拟子网的设立、多媒体视频传送业务需求等。②数字档案馆局域网的带宽、速度和服务质量。如果数字档案馆原先已经建设了其他类型的主干网，则新主干网的选择就必须考虑与原有网络的兼容问题，新主干网交换机除了千兆以太网端口以外还应考虑具备 FDDI、ATM、令牌环等其他网络端口，以便多种网络之间的互联。③可靠性、安全性。对于数字档案馆局域网来说，可靠性和安全性是至关重要的因素，要求主干网交换机必须具备完善的冗余措施，以保证主干网的正常运行。

交换机的管理一般有串口管理、Web 管理、软件管理等方式。

串口管理：可网管交换机附带了一条串口电缆，供交换机管理使用。把串口电缆的一端插在交换机背面的串口里，另一端插在普通电脑的串口里。然后接通交换机和电脑电源。在电脑操作系统里都提供了“超级终端”程序。打开“超级终端”，在设定好连接参数后，就可以通过串口电缆与交换机交互并进行管理。在这种管理方式下，交换机提供了一个菜单驱动的控制台界面或命令行界面。可以使用 Tab 键或箭头键在菜单和子菜单里移动，按回车键执行相应的命令，或者使用专用的交换机管理命令集管理交换机。

Web 管理：可网管交换机可以通过网络浏览器管理，但是必须给交换机指定一个 IP 地址。在默认状态下，交换机没有 IP 地址，必须通过串口或其他方式指定一个 IP 地址之后，才能启用这种管理方式。使用网络浏览器管理交换机时，交换机相当于一台 Web 服务器，只是网页并不存储在硬盘里面，而是在交换机的 NVRAM 里面，通过程序可以把 NVRAM 里面的 Web 程序升级。当管理员在浏览器中输入交换机的 IP 地址时，交换机就像一台服务器一样把网页传递给电脑，此时给人的感觉就像在访问一个网站一样，管理交换机只要点击网页中相应的功能项，在文本框或下拉列表中改变交换机的参数就可以。Web 管理方式可以在局域网上进行，实现远程管理。

软件管理：可网管交换机均遵循 SNMP 协议（简单网络管理协议），SNMP 协议是一整套符合国际标准的网络设备管理规范。凡是遵循 SNMP 协议的设备，均可以通过网管软件来管理。只要在一台网管工作站上安装一套 SNMP 网络管理软件，通过局域网就可以很方便地管理网络上的交换机、路由器、服务器等。

2. 路由器

是什么把网络相互连接起来？是路由器。路由器是互联网络的枢纽。路由器用于连接多个逻辑上分开的网络，所谓逻辑网络是代表一个单独的网络或者一个子网。当数据从一个子网传输到另一个子网时，必须通过路由器来完成。因此，路由器具有判断网络地址和选择路径的功能，它能在多网络互联环境中，建立灵活的连接，可用完全不同的数据分组和介质访问方法连接各种子网。

路由器分本地路由器和远程路由器。本地路由器是用来连接网络传输介质的，如光纤、同轴电缆、双绞线；远程路由器是用来连接远程传输介质，并要求相应的设备，如电话线要配调制解调器，无线要通过无线接收机、发射机等。

具体地讲，路由器主要有以下功能：①网络互连。路由器支持各种局域网和广域网接口，用于互联局域网和广域网，实现不同网络互相通信。②数据处理。路由器提供包括分组过滤、分组转发、优先级、复用、加密、压缩和防火墙等功能。③网络管理。路由器提供包括配置管理、性能管理、容错管理和流量控制等功能。

路由器配置与管理：①在路由器背面找到“默认配置地址”“默认配置账户”“默认配置密码”等参数。②连接上由该路由器创建的 Wi-Fi，在浏览器中输入路由器上面的“默认配置地址”，一般为“192. 168. 1. 1”。③在后台登录界面输入路由器上面的“默认配置账户”和“默认配置密码”，如果账户和密码做过更改的话，输入改过的账户和密码，如已遗忘可以找到路由器上面的“reset”按钮重置。④登录成功即可进入后台进行路由管理。

路由器作为网络设备中的“黑匣子”，在后台工作。选择路由器时，应多从技术角度来考虑，如可延展性、路由协议互操作性、广域数据服务支持、内部 ATM 支持、SAN 集成能力等。此外，选择路由器还应遵循如下基本原则：标准化原则、技术简单性原则、环境适应性原则、可管理性原则和容错冗余性原则。对于高端路由器，更多地还应该考虑是否和如何适应骨干网对网络高可靠性、接口高扩展性以及路由查找和数据转发的高性能要求。

（二）网络信息资源管理

网络信息资源是指以电子资源数据的形式，将文字、图像、声音、动画等多种形式的信息存储在光、磁等非印刷质的介质中，利用计算机通过网络进行发布、传递、存储的各类信息资源的总和。网络信息资源带来共享、存储的便利及丰富多彩的展示方式，但也因信息源复杂而带来编辑、整理及管理上的难度。文件与档案是网络信息资源的重要构成，是网络信息资源管理的重要对象，以下基于电子文件与电子档案的角度，陈述网络信息资源建设、组织及利用等方面的原则及要点。

1. 网络信息资源建设原则

信息资源建设的原则是信息资源建设客观规律的反映，是对信息资源建设实践的科学概括与总结。随着信息技术的飞速发展，文件与档案信息资源已经扩展为包括传统纸质资源、电子信息资源和网络信息资源在内的涵盖范围较广的各种信息资源。信息资源建设的原则随着时代的发展，其内涵也在不断丰富和完善。具体说来，信息资源建设的原则主要归纳为以下几个方面：

（1）方向性原则。在实践中，档案馆运用自身职能，通过客观实在文件材料信息传播正能量，引导正确的社会主义核心价值观，为维护社会秩序及生产秩序服务。方向性原则就是要求在文件与档案信息资源建设过程中，要全面收集有关文件材料，更要格外重视收集保管对社会主义现代化建设及人们的思想和行为举止具有指导性意义的各类历史记录，为社会主义的健康发展增添动力。

（2）实用性原则。实用性原则是指文件与档案信息资源建设，要从实际使用需要出发，规划、选择、搜集、整序、组织和管理信息资源，以最大限度地满足社会的信息需求。随着计算机技术与网络通信技术的应用及虚拟馆藏的出现，从一定程度上讲，文件与档案管理机构对文件材料信息资源保存的职能日益削弱，更需要加强信息资源的利用功能。应当根据服务任务的需要或不同服务对象的实际需要进行信息资源建设，最终落脚在信息资源本身的“利用”而非“拥有”上。

（3）系统性原则。系统性原则就是在信息资源建设过程中，必须注重宏观和微观的信息资源系统各要素之间的联系，掌握和发挥各种类型信息资源的特点和优势，使其优势互补，协调发展，形成系统、完整、统一的信息资源体系，为社会提供全面、系统、快捷的文件与档案信息服务。系统性原则要求信息资源建设站在文件与档案管理整体发展的高度，洞察用户需求的变化趋势和信息资源建设的发展规律，不断完善文件与档案资源体系并实现体系良好的新陈代谢。

（4）标准化原则。标准化和规范化是管理工作的一项基础性工作，是在一定范围内获得最佳秩序，对实际或潜在问题制定共同的和重复使用的规则的活动。网络环境下，管理文件与档案信息的机构不再是一个孤立的个体，而是整个信息网络中的一个节点，各个节点之间的访问交流与资源共享的实现，只有在统一的标准和规范下才能顺利进行。标准化与规范化直接关系到数字化建设的成败，在信息资源建设中起着举足轻重的作用，必须作为一条主线贯穿于数字信息资源建设的全过程。在数字化系统建设过程中，各个层面和不同区域应设计建造统一的技术平台和网络信息服务系统，选择通用的技术标准、协议与规范以及可兼容的应用软件和硬件，建立起支持多种协议、多种接口，具有良好兼容性与扩展性的开放式数字信息资源管理与服务系统，以便实现最大范围的共建共享。

2. 网络信息资源组织要点与方式

信息资源组织是指信息资源的有序化的活动，主要包括对信息资源有序化规律的认识，以及应用认识得来的规律从事有序化工作，利用一定的科学规则和方法，通过对信息外在特征和内容特征的描述和序化，实现无序信息流向有序信息流的转换，从而保证用户对信息的有效获取和利用及信息的有效流通和组合。下面主要以文件与档案信息管理中常用的元数据模式阐述网络信息资源的组织要点。

元数据通常被定义为"关于数据的数据"或者是"描述数据的数据"。它是用来描述电子文件与电子档案以及更多网络信息资源属性，促进网络信息资源的组织和发现的数据，它帮助信息的识别、定位、发现、描述和选择等。通过元数据能够了解到某个网站点的资源类型，某个互联网页面的标题、作者、主题、关键词及内容摘要等信息。

元数据的基本特点主要有：①元数据一经建立，便可共享。元数据的结构和完整性依赖于信息资源的价值和使用环境；元数据的开发与利用环境往往是一个变化的分布式环境；任何一种格式都不可能完全满足不同团体的不同需要。②元数据首先是一种编码体系。元数据是用来描述数字化信息资源，特别是网络信息资源的编码体系，这导致了元数据和传统数据编码体系的根本区别。元数据最为重要的特征和功能是为数字化信息资源建立一种机器可理解的框架。③对于电子文件与电子档案信息资源组织管理来说，元数据体系构建了它们的逻辑框架和基本模型，从而决定了相应业务管理系统的功能特征、运行模式和系统运行的总体性能。由于元数据也是数据，因此可以用类似数据的方法在数据库中进行存储和获取。如果提供数据元的组织同时提供描述数据元的元数据，将会使数据元的使用变得准确而高效。用户在使用数据时可以首先查看其元数据，以便能够获取自己所需的信息。

网络信息资源组织方式分为一次网络信息资源组织方式、二次网络信息资源组织方式和三次网络信息资源组织方式。一次网络信息资源是指网上传输的原始信息资源是未经过加工处理的第一手信息资源；二次网络信息资源是指将一次网络信息资源进行描述、揭示、分析和存储后，形成了有序化、系统化的网络信息资源；三次网络信息资源是指对二次网络信息资源进行组织而形成的网络信息资源。

一次网络信息资源组织方式有：文件方式（以文件名标识信息内容，用文件夹组织信息资源）、数据库方式（将搜索引擎的巡视软件采集和标引的网络信息资源以固定的记录格式存储，用户通过关键词及其组配查询）、主题树方式（将信息资源按照某种概念体系分门别类地逐层加以组织，用户通过浏览的方式层层遍历）、超文本方式（以节点和链接在网上相关信息间建立关联，将众多的网络文本信息组织成某种网状结构，可从任一节点开始随机、自然地浏览查找自己所需信息）、超媒体方式（将文字、图表、声音、图像、视频等多媒体信息以超文本方式组织）、自由文本方式（全文数据库的全文检索）等。

二次网络信息资源组织方式有：机器人搜索引擎方式、指示数据库方式（存储的是有关网上一次信息的网址以及相关信息的描述信息）、元数据库方式（对特定网络资源的总体管理和记录)、浏览器书签方式等。

三次网络信息资源组织方式有:网络数字资源管理机构如虚拟图书馆、档案馆、文件中心等对二次网络信息资源进行的再组织、网络信息资源评价网站组织方式、元搜索引擎目录组织方式等。

未来网络信息资源组织方式的发展趋势主要是两方面:①主题指南与分类法的结合。利用主题指南和分类法对网络资源进行组织,有助于为网络资源构造基本结构和框架,从而使信息分布有序化。虽然现在有些网站已经使用分类主题一体化方式来组织信息,但是现有的主题指南和分类法在涵盖网络信息的数量和规模上还是有限的,但它反映了网络信息组织的一个重要趋势,而且分类主题一体化方式在现有的基础上也将不断得到完善。②数据库方式与超媒体方式的结合。超媒体技术是超文本与多媒体技术的结合,它使人们可通过高度链接的网络结构在各种信息库中自由航行,找到所需要的信息。但当超媒体网络过于庞大时,就不可避免会出现“迷航”现象。因此,现代网络信息资源组织的方式最好是数据库方式和超媒体方式的结合,这是网络信息资源组织方式的发展趋势。

(三) 网络安全管理

安全的基本含义是客观上不存在威胁,主观上不存在恐惧,即客体不担心其正常状态受到影响。可以把网络安全定义为:一个网络系统不受任何威胁与侵害,能正常地实现资源共享功能。要使网络能正常地实现资源共享功能,首先要保证网络的硬件、软件能正常运行,然后要保证数据信息交换的安全。

2020 年 4 月 27 日,国家互联网信息办公室、国家发展和改革委员会、工业和信息化部、公安部、国家安全部、财政部、商务部、中国人民银行、国家市场监督管理总局、国家广播电视总局、国家保密局、国家密码管理局共 12 个部门联合发布《网络安全审查办法》,于 2020 年 6 月 1 日起实施。这是落实《网络安全法》要求、构建国家网络安全审查工作机制的重要举措,是确保关键信息基础设施供应链安全的关键手段,更是保障国家安全、经济发展和社会稳定的现实需要。

网络信息安全隐患主要源于:①Internet 是一个开放的、无控制机构的网络,黑客经常会侵入网络中的计算机系统,或窃取机密数据和盗用特权,或破坏重要数据,或使系统功能得不到充分发挥直至瘫痪。②Internet 的数据传输是基于 TCP/IP 通信协议进行的,这些协议缺乏使传输过程中的信息不被窃取的安全措施。③Internet 上的通信业务多数使用 Unix 操作系统来支持,Unix 操作系统是开源的,其中明显存在的安全脆弱性问题会直接影响安全服务。④在计算机上存储、传输和处理的电子信息,还没有像传统的邮件通信那样进行信封保护和签字盖章。信息的来源和去向是否真实,内容是否被改动,以及是否泄露等,在应用层支持的服务协议中是凭着君子协定来维系的。⑤电子邮件存在着被拆看、误投和伪造的可能性。使用电子邮件来传输重要机密信息会存在着很大的危险。⑥计算机病毒通过 Internet 的传播给上网用户带来极大的危害,病毒可以使计算机和计算机网络系统瘫痪、数据和文件丢失。在网络上传播病毒可以通过公共匿名 FTP 文件传送,也可以通过邮件和邮件的附加文件传播。

因此,必须采取措施加强计算机网络安全管理。计算机网络安全措施主要包括保护网络安全、保护应用服务安全和保护系统安全三个方面,各个方面都要结合考虑安全防护的物理安全、防火墙、信息安全、Web 安全、媒体安全等。

一是保护网络安全。网络安全是为保护数据通信各方网络端系统之间通信过程的安全性。保证机密性、完整性、认证性和访问控制性是网络安全的重要因素。保护网络安全的主要措施有:①全面规划网络平台的安全策略。②制定网络安全的管理措施。③使用防火墙。④尽可能记录网络上的一切活动。⑤注意对网络设备的物理保护。⑥检验网络平台系统的脆弱性。⑦建立可靠的识别和鉴别机制。

二是保护应用安全。保护应用安全,主要是针对特定应用如 Web 服务器、网络业务专用软件系统等所建立的安全防护措施,它独立于网络的任何其他安全防护措施。虽然有些防护措施可能是网络安全业务的一种替代或重叠,如 Web 浏览器和 Web 服务器在应用层上对文件与档案利用信息包的加密,都通过 IP 层加密,但是许多应用还有自己的特定安全要求。由于文件与档案管理系统中的应用层对安全的要求最严格、最复杂,因此更倾向于在应用层而不是在网络层采取各种安全措施。虽然网络层上的安全仍有其特定地位,但是人们不能完全依靠它来解决文件与档案管理系统应用的安全性。应用层上的安全业务可以涉及认证、访问控制、机密性、数据完整性、不可否认性、Web 安全性、EDI 等应用的安全性。

三是保护系统安全。保护系统安全是指从整体文件与档案管理系统或相关工程业务系统的角度进行安全防护,它与网络系统硬件平台、操作系统、各种应用软件等互相关联。涉及文件与档案管理系统安全的措施包括以下几种:①在安装的软件中,如浏览器软件、电子签名认证软件、阅读软件等,检查和确认未知的安全漏洞。②技术与管理相结合,使系统具有最小穿透风险性,如通过诸多认证才允许连通,对所有接入数据必须进行审计,对系统用户进行严格安全管理。③建立详细的安全审计日志,以便检测并跟踪入侵攻击等。

第二部分 | 专业篇

第五章

土木工程项目前期工作及其信息源流

在机关文书档案管理中，其中一项重要工作是制定《机关文件材料归档范围和文书档案保管期限表》，这项工作由国家档案局8号令予以规定。它要求各级党政机关和人民团体正确界定文件材料归档范围，准确划分档案保管期限，使所保存的档案既能反映机关单位的主要职能活动情况，维护其历史面貌，又便于档案收集、整理、保管和利用等工作的开展。

相似地，对属于科技档案范畴的土木工程项目档案，按照《科学技术档案工作条例》第四条的规定：各单位应当按照集中统一管理科技档案的基本原则，建立、健全科技档案工作，达到科技档案完整、准确、系统、安全和有效利用的要求。这明确了对土木工程项目档案的管理，必须同文书档案管理一样，准确把握文件材料所对应的工作内容及其信息源流，使档案工作在前期的文件材料收集中做到“颗粒归仓”，真实全面地反映工程项目全生命周期的信息状态。由此，在第五～七章中，将基于档案与信息管理的角度，阐述土木工程项目前期工作、建造工作、运维工作的主要内容及其信息源流，促进土木工程项目文件材料源流规范与收集齐全。

第一节　土木工程项目建设流程概述

土木工程中房建、道路、机场、电站等项目，其基本建设流程大致相似。管理这些项目能否被立项、如何建设、可否竣工、如何运维等问题的基本法规[如《政府投资条例》、项目建议书(可行性研究报告)编制规程、设计规范、施工规范等]是一致或相通的，工作所对应的主管部门是同一的或性质类似的。

以公路水运项目为例，修一条路或建一个码头的大致流程如下：

(1) 投资机会考察。拟投资项目须符合《国家公路网规划》及《全国内河航道与港口布局规划》。

(2) 拟/报项目建议书。已经列入《公路水路交通运输“十×五”发展规划》或《××省高速公路网规划(20××—20××年)》等的项目不需要建议书，若是规划中没有的项目，必须向项目投资主管部门报项目建议书。

(3) 项目可行性研究。由建设(业主)单位委托设计院、咨询公司等具有咨询资质的机构做项目可行性研究报告，报发改部门审批。发改部门会征求行业主管(交通运输)部门的意见。工程可行性批复是项目立项的标志。可行性研究报告核心内容是方案设计、项目估算。其他社会效益指标如土地、环保、水保、文物、压矿等工作一般委托各行业下的咨询机构开展研究调查并出具正式报告。

(4) 初步设计。根据批复的可行性研究报告以及测设合同的要求,由中标或受委托的设计单位拟定修建原则,选定设计方案,计算工程数量及主要材料数量,提出施工方案的意见,编制设计概算,提供文字说明及图表资料等工作。

(5) 施工图设计。在初步设计的基础上,根据上级批复意见和测设合同要求,进一步对所审定的修建原则、设计方案、技术决定加以具体和深化,最终确定各项工程数量,提出文字说明和适应施工需要的图表资料以及施工组织计划,并编制施工预算。

(6) 施工、监理招标。国家有明确规定:大型基础设施、公用事业等关系社会公共利益、公众安全的项目,全部或者部分使用国有资金投资或者国家融资的项目,使用国际组织或者外国政府贷款、援助资金的项目必须公开招标。政府采购的项目如公路水运工程养护、安全防护等,超过一定预算限额(各地方在国家规定的限额标准下结合区域经济情况可能对限额有所下浮)的也必须采用公开招标。

(7) 项目管理。业主单位向项目建设现场派驻项目管理机构(项目办),就土地征用、用水用电通信等方面与相关行业部门协调;对中标的施工、监理单位在人员配备、机械设备等方面进行履约检查。开工后按时间节点安排进度计划、计量支付、质量管理、设计变更管理、安全管理、农民工工资等事务。

(8) 质量监督。由企业自检、社会监理、政府监督三层组成一个体系。政府监督方面,按照交通建设工程质量与安全生产监督管理条例或有关办法实施:县级以上人民政府交通运输主管部门按照职责权限主管本行政区域内交通建设工程质量与安全生产的监督管理工作;省、设区的市人民政府交通运输主管部门所属的交通建设工程质量与安全生产监督管理机构负责本行政区域内交通建设工程质量与安全生产的具体监督管理工作。

(9) 施工、监理作业。按照合同约定及各项技术规范,完成土建、建筑、机电、交安、通信等工程施工、监理任务。

(10) 项目交工。各合同段工程验收合格后,由项目业主组织交工验收,并将验收结果向上级交通主管部门报备。

(11) 项目竣工。按权限分别由交通运输部、厅、地级市等各级交通主管理部门组织竣工验收。目前交通运输部将国家高速公路网中 100 km 以下的项目以及水运工程等重点项目委托给省级交通运输行政部门组织竣工验收。

(12) 项目运营。项目竣工验收通过后进入运营阶段。

(13) 养护及大中修。每 5 年交通运输部对全国干线公路的养护管理情况进行检查(行业内简称"国检"),还有公路水运工程重要控制性构造物如长大桥梁与隧道、船闸等要求日常服役状态监测。

(14) 路政、航务管理等其他工作。

其他如房建、机场、铁道、电站等土木工程的建造及运维工作,可参照行业管理规范对应写出其类似的流程。

在上述全链条工作中，需要合理地区分哪些是前期工作、哪些是建造工作、哪些是运维工作。本书将上述(1)～(6)列为前期工作，(7)～(11)列为建造工作，(12)～(14)列为运维工程。其中，前期工作又分为项目立项前的有关工作、初步设计及施工图设计工作、施工与监理招投标工作等。

第二节　项目立项前的有关工作及其信息源流

土木工程项目立项，简言之就是项目建设取得了投资主管部门的许可。按照国家或地方社会经济产业政策指导目录清单，项目分类有鼓励类、许可类、限制类，分别对应的项目立项报批程序为备案制、核准制、审批制。土木工程建设中的大部分项目属于限制类，其立项实行审批制。一般而言，土木工程项目获得立项是指它的工程可行性研究报告取得了主管国家固定资产投资的行政管理部门(发展和改革委员会)的批复同意。

项目立项之前，理论上应该开展项目投资机会考察、项目建议书申报等工作。

一、土木工程项目投资机会考察工作及其信息源流

土木工程项目投资机会考察的主体包括政府机关、市场主体、投资金融机构等。“机会”指的是有时间性的有利情况。俗话说“机不可失，时不再来”，所以机会存在于“道”中，必须观察而悟之得之。政府机关作为政策的制定者，需与时俱进，集思广益，因势利导，制定出符合时机环境的有利政策，发挥自然禀赋优势，优化生产要素组合，营造和谐积极的社会发展动力，造福民生，施行公义。市场主体包括所有不同性质、类型的市场参与者，作为项目投资的发起人，对于投资机会不可不察，因为考察后的决策属于战略战术行为，若决策成功，则可获得可观收益，而一旦决策失误，则可能满盘皆输。投资机构在实施金融行为时，特别是在土木工程项目借贷中，也需要进行相当深度的投资机会考察，以确保投资本金的牢靠及机会收益的优化。

土木工程项目中最为人们所熟悉的工业与民用建筑方面，市场开放程度较高，参与市场的企业主体性质多元，而公路、港口、铁路、机场、电站等项目的开发，虽然国家与各省(市、区)层面出台了社会资本参与市场各行各业的指导性目录，但由于这些项目公益性明显、资本收益率低，故它们大多为国有企业所投资、建设、经营。广义地讲，土木工程项目的开发都有投资机会考察这一工作环节，只不过政府主导的项目与企业主导的项目所考察的重点有所不同，前者在考察中更为关注社会效益及民生保障，后者在考察中更为关心的是企业的经济效益。

以房地产项目投资考察为例，简述其基本工作流程。

1. 项目信息收集

(1) 对项目进行现场踏勘，了解土地自身素质。土地自身素质决定了施工工程量，

并直接影响效益，所以对土地素质的考察极为重要。了解项目区域人文、自然环境，具体包括：区域经济发展状况、人口数量、人口素质、治安情况、风俗习惯等；城市基础设施情况，如宗地附近的商业、教育、医疗等设施；危险源情况（如高压线、放射性、易燃易爆物品生产或仓储基地等）。实地了解项目区域交通状况及其发展规划。了解当地已有的项目实际运作情况，"他山之石，可以攻玉"，这有利于确定拟投资项目的发展方向和着重点。

（2）市场调研。对于房地产建筑项目，应调研了解该区位的功能，是商务区，还是商业居住混合区，或是商业功能区，后者再分市、区、社区、邻里四级商业区，实地考察应印证和具体了解细节；接着再掌握区位，板块，商圈内的面、线、点关系，面是板块、商圈（区位比面要大些），线是地段、路街沿线，点是重要、大型商家和节点。

考察调查过程及内容大致如下：

① 商圈范围，业态业种构成、大致比例关系，商户总量，商品种类、品质、产地、品牌，重点商户经营概貌。

② 商业竞争趋势（同质或互补、同档或错位、过量或缺少、主要竞争手段）。

③ 客流量、购物消费者特征（年龄、性别、职业、来源、目的）、消费欲望与消费水平（瞬间顾客密度、收银台排队长度、结伙人数、客单价、提袋率、关联消费宽度、可停留时间）。

④ 路街条数、长度、宽度、建筑层数、风格、新旧度，代表性商铺门面宽度、进深、净空，建筑外立面广告牌、霓虹灯、街灯、路面用材、绿化、小品等装饰度，主要节点的功能构成、空间间距，路街步行、购物、休闲的舒适度、安全度、趣味性。

⑤ 交通干道及出入口，消费者基本交通工具，公交线及快速交通线对外连接区域，停车场数量、泊位及其可观性、便利性，机动车辆秩序及对行人的干扰性。

⑥ 商圈内写字楼、酒店、娱乐、医院、文教、公园、景点、政府机关、重点住宅楼群等相关机构数量、档次、服务对象、经营状况与购物消费场所的关联度。

⑦ 商圈商用物业供求与租售概况（单价水平及走势、租售比例、付款方式、空置率等）。

⑧ 在建、拟建大型商用物业个案，城建规划重点，街区改造和重点扶持对象，政府管治水平，等等。

⑨ 市政规划：近期或规划中周边环境的主要变化，如道路的拓宽改造，工厂的搬迁，大型医院、学校、购物中心/超市的建设等。

⑩ 政策环境：行业相关的地方性政策（主要针对外地项目），包括价格政策、税收政策、优惠政策、土地政策等。

（3）考察调查方式方法（关系到信息源流及归档材料的构成）。

① 实地观察法。考察人员在考察现场，通过对楼盘本身的观察以及周边配套的考察，以获取信息的一种考察方法。在观察楼盘本身的过程中，注意点应集中在：外观、小区环境、小区内各种配套（包括地上/地下停车位数量、是否配备运动场、绿化率等）；考察楼盘周边配套主要是考虑对业主的工作生活是否方便，主要包括与附近公交站台、医院、银行、超市、餐饮、学校等之间的距离，出租车流量及出行是否方便等。

在实地考察中，也可通过目测、拍摄、笔记、攀谈、购物、消费体验等方式掌握商圈基本概貌。

② 访谈法。通过个别面谈、小组座谈，较深入了解本地零售经营从业人员、物业开发经营商、商圈内服务从业人员、政府主管部门人员、当地居民与家庭、异地居民与家庭成员对商圈的认识和倾向。

③ 问卷法。通过街头拦截式问卷填写、电话问卷填写、访谈问卷填写、问卷置留填写等方式进行调查统计及分析。

2. 资料整理、分析与考察报告

（1）资料的整理、分析。根据考察调查所得的资料对项目进行分析，了解项目的内在环境和外在环境，明确该项目的优势和劣势，总结项目的可行性以及存在的主要问题，以便对项目优劣的判断起到一定的作用。

（2）考察报告。资料经过整理和分析以后，以文字、数字和图形的形式对考察结果进行分析和说明，以书面形式提交考察报告。考察报告一般包括：

① 考察说明。主要包括：项目情况，如项目的背景、考察区域与对象、主要调查内容、分析技术等主要内容；考察过程，主要是对考察人员及具体操作过程的一个简单说明；质量控制，为考察结果的准确性提供佐证。

② 项目概况。对考察对象的各个方面进行全面分析。

③ 主要结论。对考察所得结果的一个简单、精练的综合性概述。

④ 报告正文。以事实和数据为依据，对考察内容的一个详细、客观的分析。

⑤ 附件。包含数据、图表、技术细节说明、统计输出结果显示及其他内容。

对于档案与信息管理来说，投资机会考察除上述具体工作记录、数据分析表、考察报告需要归档以外，其决策会议的记录、参加人员、后续发布的文件（信息）等也应列入归档范围。

二、土木工程项目投资建议（预可行性研究）及其信息源流

项目投资建议由拟建方（投资方）在投资机会考察后向政府投资主管部门以项目建议书的方式提出。

项目建议书（又称初步可行性研究报告、预可行性研究报告）是拟建方（投资方）就新建、扩建事项向政府投资主管部门申报的书面申请文件。它是项目建设筹建单位或项目法人，根据国民经济的发展、国家和地方中长期规划、产业政策、生产力布局、国内外市场、所在地的内外部条件，提出的某一具体项目的建议文件，是对拟建项目提出的框架性的总体设想。项目建议书主要论证项目建设的必要性，建设方案和投资估算也比较粗略，投资误差为 20%左右（可行性研究报告为 10%）。

对项目投资立项书的内容构成，国家发改委及交通、水电、铁路、住建等行业主管部门，都出台了相应的管理办法或技术标准、操作规程等。本书以公路建设项目建议书为例展示其内容的基本构成（详见表 5-1），其他行业大致相似。

表 5-1　项目建议书与工程可行性研究的内容构成及区别

公路建设项目建议书(预可行性研究报告)内容构成		公路建设项目工程可行性研究报告内容构成	
1. 项目概述	1.1　项目背景 1.2　编制依据 1.3　研究过程及内容 1.4　建设的必要性 1.5　主要结论 1.6　问题与建议	1. 项目概述	1.1　项目背景 1.2　编制依据 1.3　研究过程 1.4　建设的必要性 对于直接进行工程可行性研究的公路项目，应对项目建设的必要性、建设时机等进行详细论证。 1.5　主要结论 1.5.1　交通量预测 1.5.2　技术标准 1.5.3　路线起终点、走向、主要控制点及建设规模 1.5.4　投资估算、资金筹措及工期安排 1.5.5　经济评价 1.5.6　土地利用、工程环境、节能及社会影响评价 1.6　问题及建议
2　经济社会和交通运输发展现状及规划	2.1　研究区域概况 2.2　项目影响区域经济社会现状及发展 2.2.1　经济社会现状 · 社会发展概况 说明区域人口、国土面积、自然资源、区位优势等情况。 · 经济发展现状 说明区域经济水平、经济布局、经济结构、对外贸易等情况。 2.2.2　经济社会发展趋势 · 经济社会发展趋势分析 · 主要经济社会指标分析及预测 2.3　项目影响区域交通运输现状及发展 2.3.1　综合交通运输现状 · 综合运输网 · 运输量发展水平及特点 · 公路运输的地位和作用 2.3.2　相关公路技术状况及适应程度 · 技术状况 · 交通量 · 适应程度 2.3.3　交通运输发展规划 · 公路网 · 其他相关运输方式 · 本项目在区域路网中的地位	2　经济社会和交通运输发展现状及规划	2.1　研究区域概况 2.2　项目影响区域经济社会现状及发展 2.2.1　经济社会现状 · 社会发展概况 · 经济发展现状 2.2.2　经济社会发展趋势 · 经济社会发展趋势分析 · 主要经济社会指标预测 2.3　项目影响区域交通运输现状及发展 2.3.1　综合交通运输现状 · 综合运输网 · 运输量发展水平及特点 · 公路运输的地位和作用 2.3.2　相关公路技术状况及存在问题 · 技术状况 · 交通量 · 存在问题 2.3.3　交通运输发展趋势 · 公路网规划 · 其他相关运输方式规划 · 本项目的地位和作用
3　交通量分析及预测	3.1　公路交通调查及分析 3.1.1　调查综述 公路交通调查内容、方法、范围 3.1.2　调查资料分析 · 相关公路的交通量构成、分布特点 · 交通运行特征 · 运输效率及主要运输货类等 3.2　相关运输方式的调查与分析 3.2.1　调查概述	3　交通量分析及预测	3.1　公路交通调查与分析 3.1.1　预可行性研究工作回顾 3.1.2　调查综述 调查内容、方法、范围 3.1.3　调查资料的分析 3.2　相关运输方式的调查与分析 3.2.1　调查概述 3.2.2　调查资料分析 3.3　预测思路与方法

（续表）

公路建设项目建议书（预可行性研究报告）内容构成			公路建设项目工程可行性研究报告内容构成		
		3.2.2　资料分析 3.3　预测思路与方法 3.3.1　交通量预测的总体思路 3.3.2　交通量预测方法及步骤概述 3.4　交通量预测 3.4.1　预测特征年确定 3.4.2　特征年路网 3.4.3　交通生成 · 交通量增长率确定 · 发生、吸引交通量计算 3.4.4　交通量分布 · 分布方法 · 交通量分布 3.4.5　诱增交通量及其他运输方式转移交通量的初步估计 3.4.6　交通量分配 · 分配方法 · 分配方案 3.4.7　预测结果及分析 · 路段交通量及分析 · 特征年车型构成			3.3.1　交通量预测的总体思路 3.3.2　交通量预测方法及步骤概述 3.4　交通量预测 3.4.1　预测特征年确定 3.4.2　特征年路网 3.4.3　交通生成 · 交通量增长率确定 · 发生、吸引交通量计算 3.4.4　交通量分布 · 分布方法 · 交通量分布 3.4.5　诱增交通量及其他运输方式转移交通量预测 · 预测方法 · 预测结果 3.4.6　交通量分配 · 分配方法 · 分配方案 3.4.7　预测结果及分析（含比选方案） · 路段交通量及分析（含相关公路） · 互通立交转向交通量 · 特征年车型构成 · 无此项目时相关公路交通量
4	建设的必要性	重点分析拟建项目在区域经济社会发展、城镇及路网规划、综合运输体系、满足交通需求等方面的定位和作用，阐述项目建设的必要性和建设时机。	4	技术标准	根据拟建项目在区域公路网中的功能与定位、交通量预测结果，综合考虑地形条件、投资规模、环境影响及与拟建项目连接的其他工程项目等影响因素，在通行能力及服务水平分析的基础上，按照《公路工程技术标准》(JTG B01—2014)相关规定，论证项目拟采用的技术等级、设计速度、车道数及路基宽度、荷载标准、抗震设防标准、隧道建筑界限、交通工程及沿线设施等具体指标，对于跨越有通航要求的河流上的桥梁，应明确通航标准等指标。
5	建设条件、技术标准及建设方案	5.1　建设条件 5.1.1　地形、地质、水文、气候等条件 5.1.2　制约建设方案的其他主要因素城镇规划、产业布局、资源分布、环境敏感点、文物等 5.1.3　筑路材料及运输条件 5.1.4　拟建项目与相关路网的衔接对于改扩建项目还应对现有工程的适用状况进行分析和评价。 5.2　技术标准 5.3　建设方案 5.3.1　建设项目起终点论证 5.3.2　可能的建设方案 5.3.3　建设方案比选 5.3.4　推荐方案工程概况和建设规模	5	建设方案	5.1　建设条件 5.1.1　地形、地质、水文、气候等条件 5.1.2　制约建设方案的其他主要因素城镇规划、产业布局、资源分布、环境敏感点、文物等 5.1.3　筑路材料及运输条件 5.1.4　拟建项目与相关路网的衔接对于改扩建项目还应对现有工程的适用状况进行分析和评价。 5.2　建设项目起终点论证 · 建设项目与区域路网和前后路段衔接情况 · 与城市的衔接关系 5.3　备选方案拟定 5.3.1　主要控制因素 · 地形、地质、水文等控制因素

（续表）

公路建设项目建议书（预可行性研究报告）内容构成			公路建设项目工程可行性研究报告内容构成		
		5.3.5　实施安排 对于改扩建项目应制定施工期间的保通措施。			· 沿线重要城镇规划 · 环境、资源分布、军事设施、文物等其他控制因素 5.3.2　各备选方案概况 · 走向及控制点 · 主要技术指标及规模 5.4　方案比选 综合考虑建设条件、工程规模及投资、经济评价、环境影响、土地占用等因素，提出推荐方案。 5.5　推荐方案概况 5.5.1　起终点及主要控制点 5.5.2　规模、标准及主要技术经济指标 5.5.3　路基工程 5.5.4　路面工程 5.5.5　桥涵工程 5.5.6　隧道工程 5.5.7　交叉工程 5.5.8　连接线及辅道工程 5.5.9　交通工程及沿线设施 5.5.10　其他工程
6	投资估算及资金筹措	按照交通运输部《公路基本建设工程投资估算编制办法》《公路工程估算指标》等执行，说明材料单价和征地拆迁取值依据及主要定额调整原因等，并给出各方案总估算汇总表。 6.1　资金筹措	6	投资估算及资金筹措	6.1　投资估算 按照交通运输部《公路基本建设工程投资估算编制办法》《公路工程估算指标》等执行。说明主要材料来源、材料单价和征地拆迁取值依据、标准及主要定额调整原因等，并给出各方案总估算汇总表。工程可行性研究与预可行性研究的投资估算差别较大时，应说明原因。 6.2　资金筹措
7	经济评价	7.1　评价依据和方法 7.2　经济费用效益分析 7.2.1　参数选择与确定 7.2.2　经济费用调整 7.2.3　经济效益计算 7.2.4　经济费用效益分析指标计算 7.2.5　敏感性分析 7.3　财务分析 7.3.1　资金来源与融资方案 7.3.2　财务费用计算 7.3.3　收费收入计算 7.3.4　财务分析指标计算 7.3.5　敏感性分析 7.4　评价结论	7	经济评价	7.1　评价依据和方法 7.2　评价方案设定 7.3　经济费用效益分析 7.3.1　参数选择与确定 7.3.2　经济费用调整 7.3.3　经济效益计算 7.3.4　经济费用效益分析指标计算 7.3.5　敏感性分析 7.4　财务分析 7.4.1　资金来源与融资方案 7.4.2　财务费用计算 7.4.3　收费收入计算 7.4.4　财务分析指标计算 · 盈利能力分析 · 清偿能力分析 7.4.5　敏感性分析 7.5　评价结论
			8	实施方案	分析工程的施工条件和特点，研究制约工程进度、质量、造价的关键环节，提出工期安排等实施方案。对于改扩建项目，应该包括施工期交通组织方案。

（续表）

公路建设项目建议书(预可行性研究报告)内容构成		公路建设项目工程可行性研究报告内容构成	
		9 土地利用评价	9.1 区域土地利用、类型及人均占有量 9.2 推荐方案占用土地、主要拆迁建筑物的种类和数量 9.3 对当地土地利用规划影响 9.4 与《公路建设项目用地指标》的符合性 9.5 集约节约使用土地措施
		10 工程环境影响分析	10.1 沿线环境特征 10.2 推荐方案对工程环境的影响 10.3 减缓工程环境影响的对策 10.3.1 路线方案的对策 10.3.2 路基边坡防护对策 10.3.3 借方、弃方及水土保持对策 10.3.4 绿化恢复植被对策 10.3.5 其他对策
8 节能评价	8.1 建设期耗能分析 8.2 运营期节能 8.2.1 项目运营管理耗能分析 8.2.2 项目使用者节能计算 8.3 主要节能措施 8.4 节能评价	11 节能评价	11.1 建设期耗能分析 11.2 运营期节能 11.2.1 项目运营管理耗能分析包括项目(公路桥梁、隧道)的照明、服务区、收费站、监控设施等 11.2.2 项目使用者节能计算 采取“有无对比法”，计算建设项目投入运营后，使用者的燃油节约量，并将最终结果换算成标准煤。 11.3 对当地能源供应的影响 11.4 主要节能措施 · 说明遵循的节能规范或标准 · 主要措施，包括新材料、新工艺、新能源的应用 11.5 节能评价
9 社会评价	9.1 项目的社会影响分析 9.2 项目与所在地的互适性分析 9.3 社会风险分析及对策建议 9.4 社会评价结论	12 社会评价	12.1 社会影响分析 主要分析项目对所在地社会的正、负面影响。主要包括对居民收入、生活水平与质量、就业的影响，对不同利益群体、弱势群体的影响，对所在地文化、教育、卫生的影响，对少数民族风俗习惯和宗教的影响。 12.2 互适性分析 调查当地政府、企业、居民及道路主要使用者对建设项目的支持程度，分析项目与当地社会环境的相互适应性。 12.2.1 当地政府对项目的态度 12.2.2 不同利益群体对项目的态度及参与程度分析和预测直接相关的利益群体的态度 12.2.3 各部门或组织对项目的态度及支持程度，各部门或组织对

（续表）

公路建设项目建议书（预可行性研究报告）内容构成		公路建设项目工程可行性研究报告内容构成	
			项目的支持和配合程度。如城市规划、城市交通、土地、电力、供水等部门的保障 12.2.4 移民安置方案 对于需较大规模移民的公路建设项目，应初步制定相应的安置方案。 12.3 社会风险分析 对可能影响项目的各种社会因素进行识别和排序，并对影响面大、持续时间长、容易引起较大矛盾的社会因素及未来可能的变化进行分析，提出必要的防范措施。 12.4 社会评价结论
10 风险分析	对于特殊复杂的重大项目，应进行风险分析。 10.1 项目主要风险因素识别 10.2 风险程度分析 10.3 防范和降低风险措施	13 风险分析	对于特殊复杂的重大项目，应进行风险分析。 13.1 项目主要风险因素识别 项目风险主要包括工程技术风险、资金风险、外部协作条件风险等，应结合项目实际进行识别。 13.2 风险程度分析 采用专家评估法、风险因素取值评定法或风险概率分析法等，按各风险因素对项目影响程度和风险发生的可能性大小确定风险的等级。 13.3 防范和降低风险措施 根据不同的风险因素提出相应的规避和防范对策。
11 问题与建议	存在的主要问题及建议	14 问题及建议	存在的主要问题及建议
附件	相关会议纪要、地方意见、部门意见等	附件	相关审查意见、会议纪要、地方意见、部门意见等

三、土木工程项目可行性研究及其信息源流

土木工程项目可行性研究是在投资项目拟建之前，通过对与项目有关的市场、资源、工程技术、经济和社会等方面的问题进行全面分析、论证和评价，从而确定项目是否可行并选择最佳实施方案的工作。可行性研究报告分为政府审批核准用可行性研究报告和融资用可行性研究报告。审批核准用的可行性研究报告侧重关注项目的社会经济效益和影响；融资用报告侧重关注项目在经济上是否可行。项目可行性研究获得批准是项目立项的标志。

土木工程项目可行性研究一般需要请专业的咨询机构完成。研究程序分为四步。第一步：组建工作小组。在项目可行性研究开展初期，首先要确定工作团队及人员分工，成员按照分工的不同进行调研及资料搜集，分别撰写提纲。第二步：基础资料及调研数据搜集。在可行性研究过程中，数据的调查和分析是重点。基础资料及数据的来源主要包括

投资者所提供的信息、项目组通过调研获取的信息以及来自各行业主管部门公开的信息资源。第三步:形成可行性研究报告初稿。在取得信息资料之后,项目组成员要对其进行整理及筛选,并进行可行性研究报告初稿的编制工作。第四步:修改与论证。在初稿编制完毕基础上,咨询机构与投资者一起对可行性研究报告进行讨论并提出修改意见,对双方有异议的环节进行二次论证,并确定终稿。

2012 年国家发改委颁布了《可行性研究报告编制目录大纲》,在此基础上,公路、水电、铁道、住建等行业出台了更为细致的编制规程或编制办法等文件。

项目立项配套的单项评估结论性文件是可行性研究报告的重要构成,主要有:项目环境影响评价报告书及批复(依据为《中华人民共和国环境影响评价法》)、项目用地预审申请及批复(依据为《中华人民共和国土地管理法》)、项目水土保持方案请示(包括附件:水土保持方案报告书)及审批文件(依据为《中华人民共和国水土保持法》)、建设项目文物调查、保护报告及审批文件(依据为《中华人民共和国文物保护法》)、建设项目压覆矿产资源调查评估报告及审批文件(依据为《中华人民共和国矿产资源法》)。

必须指出,工程可行性研究报告及其附件,主管部门对报告的批复等是非常重要的文件材料,在后续项目建设的基本建设程序办理中,如施工许可、质量监督申请、征地拆迁办理等,以及项目建成后的有关土地、产权等权属证明办理过程中,都会用到此类文件材料。

第三节　土木工程项目设计工作及其信息源流

在项目可行性研究报告中,已经有了建设方案,接下来的工作是进一步深化方案设计。土木工程项目一般按两阶段,即先初步设计后施工图设计的方法实施项目设计。若项目技术难度较大,可在两阶段之间插入技术设计阶段,这一般被称为三阶段设计模式。据悉,铁路建设项目的设计工作一般采用三阶段设计。对技术上复杂而又缺乏设计经验的公路、工业与民用建筑、独立桥梁和隧道工程等建设项目,也常采用三阶段设计。下面以公路、房建工程两阶段设计为例阐述设计工作及其信息源流。

一、公路工程设计工作及其信息源流

(一) 公路工程的初步设计工作及其信息源流

公路工程初步设计是根据批复的可行性研究报告以及测设合同的要求,逐步进行拟定修建原则、选定设计方案、计算工程数量及主要材料数量、提出施工方案的意见、编制设计概算、提供文字说明及图表资料等工作。有关准备工作、过程质量控制、报告成果出版等工作内容与可行性研究工作相似。其主要工作内容及其信息源流如下。

1. *初测*

(1) 根据工程可行性报告确定的路线基本走向,在地形图或航测像片上进一步进行室内路线方案研究,拟定勘测方案及需在现场重点调查的问题。确保勘测方案及有关仪

器、器具及设备检定记录齐全完整。

(2) 路线方案设计。确定路线据点及控制点，路线走廊选定合理，符合《公路工程技术标准》(JTG B01—2014)、《公路路线设计规范》(JTG D20—2017)、《公路环境保护设计规范》(JTG B04—2010)等的要求。贯彻节约用地原则。

(3) 路线线形设计。平纵横组合合理，平面要素、坐标计算及纵面资料齐全，作出必要的透视图及控制性横断面图。

(4) 路线测量。包括各等级三角、导线、高程及图根控制测量。测量仪器和标尺等的检验及检测精度应符合规定要求，取得计量检验合格证。测量手簿内容填写齐全，记录、计算和有关文字记载正确、完整、清晰，无涂改原始读数及伪造、转抄等现象。控制网图的绘制及内容正确完整，成果表的编制、抄录符合要求、正确。其他应上交的测量记录、检查记录、计算书等齐全完整。

(5) 地形测量。细部坐标和高程点的注记、成果表的编制和说明符合要求，展绘正确。各种图的测量要素正确，境界线及行政区域划界准确，符号使用与配置正确合理，等高线绘示合理，表示出地物地貌特征，图形清晰，测量内容施测完善，精度符合技术要求。图的拼接精度符合规定。图廓外的整饰正确完整，图号、图名、接图表、四角坐标注记等正确，责任签署完整。

(6) 公路路基及筑路材料调查。路基勘察成果应完整，资料搜集齐全，能满足设计需要，基本勘察符合《公路工程地质勘察规范》(JTG C20—2011)要求。对工程地质条件的评价确切，岩土测试记录正确，结论可靠。路基排水及防护工程，改河、改路、改渠等工程调查内容齐全，方案合理，能满足《公路勘测规范》(JTG C10—2007)要求。对特殊路基设计及不良地质路段处理方案要切合实际、技术先进，经济适用。取土场、弃土场场地选择调查记录完整，土样物理力学性质试验方法、精度、成果符合《公路土工试验规程》(JTG 3430—2020)要求。对不适用的材料处理措施应切合实际，经济合理。气象、植被、水文调查资料齐全。水文计算准确，最小路基高度确定无误。

(7) 桥涵初测。桥涵区域水文、气象、地质调查等有关依据性、参考性记录或档案材料齐全可靠，计算分析正确。桥涵位置调查资料齐全，位置选择合理，与农田灌溉、路基综合排水结合恰当。小桥涵水文分析计算确切，结构选型合理，与周围环境协调。大桥及特大桥桥位方案选择合理，论据充分，提供有比较价值的桥位方案。桥位地形测绘满足设计需要。桥梁形态断面选择合理，形态计算书及有关参考资料齐全。桥域范围勘探点线布设符合《公路工程地质勘察规范》(JTG C20—2011)要求，勘探深度与范围能满足设计需要，勘探试验测试记录齐全，分析合理，结论可靠，工程地质评价准确，建议合理。桥梁概算的基础资料齐全、准确。

(8) 隧道初测。隧址比选及其方案。控制路线方案的隧道应进行广泛的区域调查，位于高烈度地震区的长隧道烈度鉴定资料收集齐全。综合调查应全面，能正确选择隧道位置和衬砌结构类型。洞口、明洞及辅助坑道设置形式选择。隧址平面控制测量、水准点设置、高程测量及其成果精度符合《公路勘测规范》(JTG C10—2007)要求。平面图测绘范围、内容、精度满足设计需要。隧道地质勘察成果齐全，评价准确可靠，勘察记录符合要求。地质围岩分级恰当,调绘范围适当,观测点设置有代表性。勘探孔位、孔数和深度以及岩、土、水试验达到规定要求,各种勘探成果和测试数据分析合理,评价适当,结论可靠。概算及其基础资料齐全,施工环境条件调查及初步施工方案符合要求。

(9) 路线交叉初测。交叉的位置、类型选择合理,符合《公路路线设计规范》(JTG D20—2017)规定。对于复杂的立体交叉和平面交叉,应进行多方案比选。交通量预测有关资料搜集、引用恰当,计算、分析正确。工点地形图测绘范围、内容、精度满足设计要求。用地拆迁调查全面、资料准确。概算基础资料齐全无误。

(10) 沿线设施及其他工程勘测。线外改河、改路、防护、排水、水利设施迁建以及临时工程勘察全面,沿线设施工点勘察布设合理,其他工程如渡口码头、航道工程等勘察资料齐全。

(11) 环境保护勘测调查。沿线基本环境要素背景资料收集齐全,当地适种树种、草种调查选择合理,绿化方案及土地复垦方案切合实际,防噪设计所需基础资料收集齐全。

(12) 施工方案初拟。对控制施工方案的基础条件如气象、地质、地形、水文、交通运输条件、供水、供电、通信、机械设施、建材供应等调查资料收集齐全,主要工程和特殊工程的初步施工方案合理。

(13) 其他勘测调查。占用土地调查全面、可靠。各类拆迁建筑物调查到位,有关处理方案与其主管部门或责任单位协商一致。

(14) 工程经济调查。概算资料调查符合《公路基本建设工程概算、预算编制办法》规定。沿线材料单价取证和征地拆迁标准收集齐全准确。对采用新技术的项目,补充定额搜集齐全或搜集同类工程的机械配备、人员、劳动组合情况,施工进度等资料用于分析制定补充定额。

(15) 初测过程质量控制。按质量管理体系要求进行初测质量策划,依据策划的结果编写工作大纲。大纲的内容、深度及编排等满足规定要求。针对项目特点并结合纠正、预防措施计划等编写项目指导书、专业指导卡,向工作人员进行技术交底与宣贯。按照计划开展设计评审,及时发现和研究解决问题。评审的内容、深度、责任签署符合归档要求,评审结论得到实施并由评审主持人验证。外业成果按规定进行自检、互检。任务承担部门按适当时机和频次对外业过程进行中间检查,检查中提出的问题、处置结果和再验证情况符合规定要求。外业期间的内业设计图表须经过校审或现场复核验证。各项工程计算的内容及记录应完整且责任签署齐全。完成外业工作后,分类编目整理好各项图表成果和记录,按规定编写外业勘察报告。院级验收中提出的问题、处置结果和再验证情况形成闭合流程。

2. 设计

设计可理解为假设与验证计算,最终须主要把握的是经济技术平衡。基于外业初步勘测成果,公路工程初步设计的主要工作内容及其信息源流如下。

(1) 准备工作。对初测验收发现的勘测数据不符合规定而需要补充完善的,及时进行补测和修改,并经再检查确认符合要求。对初测验收或项目委托方提出的超出测设任务规定范围的原则变动,设计单位下达补充任务书,及时组织补充外业测绘,确保资料搜集齐全。依据策划安排并根据测设合同、设计任务书和初测验收报告的要求以及工程建设项目的规模和复杂程度，结合设计单位人员业务素质等落实专业设计工作分工及岗位职责，并进行任职资格审定。明确设计工作深度、工作进度及各专业设计组之间协作互提资料要求，规定设计评审、验证的时机。

（2）编制总说明书。要求内容齐全、论据确切、文字简明通顺；分项说明的设计方案，比选论证合理，数据完善准确；路线平、纵面缩图正确无误，所附的图表文件齐全且标识清楚。

（3）路线设计。提出多方案论证，不遗漏可比选的方案，推荐路线方案正确。技术指标采用合理，图表项目齐全，内容符合要求，有必要的路线概略透视图，工程地质平、纵面图调绘准确可靠，各项责任签署完备。

（4）路基路面及排水设计。路基设计符合《公路路基设计规范》（JTG D30—2015）的要求，确保路基稳定。路基及路面的排水设计布局合理，有足够的排水能力，各项设施配合及线外衔接处理妥当。路基防护工程设置恰当，结构设计安全可靠、经济合理。特殊地区路基设计方案比选充分，整治技术措施安全可靠、经济适用。路基取土方案论证充分，取土、弃土的位置可行，处理得当，有利于自然环境保护和土地复垦。路面设计符合《公路水泥混凝土路面设计规范》（JTG D40—2011）、《公路沥青路面设计规范》（JTG D50—2017）的要求，结构方案比选全面、论证充分、厚度计算正确，推荐方案技术先进，经济合理，安全可靠。各设计图表及其计算书完整无误，责任签署完备。

（5）桥梁涵洞设计。总体应符合《公路桥涵设计通用规范》（JTG D60—2015）、《公路桥涵地基与基础设计规范》（JTG 3363—2019），不同桥型应分别符合《公路圬工桥涵设计规范》（JTG D61—2005）、《公路钢结构桥梁设计规范》（JTG D64—2015）、《公路斜拉桥设计规范》（JTG/T 3365—01—2020）等的规定。大桥应提出 2～3 个有比较价值的桥型方案，各方案论证充分，推荐方案应技术可靠、经济合理、适用美观、方便施工、利于养护；桥型布置图、桥型比较方案图内容齐全，表达正确。桥型应能积极采用新技术、新结构，且经济技术指标合理，与周围环境和自然景观配合协调；桥梁防护工程及辅助设施处理得当；各项图表清晰，说明和各项数据完整，责任签署完备。小桥及涵洞设置位置及数量恰当，与路基、路面排水系统及水利、农田灌溉设施融合成体系；选型因地制宜，各项数据计算正确、依据充足；防护工程及辅助设施处理得当，能保证构造物安全使用；各项图表完整，责任签署完备。

（6）隧道设计。推荐方案论证充分，设计图与设计方案比选图内容齐全，设计正确；洞门洞身横断面设计技术标准掌握正确，结构类型合理，防排水及抗震措施，通风、照明、通信、消防设施及施工方案符合《公路隧道设计细则》（JTG/T D70—2010）要求；纵断面设计原则正确；各项图表完整清晰，各项计算完善无误，责任签署完备。

（7）路线交叉设计。互通式立体交通设计总体布置全面、协调、合理，一般互通应提出 1～2 个比选方案，枢纽互通应提出 3～5 个比选方案，且推荐方案论证充分。互通交通量分布预测分析可靠合理；跨线桥型布置图、桥型方案比选图内容齐全，与周围景观配合协调，适用美观，方便施工；分离式立交桥型布置和桥型方案设计结构合理、排水措施采用正确；通道、人行天桥结构选型新颖，与重要管线管道交叉设计合理；平面交叉设置地点恰当；路线交叉设计纵断面图内容齐全，设计正确；各项图表清晰完整，签署完备。

（8）沿线设施及其他工程设计。安全设施的设置符合要求，结构选型经济合理；服务设施分布合理，选型实用，经济美观；交通管理设施的布置和方案满足规定要求；各项设计图表清晰，内容齐全完整，责任签署完备。

（9）环保设计。落实环境影响报告书及其审批意见所确定的环境保护措施；环保设计依据可靠，符合《公路环境保护设计规范》（JTG B04—2010）规定；设计方案论证充分，正确可行；设计图表清晰，内容完整无误，责任签署完备。

（10）筑路材料调查。沿线筑路材料各类试验数据、成果及其评价利用正确合理，供应示意图项目齐全，内容完整，调配合理，计算正确；图表齐全且清晰无误，责任签署完备。

（11）施工方案拟定。主要工程和特殊工程的施工方案合理可行；施工组织、施工力量、施工期限和施工条件的安排原则正确，利于实施；主要材料、机具的供应及临时工程的安排符合实际；有关图表完整无误，符合要求，签署完备。

（12）设计概算。概算编制的原则、依据和范围符合《公路基本建设工程概算、预算编制办法》有关规定要求；采用定额及取用费率等准确合理，定额选用与施工方案配套；概算项目齐全，工程数量表计算准确无误；材料单价数据来源和计算准确；概算编制说明内容完整，图表清晰，责任签署完备。

（13）设计文件出版。

（14）过程质量控制。

（二）公路工程施工图设计工作及其信息源流

公路工程两阶段施工图设计是在两阶段初步设计的基础上，根据批复意见和测设合同要求，进一步对所审定的修建原则、设计方案、技术决定加以具体和深化，最终确定各项工程数量，提出文字说明和适应施工需要的图表资料以及施工组织计划，并编制施工预算。施工图设计流程与初步设计流程大致相同，不同之处体现在外业测设与内业计算的深度与精准方面。

1. 定测

初测是初步设计的基础，定测是施工图设计的基础。

（1）准备工作。根据批准的初步设计文件和初测成果、资料，分专业组织室内研究，全面掌握路线和有关工程情况、应遵循的原则以及定测中需重点解决的问题等。编写定测勘察大纲和作业指导书，阐明技术要求，确定施测方案及其精度要求，分析工作中可能遇到的问题及解决问题的措施。明确自检及组检的要求、部门中间检查的计划安排等。各项目组组织学习勘察大纲，制订安全生产以及保证工作进度的措施。仪器设备检定，落实精密仪具的携带保管及使用人。

（2）路线测量。放线前应对初测导线进行复测，对超出限差的段落，进行同精度检测。对丢失的导线点进行补测，对成果进行平差处理。结合现场条件，进一步考虑线位的经济合理性，对有关方案重新予以确定。转点钉设、中桩测量精度、各类桩志的钉设、曲线测设等符合《公路勘测规范》（JTG C10—2007）的规定。对初测水准点逐一检测，正确处理水准点利用、补设、增设及迁移等事项。中桩高程测量时，对现有设施的有关部位的标高按设计要求测出。横断面测点选择合理，沿河水位、土石分界、地物地质变化注记清楚正确。地形图测图范围满足《公路勘测规范》(JTG C10—2007)，勘测中如直接采用测绘部门的航测地形图，应做现场抽测核对。路线主要桩志固定牢固，护桩位置合理，测量准确。各项测量记录、注记清楚，计算及示意草图准确，制图清晰，图纸整洁，各项责任签署完备。

(3) 路基踏勘及筑路材料详查。对沿线分布的特殊地质、不良地质路段，按《公路工程地质勘察规范》(JTG C20—2011)详细勘察，其勘探、试验和成果符合要求，能为设计提供完整可靠的勘察成果；对高路堤、陡坡路段路堤、深路堑及地质条件复杂的路堑等工点以及支挡工程、路基排水、路基防护、改移河道、浸水路堤等进一步详细勘察，提供更为完善的成果；详细查明沿线采用的各种筑路材料，并正确决定取舍，对缺乏的材料能进一步落实。料场详细勘察的范围和深度，符合《公路工程地质勘察规范》(JTG C20—2011)规定，对材料质量的评价与开采数量的确定均有可靠的依据。路面结构方案选用沿线材料进行原材料和混合料试验，试验方法、内容、精度、成果资料等符合试验规程要求，为路面设计提供可靠力学参数。

(4) 小桥涵定测。小桥涵设置位置调查及其区域范围测绘内容与深度符合《公路勘测规范》(JTG C10—2007)要求，布设能与路线平、纵面及路基排水系统相配合，结构选型、跨(孔)径、墩台高度、基础埋置深度等与工程地质情况相适宜；各项记录正确，计算数据无涂改，责任签署完备。

(5) 大中桥定测。验证、补充搜集桥区的气象、地形以及上下游的老桥和有关水工建筑物的历史记录；进一步详勘地质、水文，补充测量桥区地形，建立桥区测控网；调查料场及大临设施布设场地，补充预算基础资料。

(6) 隧道定测。洞顶路线、洞外控制测量；加密地质勘察，进一步踏勘施工组织及环境条件。

(7) 路线交叉定测。对于一般交叉，进一步搜集设计参考资料，满足施工图设计要求；按采用方案放线，中桩、高程、横断面测量精度符合《公路勘测规范》(JTG C10—2007)规定；与管线交叉的方案核对落实，测量项目符合有关规定。对于复杂立体交叉，按采用方案补充搜集设计参考资料，补充区位的地形地物地貌测量，调查建筑材料供应情况，征求有关单位意见，完善预算基础资料。各项记录清晰，计算正确，签署完备。

(8) 沿线设施及其他工程定测。沿线设施工点按批准的初步设计方案，进一步落实或补充勘察，满足施工图设计要求；其他如渡口码头、悬出路台、防雪走廊等按采用方案放线、测量；线外改河、防护、排水、水利设施迁建按采用方案放线、测量。各项工作精度符合要求，补充搜集资料齐全，计算正确，签署完备。

(9) 环境保护定测。沿线详细勘察土壤、水利条件情况，因地制宜选择适用树种草种；坚持人工造景与自然景观相结合，合理安排各分段绿化范围和植物配置形式，利于水土保持，视线诱导良好；根据采用的复垦方案补充测量有关数据满足复垦设计要求；按采用的交通噪声控制方案补充收集设计资料。

（10）施工组织计划。对批准的施工方案，对各类工程施工的基础资料收集齐全，编制关键工程施工方案，施工组织计划合理可行；施工用电及输电方案、工程用水及供水方案与有关部门协商可行；施工总平面布置合理，施工场地的安排符合环保要求；对特殊地区冬、雨季施工的调查到位，采用的措施合理；施工便道和便桥布局合理。各类工程施工的基础资料收集齐全、可用。

（11）其他勘测调查工作。公路用地图的测绘与调查、各类拆迁项目的调查落实，并配合公路建设业主单位与相关部门或组织签订赔偿补贴费用协议。

（12）工程经济（预算）调查。在初测基础上进一步补充完善施工工、料、机、费率、施工环境等定额及施工组织方案要素，用于编制施工图预算。

（13）定测过程的质量管控。按质量管理体系要求进行定测质量策划，编写工作大纲；针对项目特点并结合纠正、预防措施计划等要求编写事先指导书、专业指导卡；按质量管理体系要求对设计输入进行控制；大纲和指导书内容向参加项目人员进行技术交底和宣贯。遵照策划的安排或根据设计需要，适当时机对桥梁、隧道、互通和重大挡墙等构造物方案进行设计评审；各项外业成果按照规定自检、互检，承担任务的部门按规定对定测外业过程进行中间检查；外业期间的内业设计图表须经过校审或现场复核验证，校审验证中发现的问题，应及时更正或通过补充调查予以完善；外业工作完成后要分类编目整理好各项图表成果和记录，各项工程计算的内容及记录应完整并且校审等签署齐全完备，按规定编写提交外业勘察报告，接受院级外业验收，完善验收中提出的问题，载明处置结果和再验证情况。

2. 设计

（1）准备工作。依据策划安排并根据测设合同、计划任务书和初步设计审批意见，以及工程建设项目的规模和复杂程度，结合设计单位人员业务素质等落实专业设计工作的分工和岗位职责，并进行任职资格审定；根据所承担工程的特点，修改、调整及补充设计计划，明确设计深度及各专业设计组间的协作和互提资料要求，明确设计工作的总进度和专业协作进度的安排，规定设计评审和验证的时机等。

（2）编制总说明书。要求内容齐全、论据确切，文字简明通顺；对初步设计所拟定的修建原则、设计方案、技术决定等如有变更，应准确论证变更的理由或依据；应有新技术、新材料、新设备、新工艺的采用等情况说明；图表项目齐全，正确无误。

（3）路线设计。路线平、纵面线形设计原则正确，技术标准掌握适当，符合《公路工程技术标准》（JTG B01—2014）《公路路线设计规范》（JTG D20—2017）及有关规定要求；设计说明扼要，内容翔实，论证严谨；设计图表项目齐全，内容充实，图面标准、责任签署完备。

（4）路基、路面及排水设计。设计说明的内容翔实完整，对初步设计审批意见的执行情况，选用方案的技术经济合理性论证，路基路面综合设计考虑，特殊路基设计原则及综合整治技术措施，路面结构及设计参数取值，路面材料设计以及路基路面施工方法、工艺要求等进行详细说明。路基防护工程设计采用型式与结构安全可靠、经济合理，能保证路基的稳定和水土保持。路基特殊设计原则正确，依据充分，选用分析模型符合实际，岩土参数取值合理，综合整治方案措施安全可靠，经济合理；取土弃土设计符合实际，有利于节约用地和自然环境保护，符合《公路环境保护设计规范》(JTG B04—2010)要求；路基土类及干湿类型的路段划分准确，路面选型与结构组合合理，设计参数取值合理，计算结果正确，路面结构设计能满足技术指标要求；设计图表项目齐全、内容充实、图面标准、计算正确、责任签署完备；各项计算书完整清晰，结论正确，责任签署完备。

(5) 桥梁涵洞设计。设计说明内容翔实，对特、大、中桥桥位、桥型及墩台基础埋置深度、施工方案的考虑论证充实、采用合理；桥型布置图内容齐全、依据可靠、数据翔实；结构设计方法正确、结果无误，各项计算书完整、清晰、正确，责任签署完备；调治构造物设计造型合适，安全可靠；小桥、涵洞、漫水桥等构造物的位置确定、型式选择、基础设计等内容齐全、安全可靠、计算书完整；各项设计图表项目齐全，版面清晰，数据完整无误，责任签署完备。

(6) 隧道设计。设计说明书中应对初步设计审批意见的执行情况、采用方案的经济合理性、技术标准的掌握及衬砌类型、通风、消防、通信、照明等的选型、防水、排水及抗震措施、洞口选型与自然景观的协调等详细说明；隧道平面图、纵断面图和横断面图设计原则正确，对不良地段的处理措施可靠可行，论证充分；结构设计原则正确，设计参数采用合适，计算无误；防水、排水、通风、消防、通信、照明、供电、降噪等设计原则正确，选型合理、计算无误；各项设计图表内容齐全，满足施工要求，版面清晰，数据正确，责任签署完备；各项设计计算书完整、清晰、正确、责任签署完备；所建议的施工方案切实可行。

(7) 路线交叉设计。对初步设计审查意见的执行情况、路线交叉所采用的方案、设计标准、结构类型的技术经济论证充分；互通式立体交叉平面设计图、线位图、纵断面图、横断面图设计原则正确，技术标准掌握适当，布局协调，经济合理；跨线桥桥型布置及结构设计原则正确，工艺先进，经济合理，适用美观；管线设计和附属设施的设计配合得当，方便维护；分离式立体交叉的平面设计与布置，经济合理，相关问题处理正确，结构设计原则正确，计算无误；通道布置正确，结构设计符合标准要求；人行天桥设计选型新颖，经济适用；公路与管线交叉设计符合有关管线设计规范要求；平面交叉布置恰当，形式合理，设计原则正确，技术指标符合《公路路线设计规范》(JTG D20—2017)要求，有关工程设施的配合与处理切合实际；路线交叉设计各项图表内容齐全，符合规定要求，版面清晰，责任签署完备；各项设计计算书完整、清晰、责任签署完备。

(8) 沿线设施及其他工程设计。设计说明书中对初步设计审批意见的执行情况、设计采用方案、设计标准、结构类型等的技术经济论证充分；安全设施、服务设施、管理设施项目齐全，布局合理，满足规定要求；各项设施的详细设计、技术指标符合规定要求，服务设施造型美观；通信系统、监测系统、控制系统的设计采用先进技术与设备，符合节能减排要求；各项设计图表内容齐全，版面清晰，责任签署完备。

(9) 环境保护设计。设计说明书中对初步设计审批意见的执行情况、路线线位、路基的填挖与当地自然环境的协调，公路建设中可能对环境的影响叙述全面，论据充分，结论正确；环保设计项目齐全，设计原则正确，符合《公路环境保护设计规范》(JTG B04—2010)及相关法规规定，防治措施可行；设计图表清晰，内容完整，责任签署完备。

(10) 筑路材料说明。说明依据可靠,内容完整,论述清晰,对材料质量的评价准确;对沿线分布的各类建筑材料能合理利用,采运安排切合实际;对远运和外购的天然筑路材料的使用进行技术经济分析,质量鉴定全面;设计图表及试验记录内容齐全,清晰无误,责任签署完备。

(11) 施工组织建议书。从设计角度出发,对施工组织计划提出了合理的意见,能起到控制投资的目的;施工组织建议书中对工程概况和工程特点的介绍简明扼要,对施工方案选择、控制性工程的确定及施工方法的选定、工期安排、特殊地区及冬雨季施工措施的选择等论据充分,选择正确,能保证工程质量;施工进度计划衔接紧凑,劳动力需要量较为均衡;主要材料供应及运输方案经济合理;施工总平面布置图设计合理,有利生产、方便生活,符合劳动保护、技术安全和防火要求。

(12) 施工图预算。预算编制的原则、依据符合《公路基本建设工程概算、预算编制办法》规定要求;套用定额准确,抽换及补充定额计算合理;所列各项其他费用符合规定,数据计算表准确无误;施工图预算项目齐全,材料单价计算准确,图表清晰,责任签署完备;施工图预算内容完整,条理清晰。

(13) 设计文件出版。绘图符合《道路工程制图标准》(GB 50162—1992)的规定和要求,图面布置恰当,文字字体字号适当,分布均匀整齐;复印品的线条和文字无变形,图面干净,完好无损;文件装订及图纸折叠符合规范,图纸编号、图名和张数与目录完全相符,文件平整、切口整齐。

(14) 设计过程质量控制。依据质量策划的结果编写设计工作大纲和指导书,大纲和指导书的内容、深度以及施工图设计总进度和专业协作进度的安排、措施等满足质量控制要求,对参加项目人员进行技术交底和宣贯;路线方案等设计评审的结论得到贯彻实施并验证闭合,评审记录的内容完整、责任签署齐全;对接口之间互提中间成果等按规定或策划的安排进行管理,上下工序或专业等接口关系提交的数据必须经过校审并符合放行规定,交接双方责任签署完备;逐级设计校审责任制得到贯彻,各项设计成果在自检无误的基础上提交复核与审查,对各级审查的意见须逐条落实,如有不同意见需逐级反映,但对审定人和总工程师的决定必须执行贯彻;对工程结构和水文计算等应有清楚、完整的设计计算书,计算及校、复、审等各级质量责任人的签署要完整;内业设计图表校审中发现的问题,需要时应补充调查予以完善;成果文件通过设计确认或在最终交付之前,应及时收集、整理全部设计成果文件及各项资料、记录,撰写设计总结,开展质量评定;设计成果文件出版、交付环节记录应齐全;设计成果及工作过程记录按要求收集、整理,归档保存。

二、建筑工程设计工作及其信息源流

(一) 建筑工程的初步设计工作及其信息源流

建筑工程设计前的勘测工作及其信息源流与公路工程类似。

建筑工程初步设计的内容依项目的类型不同而有所变化,一般来说,它是项目的宏观设计,即项目的总体设计、布局设计、主要的工艺流程、设备的选型和安装设计、土建工程量及费用的预算等,是下一阶段施工图设计的基础。初步设计的深度应达到土地使用、投资目标的确定，主要设备和材料订货、施工图设计和施工组织规划的编制、施工准备和生产准备等要求。初步设计经批准后，一般不得随意修改、变更，如有重大变更时，须报原审批者重新批准。

1. *初步设计*

(1) 建筑设计。建筑设计是一项综合性的工作。需要综合研究房屋的建筑功能、工业建筑的工艺及其设备、环境协调、艺术效果以及对房屋结构、设备、施工技术和投资等方面的相互关系与相关问题。建筑设计首先应从环境角度出发，尽量避免污染和干扰，统一安排道路、绿化、广场、庭院建筑小品，形成良好的环境空间。在建筑功能方面，主要是满足使用的要求，如总体布局中建筑物的朝向，人流交通出入口的布局，单体建筑的平面位置以及各使用空间的相互关系等，工业厂房中工艺流程对建筑的要求，基本使用空间尺度的确定，门窗洞口的开设，采暖、通风、照明的方式等，都是建筑设计应该妥善解决的功能性问题，使建筑物成为有机的统一体。至于建筑的艺术性，尤其是对一些有重要意义的或规模较大的公共建筑，应表达出一定的社会、政治、历史或文化意义，展现出特有的建筑风格，符合美学的规律，运用色彩的效果，使设计的建筑在可能的经济条件下获得良好的审美效果。此外还可以通过传统和地方特色，或通过其他艺术手段诸如壁画、雕塑、编织、陶瓷等来表现建筑的艺术性。

(2) 结构设计。为了保证设计的房屋能满足安全和正常使用要求，首先要根据建筑布局进行结构设计，使房屋能安全可靠地承受施工阶段和使用阶段的各种作用或荷载，同时还要按国家设计规范规定控制房屋在使用条件下所产生的挠度、裂缝、振幅等不超出限值。除了上部结构以外，房屋的下部结构如地基和基础也是结构设计的一部分，如地基承载力的确定，沉陷量的控制，天然地基、人工地基的选用，桩基设计或其他基础等的设计。房屋结构类型，按照结构所采用的材料可分为砌体结构、木结构、钢结构、混凝土结构以及混合结构等。抗风和抗震是建筑尤其是高层建筑的结构设计重点(特别是沿海地区)。

(3) 设备设计。为了确保房屋能满足人们生活和生产的要求，必须配合建筑、结构设计进行设备设计。凡房屋供暖系统、冷气系统、动力照明系统、通信电话系统、卫生器具的给排水系统以及通风系统等均属设备设计范围。对于工业厂房，设备还要满足生产工艺的要求。

(4) 给排水设计。房屋给排水设计通常包括建筑内部给水系统、室内排水系统、热水供应系统、室内雨水系统、消防给水系统和室外给排水管网设计等。室外给排水管网设计是指房屋给水、排水、热水、消防给水、雨水的室外管网部分的设计，包括房屋之间场区内的道路、场地雨水管网。

(5) 采暖通风设计。采暖通风设计包括采暖设计、通风设计、空调设计、排烟设计和室外暖气管网设计等。

① 采暖设计。采暖可分为局部采暖和集中采暖两类。局部采暖包括火炉、火炕、火墙和火盆等，由于这种采暖方式的卫生条件较差，一般仅适用于小城镇和广大农村。一般在设计房屋的同时进行集中采暖设计。它是由热源、供热管道和散热器等设备组成。中国多数采用集中锅炉房作为热源，部分采用热电厂供给。

② 通风设计。通风设计是指排出室内废气，送进新鲜空气，保持室内空气新鲜的设计。但对于具有散发高热量、带粉尘或排出有害气体的设备的工作房屋，通风设计范围有时还应包括隔热、降温、除尘、排毒等项内容，以满足生产和环境保护等要求。

③ 空调设计。空调设计是空气调节设计的简称，用以保证室内空气所需要的温度、相对湿度、流速和清洁度，为了不受室内外各种因素例如环境变化，时间和季节改变，生活或生产设备产生的热量、湿气、粉尘、烟雾等的破坏影响，还需设置自动控制设备，并须考虑消声和减振。空调设计的内容包括加热、冷却、加湿、减湿、净化和空气流速。设计空调系统时，对于串通多房间、多楼层特别是高层建筑的风管，需设置防火阀，以便在火灾发生时，能自动将起火房间与其他房间隔断。

④ 排烟设计。排烟设计是高层民用建筑防火设计的重要组成部分，根据设计规定在房屋的有关部位设置防烟、排烟设施。一般情况下，一个防火区可划分为若干个排烟区。排烟设备包括排烟口、排烟阀、排烟风机和活动的防烟卷帘、垂壁等，并应设自控装置与烟感器或温感器联锁。对有关空调或通风系统能进行自控，按要求分别关闭或启动。

⑤ 室外暖气管网设计。也称暖气总平面设计，是指从供暖锅炉房或从热交换站分送至各采暖房屋的室外暖气管网设计。

(6) 电气设计。在各类工业和民用房屋或构筑物内，有生活、生产或给排水、采暖通风设备需要的用电均属电气设计范围。

① 变、配电设计。也称供电设计，是指高、低压变、配电所、事故应急电源等的设计。

② 电力设计。也称动力设备设计，是指工业厂房和民用房屋中所有用电设备的配电设计，施工用电设计，电子计算机、各类小型器具以及其他特殊设备的用电设计。

③ 照明设计。照明设计是指室内一般照明、局部照明、检修照明、事故照明、火灾时的疏散诱导照明、室外道路照明、庭园绿化照明、警卫照明、航空障碍灯、建筑物立面照明、节日彩灯、商标霓虹灯、舞台照明、体育馆照明等设计。

④ 自动控制及信号设计。用于某些有特殊要求的工业和民用房屋，如有联锁控制要求的自动生产线、生产联系信号、服务呼叫信号、空调控制系统、高层建筑的火灾自动报警和消防自控系统、热工仪表检测与控制系统以及其他各种单机自动化、群机集控、采用电子计算机实行动力设备运行管理和企业业务经营管理等方面的设计。

⑤ 电信设计。电信设计是指电话、有线广播、会场扩声、直流子母钟、电传、电报、闭路电视和共用电视天线系统等方面的设计。

⑥ 室内、外配电线路设计。室外线路有架空线与电缆之分，室内线路有明线（瓷、塑线夹布线，瓷珠、瓷瓶布线，钢管明线，钢索布线，电缆桥架布线以及车间内裸母干线等）、暗线（钢管、塑料管暗布线，多孔矩形金属或塑料线槽暗布线，电缆在沟内或隧道内暗敷设等）之分，导线型号和截面的选择以及采用何种布线方式，取决于电压等级、环境特征（温度、湿度、压力、盐雾、化学腐蚀、防火、防爆、防震等）、允许荷载、电压损失和电能损耗、机械强度、短路与过载保护配合等多种因素。

⑦ 建筑物防雷及电力设备过电压保护设计。工业与民用建筑物、高耸构筑物、高层建筑物等的防雷设计以及变压器、旋转电机、架空线路等电力设施的防雷设计。

⑧ 接地设计。配电变压器低压侧中性点的工作接地，电气设备金属外壳的保护接地，电气线路的重复接地，建（构）筑物的防雷接地以及特殊用电设备的专用接地等的设计。

⑨ 防火、防爆设计。在有火灾危险或有爆炸危险的场所进行电气设备和电气线路的防火与防爆设计。

⑩ 防震、抗震设计。在地震地区按照设防需要的地震烈度来进行电气设备和电气线路本身的防震、抗震设计。

⑪ 其他安全防护设计。随着电子技术的发展和应用、塑料制品的普及、生产流程的自动化以及大型可控硅整流设备的出现，有时还需考虑如电磁屏蔽、防静电、防高次谐波干扰等安全防护设施。

2. 初步设计成果的文件构成

（1）设计总说明书。主要包括：总说明、建筑篇、结构篇、给水排水篇、电气篇（强电、弱电）、空调与通风篇、消防篇、人防篇、环境设计与保护篇、劳动安全篇、概算篇等各专业篇章说明。若工程简单或规模较小，设计总说明和各专业的设计说明书可合并编写，有关内容亦可适当简化。

（2）设计图纸。主要包括以下内容：

① 建筑设计图纸，包括：目录、四至图、总平面图、地下室各层平面、首层及以上各层平面图（各层平面注出建筑面积、首层平面另加注总建筑面积）、各向立面图、剖面图（剖面应剖在层高、层数不同、内外空间比较复杂的部位）。

② 结构设计图纸，包括：目录、桩位及基础平面图、地下室结构平面图、各层结构平面图（选取有代表性的楼层、过渡层、结构转换层、标注板厚及梁截面尺寸）、新型结构的构造要求或节点简图。

③ 给水排水设计图纸，包括：目录、总平面、各层平面、给水系统图、排水系统图、主要设备及材料表。

④ 电气设计图纸，包括：目录、供电总平面图、变配电站、电力平面、系统图、建筑防雷、各弱电项目系统图（方框图）、主要设备及材料表。

⑤ 采暖、空调与通风设计图纸，包括：目录、各空调、通风平面图、主机房、热交换间主要冷热源机房平面图（设备位置及规格）、特殊自控系统原理图、主要设备及材料表。

⑥ 热能动力设计图纸，包括：目录、设备平剖面布置图、原则性热力系统图、燃料及除渣系统布置图、区域布置图、管道平面布置图、主要设备及材料表。

⑦ 消防设计图纸，包括：建筑各层平面防火及防烟分区，疏散路线图，消防给排水总平面图，各层消防平面图，消防给水系统示意图，电气消防系统图，各层消防平面图，消防排烟通风各层平面图，前室、楼梯间、内廊加压系统图，各工种主要设备及材料选型。

⑧ 环境设计图纸，包括：建筑首层平面加室外绿化、小品、雕塑等布置。

⑨ 人防设计图纸，包括：建筑首层人防入口平面图，地下室人防平面图，各口部平面及剖面图，人防顶板结构布置图，人防底板结构布置图，临时封堵、战时加柱、防爆隔墙等大样，通风系统图与操作说明，通风平面图，滤毒室及机房、口部大样，预埋件图，地下室人

防给排水平面图，各口部给排水平面图及系统图，人防地下室战时排水系统图，地下室人防配电平面图，人防配电系统图，进排风、水泵控制电路图，移动电站、人防配电室、进排风机室配电平面图。

（3）主要设备和材料表。表中列出主要设备和材料的名称、型号、规格、数量及主要参数。当大型工程选用设备和材料型号规格、数量较多时，应按专业内容分项列表。

（4）工程概算书。主要包括编制说明、单位工程概算书、单项工程综合概算书、其他工程和费用概算书、建设项目总概算书以及钢材、木材、水泥等主要材料表等。工程概算（一般包括建筑工程费用、安装工程费用、设备及工器具购置费用、工程建设其他费用和预备费等）一经批准，即成为建设项目从筹建到竣工交付使用所需全部建设费用的最高限额，据以确定建设项目总投资额，作为实行投资包干制或工程建设总承包确定投资包干额或承包总造价的依据。在工程建设过程中，未经批准，不得突破。

（二）建筑工程的施工图设计工作及其信息源流

施工图设计工作是在初步设计文件获得批准后按程序开展的，其工作内容及信息源流的构成与初步设计大致相同，但在工作深度及信息详细度上要求更为细致。施工图设计应绘制出正确、完整和尽可能详细的建筑、安装图纸，包括建设项目部分工程的详图、零部件结构明细表、验收标准、方法、施工图预算等，应能满足设备材料采购、非标准设备制作和施工的需要，并注明建筑工程合理使用年限。施工图设计文件主要构成如下。

（1）总平面图。包括总平面布置图、竖向设计图、土石方工程图、管道综合图、绿化布置图等。

（2）建筑设计图。包括总说明、建筑平面图、立面图、剖面图、地沟平面图、节点详图等。其中总说明包含：设计依据、工程概况、场地条件及总平面设计、竖向设计、交通环境设计、功能布局、水平及垂直交通设计、单位平面、立面、剖面设计、地下室及屋面防水措施、门窗表、主要技术经济指标（总用地面积、总建筑面积、地上建筑面积、地下建筑面积、地面建筑基底面积、覆盖率、容积率、绿地率等）等。

（3）结构设计图。包括基础平面图、基础详图、结构布置图、节点构造详图等。

（4）给排水设计图。包括室外给排水总平面图、管道纵断面图，供水、污水处理建（构）筑物平、剖面图和节点构造详图，室内给排水平面图、系统图等。

（5）电气设计图。包括供电总平面图，变配电所高低压供电系统平、剖面图，电力平面图、系统图，电气照明平面图、系统图、控制图、安装图，自动控制与自动调节配电系统图、方框图、原理图，仪表盘面布置图、接线图、控制室图、安装图，建筑物防雷接地平面图等。

（6）弱电设计图。包括电话站、电话音频路网，广播、电视、火警、信号、电钟等设备平面图、线路系统图、线路连接图、安装大样图等。

（7）采暖通风设计图。包括采暖、通风、除尘、空调、制冷等设备平面布置图，管道、设备、零部件位置剖面图，管道系统图，空调系统控制原理图等。

（8）动力设计图。包括锅炉房、压缩空气站、室外动力管道、室内动力管道等项目的管道总平面图、系统图、纵横断面图，设备平、剖面布置图，管道、设备安装详图等。

(9) 材料、设备明细表。列出主要设备和材料的名称、型号、规格、数量及主要参数。当大型工程选用设备和材料型号规格、数量较多时，应按专业内容分项列表。

(10) 施工图预算。施工图预算是根据施工图、预算定额、各项取费标准、建设地区的自然及技术经济条件等资料编制的建筑安装工程预算造价文件。在我国，施工图预算是建筑企业和建设单位签订承包合同、实行工程预算包干、拨付工程款和办理工程结算的依据，也是建筑企业控制施工成本、实行经济核算和考核经营成果的依据。在实行招标承包制的情况下，是建设单位确定招标控制价和建筑企业投标报价的依据。

施工图设计完成后，设计人、校对人、审核人、审定人、专业技术负责人、项目负责人均需签字，注册建筑师、注册结构师、注册电气师、注册设备师等需盖章，设计单位盖图章及设计院公章。建设单位应当将施工图报送建设行政主管部门，由建设行政主管部门委托有关审查机构，进行结构安全和强制性标准、规范执行情况等内容的审查。如审查合格，施工图设计审查单位盖单位公章或技术章。这些责任签署是档案与信息管理需要核对与把控的工作重点。

第四节　有关招投标工作及其信息源流

有关招投标工作的提出与制度建设发展情况如下：1980 年 10 月 17 日，国务院在《关于开展和保护社会主义竞争的暂行规定》中首次提出，为了改革现行经济管理体制，进一步开展社会主义竞争，“对一些适于承包的生产建设项目和经营项目，可以试行招标投标的办法”。1981 年间，吉林省吉林市和深圳特区率先试行工程招标投标，并取得了良好效果。1984 年 9 月 18 日，国务院颁发了《关于改革建筑业和基本建设管理体制若干问题的暂行规定》，提出“大力推行工程招标承包制”“要改变单纯用行政手段分配建设任务的老办法，实行招标投标”。1984 年 11 月，原国家计委和城乡建设环境保护部联合制定了《建设工程招标投标暂行规定》，从此全面拉开了我国招标投标制度的序幕。之后，招标投标制度在各行业、各地方得到规范发展，国家有关交通、水利、电力等部门制定了如《公路工程建设项目招标投标管理办法》《水利工程建设项目招标投标管理规定》等部委规章；各省(市、区)出台了实施《中华人民共和国招标投标法》办法等规范/规章。

招标投标制度实施有助于降低土木工程建设成本，有助于提高所投入资金的有效利用率，还有助于制约各种违法犯罪行为。实施土木工程的招标投标可缩减社会平均劳动消耗水平，实现对工程成本的有效控制，使土木工程建设成本进一步趋于合理化。严格落实土木工程招标投标制度，可促进土木工程建设市场中招标人与投标人的自由选择，投标人的自由竞争，进一步促进形成良性竞争的局面。

根据国务院关于《必须招标的工程项目规定》批复(国函〔2018〕56 号)规定：①施工单项合同估算价在 400 万元人民币以上；②重要设备、材料等货物的采购，单项合同估算价在 200 万元人民币以上；③勘察、设计、监理等服务的采购，单项合同估算价在 100 万元人民币以上。同一项目中可以合并进行的勘察、设计、施工、监理以及与工程建设有关的重要设备、材料等的采购，合同估算价合计达到前款规定标准的，必须招标。

注：虽然将有关招投标工作及其信息源流安排在本章第四节，但须知在第二节“工程可行性研究”、第三节“工程设计”等环节中，也要按照要求通过招标方式择定咨询、设计单位。

下面主要以公路新建项目施工、监理公开招标为例阐述招投标工作程序及其信息源流。

一、招标方式的确定

公开招标是一种重要的招标方式，是指采购人按照法定程序，通过发布招标公告，邀请所有潜在的不特定的供应商参加投标，采购人通过某种事先确定的标准，从所有投标供应商中择优评选出中标供应商，并与之签订工程（或服务、货物）合同的一种采购方式。

依法必须公开招标的项目主要有三类：一是国家重点项目和省、自治区、直辖市人民政府确定的地方重点项目（《招标投标法》第十一条之规定）；二是国有资金占控股或者主导地位的依法必须进行招标的项目（《招标投标法实施条例》第八条之规定）；三是其他法律法规规定必须进行公开招标的项目。公路新建项目绝大多数为国有资金占控股或者主导地位，所以其勘察、设计、土建、安装、监理等单位一般都采用公开招标方式选定。

招标方式（包括招标范围、招标组织形式、招标方式）由发改部门在项目的工程可行性研究报告批复中确定。从招标方式的确定上，再次印证工程可行性研究报告及其批复文件与有关附件材料的重要性，它们是土木工程项目档案与信息管理的重要对象，务必认真对待。招标事项核准意见表示例如图 5-1 所示。

招标事项核准意见表

项目名称：[illegible]绕城高速公路工程

	招标范围		招标组织形式		招标方式		不采用招标方式
	全部招标	部分招标	自行招标	委托招标	公开招标	邀请招标	
勘察	核准		核准		核准		
设计	核准		核准		核准		
建筑工程	核准		核准		核准		
安装工程	核准		核准		核准		
监理	核准		核准		核准		
设备	核准		核准		核准		
其他		核准	核准		核准		

审批部门核准意见说明：
1、根据项目业主提交的《招标基本情况表》，本核准表其他事项中的建设项目前期工作费、研究试验费、交通维护费、预备费中涉及工程建设的等招标事项需要公开招标。

图 5-1　招标事项核准意见表示例

二、公开招标工作及其信息源流

公开招标工作流程一般是：招标准备—编制招标文件—发布招标公告—发售（布）招标文件—组织现场踏勘（如需要）和投标预备会—接受投标文件—开标—评标—定标—发出中标通知书—签订书面合同。公开招标的详细工作内容及其信息源流如下。

(一) 招标人(即业主单位)办理项目招标方案审批手续

在工程可行性研究报告的批复中,虽然明确了招标范围、招标组织形式、招标方式等,但并不等于业主单位即可启动招标工作。对招标工作的管理有制度上的要求,业主单位必须上报招标方案,获得批复后方可启动招标工作。

档案与信息管理工作中,必须了解上述报文的途径及文件材料的构成。公路新建项目按照项目的性质(如省重点、市重点等)及招标方式审批管理权限,分别对应上报给不同的行政主管部门。这些申报文件及其附件、批复文件等是在项目前期工作中形成的,往往被归档到单位的文书档案中去。按照项目档案的完整性要求和项目建设及运维工作查档利用需求,它们应归档到项目档案之中。

(二) 招标工作

1. 单位内成立招标工作领导小组

启动招标工作,首先要在单位内成立招标工作领导小组。领导小组一般由组长、副组长、组员等组成,组员可由单位的监察、审计、发展规划、财务、资产管理、基建、招标与设备采购等部门的负责人构成。档案与信息管理工作中应对成立单位招标工作领导小组的通知、领导小组的人员信息、有关工作制度、会议记录等收集齐全,以备查考。

2. 自行招标或委托招标代理机构进行招标

项目招标方案中应禀明是自行招标或委托招标代理机构进行招标,在获得招投标主管部门的批复同意后,才能开始招标工作。

(1) 自行招标。

《招标投标法》第十二条规定:招标人具有编制招标文件和组织评标能力的,可以自行办理招标事宜。《工程建设项目自行招标试行办法》(原国家计委第 5 号令)第四条规定:招标人自行办理招标事宜,应当具有编制招标文件和组织评标的能力。具体包括:①具有项目法人资格(或者法人资格);②具有与招标项目规模和复杂程度相适应的工程技术、概预算、财务和工程管理等方面专业技术力量;③有从事同类工程建设项目招标的经验;④拥有 3 名以上取得招标职业资格的专职招标业务人员;⑤熟悉和掌握招标投标法及有关法规规章。

若自行招标,应当在单位招标工作领导小组下设立招标事务办公室或类似于办理项目前期事务的办公室,配置招标专职人员及辅助人员,完成招标事务及其文件材料收集整理归档工作。在涉及土木工程建设领域的纪检监察办案工作中,对招标工作档案的调查取证是常有之事。所以在招标工作尤其是自行招标中,留档存档保管好档案,是对招标工作的负责,也是招标人员自我保护的重要措施。

当然,也有一些土木工程建设业主单位,因为满足不了自行招标的硬性要求,将招标工作委托给有资质的代理机构。

(2) 委托招标。

委托招标就是业主(招标人)将招标事务委托招标代理机构组织实施。委托是一种民事法律行为,属于代理的范畴,其事务性质属于咨询服务。按照要求,若委托招标服务的费用大于要求招标的“服务”采购限额,那么它本身也要求采用招标方式选定招标代理机构。档案与信息管理中,业主单位应将受托单位的营业执照、资信证明、委托合同以及单位的有关会议纪要、谈判记录等收集归档。

公路建设项目投资额较大,按照《国家发展改革委办公厅关于招标代理服务收费有关问题的通知》(发改办价格〔2003〕857 号)有关计算办法,1 亿元的公路建设项目将产生 30.55 万元的招标代理服务费。大的项目就将产生更多的委托招标成本,所以一些经营性收费高速公路、一级公路、独立特大桥、特长隧道等新建项目,业主为了节省投资成本,一般都自行招标。

招标代理服务收费按差额定率累进法计算(表 5-2)。

表 5-2 招标代理费收费标准

中标金额/万元 \ 服务类型 \ 费率	货物招标	服务招标	工程招标
100 以下	1.5%	1.5%	1.0%
100～500	1.1%	0.8%	0.7%
500～1 000	0.8%	0.45%	0.55%
1 000～5 000	0.5%	0.25%	0.35%
5 000～10 000	0.25%	0.1%	0.2%
10 000～100 000	0.05%	0.05%	0.05%
1 000 000 以上	0.01%	0.01%	0.01%

例如,某土木工程招标代理业务中标金额为 10 000 万元,计算招标代理服务收费额如下:

100 万元×1.00% = 1 万元

(500 - 100)万元×0.70% = 2.8 万元

(1 000 - 500)万元×0.55% = 2.75 万元

(5 000 - 1 000)万元×0.35% = 14 万元

(10 000 - 5 000)万元×0.20% = 10 万元

合计收费 = 1 + 2.8 + 2.75 + 14 + 10 = 30.55(万元)

3. 招标策划

招标策划是在招标方案的框架内,进一步细化并确定招标进度计划、关键工作时间节点、主要合同条款、投标人资格、工程技术要求、质量要求等。招标策划是一项重要的工作,事关招标工作能否成功。①应当查阅项目审批的有关文件和资料,了解掌握项目的基本情况,主要包括:项目名称、项目招标人、项目主要功能用途、项目投资性质、规模标准、技术性能、质量标准、实施计划等需求特点和目标控制要求等。②要研究掌握项目技术特征和需求情况,调查分析市场供求状况。可以通过网络、书刊、已完工类似项目的档案及历史资料,以及实地调查等方式开展市场调研,了解有可能参与招标项目的潜在投标人的数量、资质能力、设备、类似业绩、技术特长等有关信息,分析预判有兴趣的潜在投标人的规模、数量以及投标报价等情况，为招标项目合同标段（包）的划分、投标人资格条件的设置、评标标准和方法的选择等提供基础依据。

实践中，有些策划规定的投标条件过于严格，导致投标响应者寥寥无几，使投标缺乏竞争性，甚至有可能少于规定的竞标家数，导致流标。有些策划规定的投标条件放得过松，导致多家单位无序竞争，浪费社会资源。

4. 编制招标文件

招标文件是招标工程建设的大纲，是建设单位实施工程建设的工作依据，是向投标单位提供参加投标所需要的一切情况。因此，招标文件的编制质量和深度，关系着整个招标工作的成败。招标文件的繁简程度，要视招标工程项目的性质和规模而定。建设项目复杂、规模庞大的，招标文件要力求精练、准确、清楚；建设项目简单、规模小的，文件可适当从简，但主要问题须交代清晰。

为了规范施工招标资格预审文件、招标文件编制活动，促进招标投标活动的公开、公平和公正，国家发展和改革委员会、财政部、建设部、铁道部、交通部、信息产业部、水利部、民用航空总局、广播电影电视总局联合制定了《〈标准施工招标资格预审文件〉和〈标准施工招标文件〉试行规定》及相关附件，行业内简称其为九部委标准招标文件。在此基础上，各行业主管部门作了进一步细化。对于公路工程项目的招标文件构成，应当符合交通运输部发布的《公路工程国内招标文件范本》，其内容构成主要分三卷：第一卷包括投标邀请书格式、投标人须知、合同通用条款、合同专用条款；第二卷是技术规范；第三卷包括投标书及投标担保格式、工程量清单、投标书附表格式、合同协议书格式、履约担保格式、施工组织设计建议书格式等。

5. 发布招标公告

为规范招标公告和公示信息发布活动，进一步增强招标投标透明度，保障公平竞争市场秩序，国家发改委 2017 年 11 月 23 日研究通过了《招标公告和公示信息发布管理办法》，决定自 2018 年 1 月 1 日起施行。其中第十一条规定：招标人或其招标代理机构应当对其提供的招标公告和公示信息的真实性、准确性、合法性负责。发布媒介和电子招标投标交易平台应当对所发布的招标公告和公示信息的及时性、完整性负责。发布媒介应当按照规定采取有效措施，确保发布招标公告和公示信息的数据电文不被篡改、不遗漏和至少 10 年内可追溯。

发布的招标公告中，应当载明以下内容：①招标项目名称、内容、范围、规模、资金来源；②投标资格能力要求，以及是否接受联合体投标；③获取招标文件的时间、方式；④递交投标文件的截止时间、方式；⑤招标人及其招标代理机构的名称、地址、联系人及联系方式；⑥采用电子招标投标方式的，潜在投标人访问电子招标投标交易平台的网址和方法；⑦其他依法应当载明的内容。

6. 投标人编制投标文件

投标人在获得招标文件后，应研究招标文件并编写投标文件。其间，若有对招标文件理解不清、把握不准的问题，可向招标人要求进行澄清。必要时招标人将组织招标项目答疑会，并根据答疑或澄清内容，对全部投标人发布补充文件，作为招标文件的必要组成和修改。这些事情如有发生并形成工作记录，应纳入归档范围。

投标文件的主要构成，应符合招标文件中所规定的篇章要求，投标人不可随意自行安排篇章。在评标中，会将不符合形式与响应性评审要求的招标文件视为无效，作废标处理。

7. 组建评标委员会

评标委员会负责评标。评委会组成和评标须符合《评标委员会和评标方法暂行规定》(国家计委、国家经贸委、建设部、铁道部、交通部、信息产业部、水利部联合制定的规定)的要求。评标委员会由招标人负责组建，其成员名单一般应于开标前确定，且在中标结果确定前应当保密。评标委员会组建程序在招标文件中应阐述清楚。组建评标委员会的有关记录、评委的身份信息等应收集归档。

8. 开标

开标包括：①宣布开标纪律；②确认和宣读投标情况；③宣布招标方有关人员情况；④检查投标文件密封情况；⑤唱标(对投标函或投标一览表中的投标人名称/价格/工期/投标保证金等内容唱标)；⑥填写开标记录并各方签字确认；⑦开标结束。

9. 评标

评标委员会应当根据招标文件规定的评标标准和方法，对投标文件进行系统的评审和比较。招标文件中没有规定的标准和方法不得作为评标的依据。评标委员会应当按照投标报价的高低或者招标文件规定的其他方法对投标文件排序。评标委员会可以书面方式要求投标人对投标文件中含义不明确、对同类问题表述不一致或者有明显文字和计算错误的内容作必要的澄清、说明或者补正。澄清、说明或者补正应以书面方式进行并不得超出投标文件的范围或者改变投标文件的实质性内容。投标文件中的大写金额和小写金额不一致的，以大写金额为准；总价金额与单价金额不一致的，以单价金额为准，但单价金额小数点有明显错误的除外；对不同文字文本投标文件的解释发生异议的，以中文文本为准。

评标委员会应当根据招标文件，审查并逐项列出投标文件的全部投标偏差。投标偏差分为重大偏差和细微偏差。

下列情况属于重大偏差：①没有按照招标文件要求提供投标担保或者所提供的投标担保有瑕疵；②投标文件没有投标人授权代表签字和加盖公章；③投标文件载明的招标项目完成期限超过招标文件规定的期限；④明显不符合技术规格、技术标准的要求；⑤投标文件载明的货物包装方式、检验标准和方法等不符合招标文件的要求；⑥投标文件附有招标人不能接受的条件；⑦不符合招标文件中规定的其他实质性要求。

投标文件有上述情形之一的，未能对招标文件作出实质性响应，评标委员会应按规定作否决投标处理。招标文件中对重大偏差另有规定的，从其规定。

细微偏差是指投标文件在实质上响应招标文件要求，但在个别地方存在漏项或者提供了不完整的技术信息和数据等情况，并且补正这些遗漏或者不完整不会对其他投标人造成不公平的结果。细微偏差不影响投标文件的有效性。评标委员会应当书面要求存在细微偏差的投标人在评标结束前予以补正。拒不补正的，在详细评审时可以对细微偏差作不利于该投标人的量化，量化标准应当在招标文件中规定。

评标报告是上述各项工作记录及成果的汇总，是重要的应归档材料。

10. 定标

招标人(法人单位)招标工作领导小组审核评标委员会的评标报告及其有关工作记录,若认为程序合法,评定成果合理,则认定评标结果并对结果允准挂网公示。在规定时间内,公示无异议的,排在评标结果第一名的投标人成为中标人。若有异议的,则需要按程序开展调查答复工作,直到异议结束。

11. 发出中标通知书

《招标投标法》第四十五条规定,中标人确定后,招标人应当向中标人发出中标通知书,并同时将中标结果通知所有未中标的投标人;中标通知书对招标人和中标人具有法律效力。中标通知书发出后,招标人改变中标结果的,或者中标人放弃中标项目的,应当依法承担法律责任。

对于中标通知书发出后的法律后果,法学界主要有如下三种不同的观点:一种观点认为在招投标过程中,通过招标投标,招标人和投标人分别提出了要约和承诺,意思表示一致,招标人向投标人发出中标通知书,合同已经成立;第二种观点认为,发出中标通知书时合同尚未成立,需要在招标人和中标人签署之后,合同才成立并同时生效;第三种观点认为,招投标工程签订书面合同,是合同的生效要件,影响合同的效力而不影响合同的成立,合同书是合同关系成立的有效证据。

本书认为,中标通知书的发出具有导致合同成立的法律效力。发布招标公告或发送投标邀请书属于要约邀请,而且招标文件的内容明确具体,已经包括了合同的主要条款。作为要约的投标文件,不仅内容明确,而且法律要求其对招标文件的要求和条件作出实质性的响应。合同法规定承诺生效时合同成立,中标通知书在法律上属承诺性质,而且我国招标投标法规定中标通知书一旦发出即发生承诺的法律效力。从这一意义上讲,中标通知书的发出意味着合同的成立。所以,中标通知书是重要的应归档文件材料。若招标人为了工作进度,先行发送电子邮件或传真件给予投标人,则基于档案与信息管理的角度,应补齐收集原件工作。

12. 签订合同

《招标投标法》第四十六条规定,招标人和中标人应当自中标通知书发出之日起三十日内,按照招标文件和中标人的投标文件订立书面合同。

《公路工程标准施工招标文件》第四章规定了公路工程施工合同条款及其主要格式。土木工程其他行业主管部门同样制订了类似的合同文件范本,为满足档案与信息管理工作的要求,应当大致了解这些合同的主要内容及其构成要件,以便提高档案与信息利用服务工作效率。

下面以公路工程施工合同构成为例,罗列其文件构成及优先支配地位的次序:①合同协议书及附件(含评标期间和合同谈判过程中的澄清文件和补充资料);②中标通知书;③投标书和投标书附录;④合同专用条款及数据表(含招标文件补遗书中与此有关的部分);⑤合同通用条款;⑥技术规范(含招标文件补遗书中与此有关的部分);⑦图纸(含招标文件补遗书中与此有关的部分);⑧标价的工程量清单;⑨投标书附表;⑩在本合同专用条款中可能规定的构成本合同组成部分的其他文件。

第六章

土木工程项目建造工作及其信息源流

广义的土木工程建造工作包括勘察、设计和施工、监理、项目管理等所有作业内容，但本章中这个概念是继承第五章第一节而得出，它主要指土木工程项目建设流程中(7)～(11)等环节的工作，即主要围绕项目施工开展的管理、技术、政府监督、社会监理等各项工作。本章基于工作主体不同，分别陈述业主单位及其向项目建设现场派驻机构（项目办）、施工单位、监理单位、建设质量监督及市场管理机构、行业主管部门等在土木工程项目建造阶段的工作内容及其信息源流。

第一节　建造期间业主工作及其信息源流

土木工程项目建造阶段业主工作因项目承包方式的不同而有所变化。目前市场上存在的承包方式主要有：平行承包模式（传统模式）、D + B 模式（设计 + 施工总承包模式）、EPC 模式（项目总承包交钥匙模式）、BOT 模式（带资承包模式）。无论是何种项目承包模式，它们在工程建造阶段的工作内容及其信息源流基本相同，所形成的档案材料及信息源流也类似，只是在归档组卷时立档单位及责任者有所不同而已。为简便起见，本书以传统的平行承包模式为例，讲述在该阶段业主单位的主要工作内容及其信息源流。

一、成立项目建造期间的管理机构

在各行业中，对土木工程建造期间成立的业主管理机构有不同的称呼和职能赋予。比如铁路建设项目业主现场派驻机构一般称为指挥部，而公路水运项目则一般叫项目办，房地产开发项目一般叫公司，市政项目一般叫管理中心。即使在同一行业内，但在不同地区，其项目管理机构的称呼和职能赋予也不一定相同。

业主对于土木工程项目建造管理工作，须成立一个现场管理机构来承担相应的项目管理职能。机构按其是否具有法人资格，可区分为独立法人机构和内设（派驻）机构。无论是什么性质的机构，档案与信息管理工作要求将其机构设立的程序性文件全部收集归档。内设（派驻）机构设立的文件材料相对简单，主要是设立机构的通知、机构主要负责人的任命文件等。新设立一个企业法人则有相对较多的文件材料，主要有：①公司法定代表人签署的《公司设立登记申请书》；②全体股东签署的公司章程；③法人股东资格证明或者自然人股东身份证及其复印件；④董事、监事和经理的任职文件及身份证复印件；⑤指定代表或委托代理人证明;⑥代理人身份证及其复印件;⑦住所使用证明。这些文件材料必须收集归档管理。

成立项目建造期间管理机构之后,必然会开展机构制度建设、人员定编定岗等工作,档案与信息管理应将它们的文件材料收集齐全,作为将来项目信息化建设与管理的支撑材料。

二、编制项目管理大纲及有关专项工作手册

项目管理大纲及有关专项工作如安全生产、文明施工等工作手册,关系着项目质量、进度、费用、安全生产、廉政建设、农民工工资支付等重要工作的制度支撑和办事法则,其编制过程需要认真对待,不可出现法理、文理及逻辑上的错误。在既往少数项目文件材料及档案中,出现了一些明显的低级错误,如套用他人项目管理大纲但却没有与时俱进地修改其中的一些具有时限性、地域性表述的内容,反映出粗陋地汇编大纲、手册的现象以及做事人马虎的态度和不负责任的心理。项目管理大纲及有关专项工作手册是作为管理性文件(通知)的附件予以发布,它们具有公文性质,是管理的明文依据。因此,编制它们的目的必须是提高项目管理水平、明确项目管理职责、规范项目管理流程,且必须符合国家有关法律法规及部门的相关规定,要在总结归纳类似项目管理经验的基础上,结合项目本身实际情况而提出,切不可夸夸其谈越过现实条件,届时执行不了成为一纸空文。

档案与信息管理工作中,了解这些大纲与手册的基本内容有益于提高档案与信息管理水平、提高档案与信息服务能力。土木工程建设项目管理大纲内容一般分为:①项目概况;②管理目标和阶段划分;③项目管理机构及工作职责;④工程开工与进度控制管理;⑤安全生产控制管理;⑥工程质量控制管理;⑦计量支付细则;⑧合同管理;⑨廉政与宣传管理;⑩监理工作管理;⑪管理月报表的编制;⑫工程交(竣)工验收办法;⑬财务管理;⑭项目档案资料管理;⑮环境保护;⑯项目其他管理办法和制度。从中可察看出业主单位在土木工程项目管理中将形成的和需要收集归档的文件材料大致构成。

三、办理项目施工许可、质量监督管理登记、档案管理登记等

(一) 施工许可证办理

《建筑法》第七条规定:建筑工程开工前,建设单位应当按照国家有关规定向工程所在地县级以上人民政府建设行政主管部门申请领取施工许可证。对建筑工程实行施工许可证制度,是许多国家对建筑活动实施监督管理所采用的做法,不少国家在其建筑立法中都有此规定。这项制度是指由国家授权有关行政主管部门,在建筑工程施工开始以前,对该项工程是否符合法定的开工必备条件进行审查,对符合条件的建筑工程发给施工许可证,允许该工程开工建设的制度。实行施工许可证制度,有利于保证开工建设的工程符合法定条件,在开工后能够顺利进行,同时也便于有关行政主管部门全面掌握和了解其管辖范围内有关建筑工程的数量、规模、施工队伍等基本情况,及时对各个建筑工程依法进行监督和指导,保证建筑活动依法进行。

《建筑法》中所称建筑活动,主要是指各类房屋建筑及其附属设施的建造和与其配套

的线路、管道、设备的安装活动。《建筑法》第八十一条明确:本法关于施工许可、建筑施工企业资质审查和建筑工程发包、承包、禁止转包,以及建筑工程监理、建筑工程安全和质量管理的规定,适用于其他专业建筑工程的建筑活动,具体办法由国务院规定。所以,公路建设项目、水运工程建设项目、铁道工程建设项目、水利工程建设项目等均实施了施工许可制度,以便加强行业内建设市场的管理。在一些单行法及地方性法规中,对此有明确的规定,如《公路法》第二十五条规定:公路建设项目的施工,须按国务院交通主管部门的规定报请县级以上地方人民政府交通主管部门批准;一些省级地方性法规中,对水利项目办理施工许可有明确规定。

以公路工程为例,办理施工许可准予批准条件是:①项目已列入公路建设年度计划;②已取得工程可行性研究报告批复、工程初步设计文件批复和施工图设计文件批复;③建设资金已经落实;④已取得规土部门关于征地的批复或者控制性用地的批复;⑤征地手续已办理,拆迁基本完成;⑥施工、监理单位已依法确定;⑦已办理质量监督手续,已落实保证质量和安全的措施。

(二) 质量监督申请

以水运工程为例。依据《水运工程质量监督规定》(交通部令 2000 年第 3 号)第三十八条:建设单位在领取施工许可证或者办理开工报告前,应当向交通主管部门或其委托的质监机构提交《水运工程质量监督申请书》,办理水运工程质量监督手续。大多数省级交通建设工程质量安全监督条例(由地方人民代表大会或其常务委员会通过)亦作出规定,即建设单位在领取施工许可证或者办理开工报告前,应当按照规定到交通建设工程质量监督机构办理交通建设工程质量安全监督手续。

质量监督申请材料一般包括:①工程项目立项、设计审查、开工报告或报建等批准文件;②招标文件、中标通知书;③设计、施工、监理合同;④设计、施工、监理、检测单位的资质和资信证明材料,主要设计人员执业资格证书,施工单位项目经理资格证书,施工技术负责人和施工质量自检人员名单及资质证明材料,监理、检测人员职业资格证书等;⑤工程项目设计文件,主要地质、水文勘察资料材料;⑥施工组织设计、施工单位质量自检程序,施工单位工地实验室试验检测装备及人员配置情况;⑦监理规划、监理程序、监理工地实验室试验检测装备及人员配置情况等。

(三) 项目档案管理登记

以交通建设项目档案管理登记为例。2007 年 8 月,交通运输部颁布实施《交通建设项目档案管理登记办法》,要求交通建设项目档案管理登记实行统一管理、分级负责的原则,交通运输部档案馆负责交通建设项目档案管理登记工作的统一部署和组织领导,项目所在地省级人民政府交通主管部门及部属单位档案机构负责本地区、本系统交通建设项目档案管理登记工作。交通建设项目档案管理登记工作采取由项目法人(建设单位)定期填报交通建设项目档案管理登记表的方式进行。主要填报内容有:①项目名称;②项目法人名称、地址及其上级主管部门;③项目初步设计批复部门、批准概算总投资;④项目计划工期;⑤项目技术等级及建设规模;⑥项目主要参建单位(设计、施工、主要设备安装、监理等);⑦档案资料管理部门名称及其隶属部门、联系地址、电话、负责人等;⑧对项目档案日常监督、指导的上级单位；⑨项目档案管理执行的制度、标准；⑩项目建档时间、档案工作人数等。

其他各行业及各省级档案行政管理部门在重大建设项目档案管理制度设计上大都出台了类似的办法或条例。

以上办理项目施工许可、质量监督管理登记、档案管理登记等申请表及其附件材料是重要的档案信息材料，在工程建设过程中，各项检查、考评工作会经常查阅它们，为了安全起见，宜将原件封存保管，用扫描件或复印件应对各项查阅利用。

四、征地拆迁工作

征地拆迁是关系民生的重大工作，其工作程序及档案信息管理非常重要，务必做到程序不乱，材料齐全，有理有据，凭证有效，一切办事记录可追溯。

据统计，与征地拆迁工作相关的法律法规有 90 多项，这些法规虽然不是档案，却是征地拆迁工作档案信息重要的支撑材料。因征地拆迁一般都落实到县级人民政府及其组成部门工作中去，所以下面以一个县域范围内的征地拆迁程序为例来讲述其工作流程及信息源流。

第一步，用地单位(拆迁人)取得征地以及规划等批准文件(征地拆迁事项要取得市人民政府批准征用集体土地的批复)，然后经申请由区县建委发布暂停办理相关手续的公告。暂停办理事项包括：①新批宅基地和其他建设用地；②审批新建、改建、扩建房屋；③办理入户和分户，但因婚姻、出生、回国、军人退伍转业、经批准由外省市投靠直系亲属、刑满释放和解除劳动教养等原因必须入户、分户的除外；④核发工商营业执照；⑤房屋、土地租赁；⑥改变房屋、土地用途等。

第二步，拆迁人拟定、报批、公布拆迁实施方案。征地拆迁的实施方案报区县建委批准。拆迁实施方案应当在区县建委发布拆迁公告之日前公布，公布期限不少于 10 日。

第三步，拆迁人向区县建委申请核发房屋拆迁许可证。申请时，提交下述文件：用地批准文件、规划批准文件、拆迁实施方案、安置房屋或者拆迁补偿资金的证明文件。区县建委应自收到申请之日起 30 日内审查完毕。

第四步，区县建委审核发证，并发布拆迁公告。区县建委核发房屋拆迁许可证后，应当在拆迁范围内发布拆迁公告。拆迁公告主要内容：房屋拆迁许可证批准文号、拆迁人、工程名称、拆迁范围、搬迁期限等。区县建委核发房屋拆迁许可证后，应报市建委备案。

第五步，拆迁人与被拆迁人达成拆迁补偿安置协议。协议内容：①实行货币补偿的，协议应当包括补偿金额、付款方式、付款期限、搬迁期限、违约责任、纠纷处理方式等内容。②实行房屋安置的，协议应当包括安置房屋地点、安置房屋面积、差价及结算方式、搬迁期限、违约责任、纠纷处理方式等内容；期房安置的，还应当明确搬迁过渡方式和过渡期限等内容。③另行审批宅基地安置的，协议应当包括地上物补偿、新批宅基地地点、面积、搬迁期限、违约责任、纠纷处理方式等内容。拆迁补偿安置协议签订后，被拆迁人应将原土地使用证、房屋所有权证交给拆迁人，由拆迁人移交房地权属管理部门。

第六步，异议事项裁决。如果在公告的搬迁期限内未达成拆迁补偿安置协议，由区县建委裁决。未达成拆迁补偿安置协议的户数超过项目拆迁总户数的40%的，区县建委在受理拆迁人裁决申请前，应当组织听证。裁决可复议、诉讼。

第七步，裁决规定的搬迁期限届满被拆迁人拒绝搬迁的，属于征地拆迁宅基地上房屋的，由区县建委申请人民法院强制执行。申请前，应先催告当事人履行义务，催告书送达十日后当事人仍未履行义务的，即可以申请人民法院强制执行。

第八步，征地拆迁期限规定。房屋拆迁许可证规定的拆迁期限最长为1年。拆迁人在规定的拆迁期限内未完成拆迁的，应当在期限届满15日前向核发房屋拆迁许可证的区县建委申请延期，延期不超过6个月。

第九步，拆迁结案。拆迁人应当按照规定及时整理并妥善保管拆迁工作档案及有关支撑性资料，在完成拆迁后1个月内向区县建委移交拆迁档案资料并办理有关手续。

土木工程项目中像铁路、公路、市政公用设施等用地大都属于划拨用地，划拨土地是国家在实行土地出让制度前实行的由政府部门批准、在土地使用者缴纳补偿、安置等费用后将土地交付其使用，或者将土地使用权无偿交付给土地使用者使用的行为。除铁路、公路、市场设施等项目外，房改房、公管房及经济适用房等所用土地也属于划拨性质。但商品房住宅区项目、商业区开发项目用地则属于出让性质的土地，它是开发商以有偿的方式取得土地，并向国土资源部门支付土地出让金，这样的土地具有使用年限的规定。

无论是在划拨还是在出让的土地上建造土木工程，特别是像公路、铁路这样长的带状线形、受沿线地形地质地貌因素影响较大的用地情况及红线图，征地拆迁工作一直是工程建造过程中伴生性事务。期间，对每一宗征地、拆迁事务，都涉及民生及工程费用的发生，需要认真对待工作记录的形成及其收集归档工作。工作记录应包括：项目施工图设计红线范围内由地方政府总包负责的建(构)筑物拆除核查、青苗移植记录；由项目建设单位承担解决的通信、电力等管线迁移施工、补偿协议，施工照片、影像，交付记录，支付签证等；在施工过程中协调施工临时用地工作记录、见证记录等；施工详测中红线范围与图纸明显不符或工程变更中涉及红线调整引起的征地拆迁工作记录等；对这些征拆费用的计算，应保存足够的证据材料，包括用地面积、工程数量、结构类型等的测绘草图、计算书、确认书等。

五、"三通一平"工作

"三通一平"是土木工程建设项目在正式施工以前，施工现场应达到水通、电通、道路通和场地平整等条件的简称。当然，这些工作未必一定要由业主单位来实施，像公路、铁路、航电枢纽等项目建设，就将他们的工程项目列入清单，由中标单位结合施工现场条件及环境情况自行决定，其费用以投标报价方式固化在清单100章中或融合到工程造价构成的其他费用中而不予以单独计量支付。

就档案与信息管理工作而言，无论是哪方负责实施，都应当将项目建设所需通电、通水、通信、排水等新增或扩容工程协议、施工记录、验收成果、支付签证等收集齐全，组卷归档。

六、“三改”工程

公路、铁路、水利、航电枢纽等土木工程项目建设，经常遇到需要改移既有道路、自然河沟、灌溉系统等情况，行业内简称它们为“三改”工程，即改路、改渠、改沟。大部分“三改”项目在设计阶段即已调查明确，列入投标时的工程量清单，由中标单位与所涉“三改”项目的村镇自行接洽完成任务。但也有少数“三改”项目是在施工过程中“冒出来”的，各种原因比较复杂，情况多种多样。对于此类变更或衍生出来的“三改”工程，业主单位可以将任务下达给施工单位实施，也可以委托当地村委组织实施。

在实施过程中，须注意“三改”工程设计应遵循改移的工程标准不低于原有路、沟、渠的标准的原则。外业调查过程中，设计人员应对既有道路的功能，尤其是通行车辆组成情况、净空要求、被交路衔接以及改扩建的远期规划情况予以重视。同样，既有河流结构形式、坡降，水渠的近远期规划也需要在外业阶段深入调查，并且设计标准不低于既有道路、河沟、水渠。这样才能保证“三改”工程满足今后地方的需求。此外，还需加强与地方村镇、百姓的沟通，认真听取项目沿线当地居民的意见，充分了解他们的需求，使“三改”工程设计更好地为其服务。要尽可能贴近他们的出行习惯、生活本源，特别是项目途经少数民族地域，更应该尊重他们的习惯，努力将工程的实施与百姓的利益相互统一、共促和谐。这些调查记录与项目建设所需改路、改渠、改沟等路侧外涉农工程协议、施工记录、验收成果、支付签证等一并构成重要的“三改”项目材料，要求收集齐全、组卷归档。

七、工程管理中的收、发文办理

工程管理主要是就土木工程建设质量、安全、进度、费用、环保等方面开展计划、组织、领导、控制等工作，它们的内容是多元的、复杂的，但这些工作的过程反映在档案与信息管理方面具有共通之处，主要体现在收、发文办理方面。

（一）发文及发文办理

拟定并发布管理性文件是业主单位在工程管理中的常用做法。广义的“文件”是指公文书信或有关政策、理论等方面的文章。档案工作基本术语中对“文件”的定义是“国家机构、社会组织或个人在履行其法定职责或处理事务中形成的各种形式的信息记录。”而此处，发文的“文”指的是狭义的公务文书。不可将公务文书的制发主体限制在国家机关或国有的企事业单位、社会组织范围内，因为只要是法定组织（如有限公司、私营企业、外资企业）在公务活动（如企业人事管理、财务管理、市场管理、质量管理等）中，按照特定的体式、经过一定的处理程序形成和使用的书面材料都称为公务文书（公文）。在土木工程建造期间，业主单位在工程管理中制发的文件或上报文件函件等都属于公务文书，它们是档案与信息管理的重要对象。档案与信息管理工作者应当了解公文的作用，在可能的情况下，将档案与信息管理工作前移至参与或监察单位公务文书的拟定环节，促进文件材料的档案与信息要素齐备。

1. 公文的作用

（1）颁布法规。《国家行政机关公文处理办法》总则第二条在概述公文的作用时，强调公文“是依法行政和进行公务活动的重要工具”。《中国共产党机关公文处理条例》也有类似的表述。对于行政公文来说，大到国家的宪法及刑法、民法、诉讼法等各种法律，小到办理某一具体事务的规定、办法，在制定出来后，都要通过行政公文予以颁布实施。对于党的公文来说，条例、规定等就是用来发布党内规章制度和行为规范的公文文种。行政法规一经发布，任何人都不得违反。党的规章制度和行为规范，对党组织的所有成员都具有约束作用。在国家努力完善法制建设、深入开展普法教育的时代背景下，公文在这方面的作用正在日益强化。

（2）指挥管理。党政机关、企事业单位、群众团体，都在特定的范围内担负着组织、指挥、管理的职责，而实施这些职责的基本工具，就是公文。在党政公文中，命令、决定、决议、指示、批复等文种，就属于指挥、管理性的下行公文。这些公文一经下发，下级机关必须执行。大到国家机器的运转，小到一个企事业单位内部工作有秩序地开展，都跟公文的指挥管理作用密切相关，离开了公文的这一作用，各方面的管理工作很可能陷入混乱状态。就土木工程业主管理而言，相当多的项目管理性文件的起草、定稿过程，实质上就是管理工作的实施过程。

（3）交流信息。公文还有一个重要的作用是交流信息。下行文中的公告、通告、公报、通知、通报，上行文中的报告、请示，还有作为平行文的函，都有交流信息的基本功能。交流信息，一方面是上情下达或下情上传，另一方面是友邻单位互通情报。有了公文作为信息流通的渠道，上下级机关都能做到耳聪目明，不至于闭目塞听。工程管理中印发的一些周报、月报、会议纪要等主要就是起交流信息的作用。

（4）宣传教育。决议、公报、公告、通报、会议纪要等文本，还有着很明显的宣传教育作用。针对现实生活中普遍存在的某些问题或认识的偏差，摆事实，讲道理，进行启发诱导，使大家明白应该确立什么立场，应该坚持什么原则，进而知道自己应该做什么、怎样做。如党的全国代表大会会议成果公报、政府部门的公告等就是宣传教育性质的公文。

（5）商洽协调。很多工作，单凭一个单位很难顺利完成，往往需要相关单位予以配合、帮助。这样，地区与地区、单位与单位、团体与团体之间，就需要加强联系，互相协商，互相帮助，协调工作。公文实现这一功能的主要文种是“函”，它可以在没有隶属关系的机关之间起到沟通、协调的作用，使各个机关形成一个有机的整体，协同处理、协作完成某项公务。

（6）凭证依据。公文还有明显的凭证和依据作用。上级发布的下行文，是下级机关开展工作的依据；下级上报的公文，是上级决策的依据；一个机关自己制作的公文，是自己履行职能、开展工作的真实记录和凭证，是档案材料的主要构成。在日常工作中常会遇到这样的情况：对一个具体的事务该如何处理没有把握，就查找相关的公文，看上级或有关职能部门在这方面有哪些规定，然后按照规定行事。对某次会议的有关情况不够了解，就查找那次会议的纪要，马上即可获得清晰可靠的材料。这些都是公文依据和凭证作用的具体表现。因此，许多重要的公文，都需要归档保存很长时间，以便需要时查找。

2. 发文办理的一般程序

发文办理的一般程序有拟稿、会商、审核、签发，核发、登记、缮印、用印或签署，分装、发出，处置办毕公文。这一程序具有很强的确定性与不可逆性。拟稿时应注意：①了解领导意图，弄清本文件的性质、行文目的、任务和范围；②认真阅读有关文件，明确政策界限；③熟悉业务，必要时进行调查研究，了解实际情况，掌握工作规律。④要符合党和国家的方针、政策、法律、法令和上级机关的有关规定；⑤简明扼要，请示应当一文一事；⑥谦虚谨慎，勤勉及时；⑦贵在得“体”，合乎体式，合乎身份；⑧人名、地名、数字、引文要正确。时间一般要写具体的年月日。使用数字时，除公文编号、统计表、计划表、序号、专用术语和其他必须用阿拉伯数码者外，一般用汉字书写。这些要求虽然不是档案与信息管理工作者所应掌握和应用的，但却是应当了解并熟知的，它们是档案质量的重要构成。

对于工程管理内容及所发公文中要具体解决的问题，作为档案与信息管理工作人员不必深入了解。但文件中的档案与信息要素，如标题、时间、地点、关键字、版面、版式等信息必须详细把握。如发文字号，简称文号，在科技档案案卷的卷内目录著录中称为文件编号，它是发文机关在某一年度内所发各种不同文件总数的顺序编号，理论上编号应当连续，若是客观原因造成了缺号，应当说明理由。发文字号由发文机关的收发文责任部门负责统一编排。发文字号应当包括机关代字、年份代码、发文顺序号；联合行文，一般以主办机关为主体依据编制发文字号。业主单位有关工程质量、安全、进度、费用、环保等管理性文件拟稿、定稿及其附件、发文处理单等应当严格按照《机关档案管理规定》分件收集整理，再按《科技档案案卷构成一般要求》组卷归档。

（二）收文及收文办理

收文包括上级及项目所在地政府及其有关组成部门、行业主管单位、建设单位（母公司或母体）、质量监督机构、施工单位、监理单位等所有来文。收文办理主要程序如下：

（1）签收。对收到的公文应当逐件清点，核对无误后签字或者盖章，并注明签收时间。

（2）登记。对公文的主要信息和办理情况应当详细记载。

（3）初审。对收到的公文应当进行初审。初审的重点是：是否应当由本机关办理，是否符合行文规则，文种、格式是否符合要求，涉及其他地区或者部门职权范围内的事项是否已经协商、会签，是否符合公文起草的其他要求。经初审不符合规定的公文，应当及时退回来文单位并说明理由。

（4）承办。阅知性公文应当根据公文内容、要求和工作需要确定范围后分送。批办性公文应当提出拟办意见报本机关负责人批示或者转有关部门办理；需要两个以上部门办理的，应当明确主办部门。紧急公文应当明确办理时限。承办部门对交办的公文应当及时办理，有明确办理时限要求的应当在规定时限内办理完毕。

（5）传阅。根据领导批示和工作需要将公文及时送传阅对象阅知或者批示。办理公文传阅应当随时掌握公文去向，不得漏传、误传、延误。

（6）催办。及时了解掌握公文的办理进展情况，督促承办部门按期办结。紧急公文或者重要公文应当由专人负责催办。

（7）答复。公文的办理结果应当及时答复来文单位，并根据需要告知相关单位。

上述收、发文及文件办结后形成的文件材料，虽然它们最终是归档到项目档案之中，但在预立卷整理时宜按照《机关档案管理规定》文书档案整理与归档的有关要求，做好分件组件工作：归档文件一般以每份文件为一件。正文、附件为一件；文件正本与定稿为一件；转发文与被转发文为一件；原件与复制件为一件；正本与翻译本为一件；中文本与外文本为一件；报表、名册、图册等一册（本）为一件（作为文件附件时除外）；简报、周报等材料一期为一件；会议纪要、会议记录一般一次会议为一件，会议记录一年一本的，一本为一件；来文与复文（请示与批复、报告与批示、函与复函等）一般独立成件，也可为一件。有文件处理单或发文稿纸的，文件处理单或发文稿纸与相关文件为一件。件内文件排序：归档文件排序时，正文在前，附件在后；正本在前，定稿在后；转发文在前，被转发文在后；原件在前，复制件在后；不同文字的文本，无特殊规定的，汉文文本在前，少数民族文字文本在后；中文本在前，外文本在后；来文与复文作为一件时，复文在前，来文在后。有文件处理单或发文稿纸的，文件处理单在前，收文在后；正本在前，发文稿纸和定稿在后。

八、会议组织工作

会议是“由有关组织召开的听取情况、讨论问题和布置工作的集会”。会议组织工作具体包括起草并分发会议文件、会场布置、会务接待、会议议题与议题磋商、生活安排、会议记录、掌握会议进展和会后贯彻工作等等。会议的主要特点是集体性、程序性、公开性及规范性。会议的作用：一是体现了民主；二是交流信息；三是统一集体认识和行为；四是促进和谐团结。

（1）会前准备工作：①确定会议主题与议题；②确定会议名称；③确定会议规模与规格；④确定会议时间、会期；⑤确定会议所需用品和设备；⑥建立会议组织机构如会务组、宣传组、秘书组、文件组、接待组、保卫组等；⑦确定与会人员名单；⑧确定会议地点；⑨安排会议议程与日程；⑩制发会议通知；⑪制作会议证件；⑫准备会议文件资料；⑬安排食住行；⑭制定会议预算方案；⑮布置会场；⑯检查会场。

（2）会中服务工作：①报到及接待工作；②组织签到；③记录会议情况；④确保会议期间信息的沟通；⑤编发会议简报；⑥安全及后期保障工作。

（3）会后整理工作：①安排与会人员离会；②撰写会议纪要；③会议的宣传报道；④会议文书的立卷归档；⑤会议总结工作；⑥会后催办和反馈工作等。

九、环保、水保等单（专）项工作

土木工程项目建设有关环保、水保工作责任主体为业主单位。业主单位在工程建造期间应当按要求履行好这些方面的工作职责，完成好本职任务并督促各参建单位共同完成好整个项目环保、水保合同内以及建造期间新增的有关工作任务。

《建设项目环境保护管理条例》规定：建设单位编制建设项目初步设计未落实防治环境污染和生态破坏的措施以及环境保护设施投资概算，未将环境保护设施建设纳入施工合同，或者未依法开展环境影响后评价的，由建设项目所在地县级以上环境保护行政主管部门责令限期改正，处 5 万元以上 20 万元以下的罚款；逾期不改正的，处 20 万元以上 100 万元以下的罚款。建设单位在项目建设过程中未同时组织实施环境影响报告书、环境影响报告表及其审批部门审批决定中提出的环境保护对策措施的，由建设项目所在地县级以上环境保护行政主管部门责令限期改正，处 20 万元以上 100 万元以下的罚款；逾期不改正的，责令停止建设。第二十三条规定，需要配套建设的环境保护设施未建成、未经验收或者验收不合格，建设项目即投入生产或者使用，或者在环境保护设施验收中弄虚作假的，由县级以上环境保护行政主管部门责令限期改正，处 20 万元以上 100 万元以下的罚款；逾期不改正的，处 100 万元以上 200 万元以下的罚款；对直接负责的主管人员和其他责任人员，处 5 万元以上 20 万元以下的罚款；造成重大环境污染或者生态破坏的，责令停止生产或者使用，或者报经有批准权的人民政府批准，责令关闭。

《水土保持法》规定：在山区、丘陵区、风沙区以及水土保持规划确定的容易发生水土流失的其他区域开办可能造成水土流失的生产建设项目，生产建设单位应当编制水土保持方案，报县级以上人民政府水行政主管部门审批，并按照经批准的水土保持方案，采取水土流失预防和治理措施。水土保持方案应当包括水土流失预防和治理的范围、目标、措施和投资等内容。水土保持方案经批准后，生产建设项目的地点、规模发生重大变化的，应当补充或者修改水土保持方案并报原审批机关批准。水土保持方案实施过程中，水土保持措施需要作出重大变更的，应当经原审批机关批准。特别强调：依法应当编制水土保持方案的生产建设项目中的水土保持设施，应当与主体工程同时设计、同时施工、同时投产使用；生产建设项目竣工验收，应当验收水土保持设施；水土保持设施未经验收或者验收不合格的，生产建设项目不得投产使用。

上述规定概括而言即是土木工程项目建造期间必须完成好开工前既已明确的及建造期间变更新增的环保、水保配套设施（措施）工作任务，否则通过不了该方面的专项验收。进一步而言，按照铁路、公路、水运工程等项目竣工验收办法，没有通过这些单项验收的项目，不能办理项目竣工验收，项目也就无法投产运营。

环保、水保验收以前系由行政主管部门组织，出具结论。自国家放管服改革以后，改为由建设项目业主单位自行组织验收，并将结论向相关行政主管部门报备。按照《关于规范建设单位自主开展建设项目竣工环境保护验收的通知》要求，验收评审会由企业主持，相关设计单位、编制单位、环境监测单位和专业技术专家参会，由验收工作组经讨论和审查后形成验收意见并出具结论。水保验收亦作出了类似要求。

档案与信息管理工作，需要大力支持与配合这些单（专）项工作要求，将它们的工作时间表、路线图置于项目管理系统显要位置，提醒单位领导及各参建人员重视。在环保、水保、安全文明施工等专项措施实施中，要多用影像、视频记录作业过程，以备工程建造期间的检查之用，以及工程交工后专项验收时查档利用。这些单（专）项工作的档案与信息材料，应由相关职能部门按照专题档案归档要求，拟定其文件材料归档范围，并且在日常工作中多做记录，多形成档案素材，注重平时积累，争取形成能够比较全面地反映这些专项工作的证据链、信息链。

十、例行性工作

（一）固定资产投资统计报表工作

固定资产投资统计报表制度是根据国家统一规定的表格形式和指标项目，按一定的时间和程序，自下而上地向上级和国家报送统计资料的一种报告制度。制度要求，土木工程项目建设无论其固定资产权属是公还是私，都需要向上级主管部门报送固定资产投资统计报表。该报表工作是业主单位一项例行性工作。“固定资产投资（不含农户）完成情况”是国家统计局官网上下载的官方资料，从中可以得到报表内容的一些基本细目情况（表 6-1）。

表 6-1　固定资产投资（不含农户）完成情况

表　　号：H 4 0 1 表
制定机关：国 家 统 计 局
文　　号：国统字〔2019〕101号

综合机关名称：　　　　2020 年 1—　月　　　　有效期至：2 0 2 1 年 1 月

指标名称	合计	地方项目	指标名称	合计	地方项目
甲	1	2	甲	1	2
一、计划投资（万元）			四、项目个数（个）		
1. 计划总投资			1. 施工项目个数		
其中：本年新开工项目			其中：本年新开工		
2. 自开始建设累计完成投资			2. 本年投产项目个数		
二、本年完成投资（万元）			五、到位资金（万元）		
其中：住宅			1. 上年末结余资金		
1. 按登记注册类型分			2. 本年实际到位资金		
2. 按建设性质分			（1）国家预算资金		
其中：（1）新建			其中：中央预算资金		
（2）扩建			（2）国内贷款		
（3）改建和技术改造			（3）债券		
3. 按构成分			（4）利用外资		
建筑安装工程			（5）自筹资金		
设备工器具购置			（6）其他资金来源		
其他费用			六、各项应付款合计（万元）		
4. 按控股类型分			其中：工程款		
国有控股					
集体控股					
私人控股					
港澳台商控股					
外商控股					
5. 按国民经济行业分					
三、新增固定资产（万元）					

单位负责人：　　　　填表人：　　　　报出日期：20　　年　月　日

说明：

1. 统计范围：辖区内除跨省区项目外的计划总投资 500 万元及以上固定资产投资项目。

2. 报送日期及方式：于 6 月月后 9 日，3，4，5 月月后 11 日，9 月月后 13 日，其他月月后 10 日 12:00 前通过中国投资信息管理及监测系统报送。

3. 本表除“计划总投资”“自开始建设累计完成投资”“上年末结余资金”指标外，其他指标均为自年初至报告期末累计数。

4. 计划总投资、本年新开工项目计划总投资、施工项目个数、新开工项目个数、投产项目个数不包括房地产开发项目。

5. 本表"自开始建设累计完成投资""住宅投资""新增固定资产""到位资金""各项应付款合计"汇总口径为5 000万元及以上固定资产投资项目。

在此基础上，各行业主管部门进一步制订了更为详细的行业内固定资产投资统计报表，如交通运输部制订的交通固定资产投资统计报表内容有：①交通固定资产投资完成情况（交统投1表）；②建设规模及新增生产能力（或工程效益）；③交通固定资产投资额及新增生产能力快报（交统投3表）；④交通固定资产投资资金来源快报（交统投3-1表）；⑤中央及地方安排农村公路建设情况快报（交统投3-2表）；⑥交通固定资产投资项目基本情况表（交统投4表）；⑦交通固定资产投资统计基层标准表（交统投5表）；⑧沿海水运项目工程形象进度统计（交统投6表）；⑨公路项目工程形象进度统计（交统投7表）；等等。

（二）月度（阶段性）检查工作

月度及阶段性对工程项目质量、进度、费用、安全、环境保护、文明施工进行检查是基于对现场管理需要而实施的，也是土木工程项目建设管理的惯例做法。业主单位一般会每月组织设计单位、监理单位、施工单位进行一次拉网式检查。根据各自职责的不同，业主单位重点检查安全生产责任制的落实情况、安全教育与岗位安全培训情况，特别检查事故隐患和危险源等。重大安全隐患要限期整改，对危险源要进行跟踪监控。监理单位重点检查工程质量、进度。通过检查，对安全管理、质量控制、工程进度等工作做得好的单位和个人通报表扬；对安全隐患整改不及时或检查中发现安全措施不落实、安全体系不健全、领导缺乏安全意识的单位通报批评，并作为承包人业绩与信誉考核的内容。

月度检查后一般要求形成《项目管理月报》。《项目管理月报》文字说明部分包括：工程概况、进度、质量、计量支付、工程变更、征地拆迁、索赔、安全生产、重大事项、工程管理会议、工程设计管理、政府和相邻单位协调、存在问题和困难、下一阶段工作重点和建议等。其主要内容体现在附表中，主要有：①工程费用控制情况及分析；②合同执行情况汇总表；③月份主要工程形象进度与计划进度对比表；④变更工程统计表；⑤索赔工程统计表；⑥主要材料进场数量统计汇总表；⑦人员及主要设备进场数量统计汇总表；⑧合同计日工汇总表；⑨试验检测情况汇总表；⑩农民工工资月报汇总表。须注意，这种月报不同于上一节所说的统计报表。向行业主管部门、发改部门重点项目办、统计部门的报表须以相关规定为准。

根据《建设项目档案管理规范》（DA/T 28—2018），上述统计报表及常规检查工作记录应列入归档范围，需要各单位平时做好材料的积累，特别是涉及奖罚及有关信誉、信用方面的文件材料，必须妥善保管，收集归档。

十一、资金管理

土木工程项目资金管理包括财务和工程两个方面，财务主要是支付管理，工程主要是计量管理。财务方面应收集归档的材料主要有：①建设单位、施工单位、监理单位、第三检测机构、主要设备材料供应商法人或其派出机构银行开户许可证、账户信息；②法定代表人或委托授权人、出纳、会计等人员身份信息、印章样本等；③参建单位履约保函或现包方式有关凭证;④工程方面主要有工程量清单核查成果报告及批复;⑤各合同段工程变更文件;⑥中期支付报表及其有关计量证书和支撑性材料;⑦合同变更、索赔等涉及法律事务文件;⑧工程材料价格调差依据性文件及有关计算过程和结果;⑨项目中期审计,合同段审计;⑩各合同段决算材料、项目决算材料;⑪各合同段最终支付证书;⑫项目建设余额资金流向情况、注销银行账户有关记录;等等。

资金管理在工程方面有两个重点工作,一是清单核查,二是工程计量。

(1) 组织清单核查工作。工程量清单是合同文件的组成部分,是计量支付的依据。工程量清单中的数量是工程招标时给定的数量,不能作为最终结算和支付的依据,但也不能随意改变,清单数量的变动都必须依据业主、设计单位、监理单位、施工单位等多方签字认可后,以清单增减数量及工程变更审批后的数量为准,经业主管理方批准后才能变动。清单核查工作是工程造价管理中的一项重要工作,即在施工单位进场后按照施工图纸将各部位工程数量按照相应工程量计量的规则计算准确,申报给监理单位、业主单位,在获得批复后录入项目计量支付管理系统,作为工程计量支付、工程变更、竣工决算等造价控制的依据。

(2) 工程计量复核。工程计量的依据是工程量清单及其说明、设计图纸、工程变更令、合同条款、技术规范、有关计量的补充协议、质量验收证明文件、费用增减的审批文件、经批准的索赔审批表及发包人的其他有关文件、指令,以及现场业主、设计、施工、监理等多方会议纪要。计量申报文件材料中,有关计量项目的开工审批、施工过程中的工序自检记录、试验记录及报告、分项工程自评表、监理工程师的抽检、验评记录、中间交工证书等应齐全完整。

十二、工程变更管理

土木工程建造期间的工程变更管理一直是项目管理的重要构成,其有关文件材料是档案与信息管理的重点对象。因为它的重要性,国家一些行业主管部门都出台了相关规章来约束和指导它的行为,如《公路工程设计变更管理办法》《铁路建设项目变更设计管理办法》《水利工程设计变更管理暂行办法》等。

(1) 变更的分类。按变更性质分类:①优化设计的变更。通过现场勘测、核对、分析、论证和比选,在不降低技术标准,使用功能和工程质量前提下,采用新技术,新工艺、新材料,对原设计进行优化,达到降低施工难度、缩短工期、节约投资、提高质量的变更设计。②完善设计的变更。由于原有的勘察深度不够,环境、技术规范、水文地质等条件变化,导致设计文件漏项、内容欠周;或未能符合业主事先确定的质量标准和特殊规范,必须加以增减,合并或局部修改的变更设计。③增减工程设计变更。工程正式开工后直至项目进行竣工验收前,因社会经济发展需要或因当地政府要求增减且经业主同意,按规定程序申报批准后加以实施的变更。④非正常变更。由于承包人不按设计文件、施工技术规范和有关规程施工,导致不良后果所引发的设计变更。这类变更属于施工补救措施,其增加费用由施工单位负责。

业主组织监理工程师、设计单位、承包人共同根据施工图设计,以及设计单位对施工图设计的勘误，和对合同工程量清单进行的修正不属于变更。

(2) 变更程序。工程设计变更按“变更申请→批准立项→承包人实施→正式申报变更→总监办审核→业主审批→报上级部门审批或备案”的程序办理。设计单位、承包人及地方政府等均可向业主提出工程设计变更的建议。工程设计变更的建议应以书面形式提出，并应注明理由；业主也可直接提出工程设计变更的建议。

工程变更的有关立项及实施记录是重要的归档材料，其一般由工程变更申报表、变更造价计算书、变更工程量计算书、工程变更新增单价报告、有关会议纪要、工程数量确认单、变更实施前、实施中、完成后照片等构成。

十三、科研组织管理工作

土木工程项目不一定都有科研组织管理工作。若在项目初步设计批复中有科研试验费用及任务构成，则应当在建造过程中加强组织管理，做好有关档案与信息管理工作。

在科研准备阶段的工作任务及文件材料有：①调研报告、可行性研究报告、课题论证、文献综述；②科学基金、科研课题经费申请报告及批件；③任务书、协议书、科研合同、委托任务书、会议记录及重要来往文函；④科研课题研究计划、课题计划调整或课题撤销文件；⑤实验试验方案、设计方案、调查考察方案；等等。

研究试验阶段的工作任务及文件材料有：①试验任务书、试验大纲；②实验、试验、测试的重要原始记录、整理记录及报告；③观测、探测、观察记录、野外调查、考察记录和整理记录及综合分析报告；④计算文件；⑤计算机软件；⑥检验文件；⑦理论分析文件；⑧设计文件、图样；⑨工艺文件；⑩课题阶段总结；等等。

总结鉴定验收阶段的工作任务及文件材料有：①课题工作总结(含最终完成、阶段完成或中断)；②研究报告；③论文、专著；④科研课题经费决算；⑤科研课题成果验收、鉴定、评审文件；等等。

成果奖励申报阶段的工作任务及文件材料有：①科技成果申报表及附件；②科技成果奖励申报与审批文件；③获奖凭证；④专利文件；等等。

推广应用阶段的工作任务及文件材料有：①推广应用方案；②技术转让合同、协议书；③成果推广应用中形成的技术文件及工作总结；④国内外同行评价及用户反馈意见；⑤成果宣传报道文件；等等。

与各阶段有关的文件有：①专业会议文件；②标本、样品目录；③照片、影片、幻灯片、录音带、录像带、机读文件；等等。

十四、项目新技术应用管理工作

2001 年，原建设部发布《建设领域推广应用新技术管理规定》，目的是促进建设科技成果推广转化，调整产业、产品结构，推动产业技术升级，提高建设工程质量，节约资源，保护和改善环境。值得注意的是，该规定不仅仅是推广应用新技术，也有限制、禁止使用落后技术的有关规定。各省级行政区域在《建设领域推广应用新技术管理规定》基础上，进一步细化了应用新技术管理办法。

以水运工程为例，国家鼓励水运工程建设管理、规划、勘察、设计、施工、科研、维护、运营等活动的相关单位和个人，开展水运工程技术进步和创新工作，积极支持水运工程技术进步和技术创新成果的推广应用。省级以上交通运输行政主管部门应当制定推广应用水运工程新技术的政策措施和规划，安排专项资金，组织实施水运工程重点新技术应用示范工程，制定相应的标准规范，培育水运工程技术市场，促进技术进步和技术创新成果的推广应用。

若项目建设中有新技术应用研究或示范工程，应当做好有关立项申请及批准文件、有关鉴定、评价、测试、验证、认证等工作记录的收集与归档工作。

十五、其他与工程建设相关工作

在整个工程建造期间，除了上述十四大项工作以外，业主单位还有很多与工程建设管理相关业务需要办理。如业主单位作为第三方，对施工单位与材料供应商、与第三方检测单位、与当地政府（村委）等，就工程相关事务中出具的有关证明、声明等，这些工作及其记录亦是档案与信息管理的重要对象。

十六、单位机构管理工作

土木工程项目建设工期一般都比较长，特别是一些重大水利工程项目，建设周期更长。期间，业主单位或其派出机构有关党务、行政、监察、工会等工作及其记录，按照《机关档案管理规定》同样需要归档保管，但不归在项目档案之中。

第二节　建造期间施工单位工作及其信息源流

施工中标单位与业主进行合同谈判并签订合同后，即进入施工组织与管理阶段，期间主要工作任务及有关信息源流如下。

一、组建项目经理部

与不同行业内业主单位有不同的称呼一样，施工企业组建并派驻到施工现场的管理机构也有不同的称呼，为讲述方便，本书一致称呼其为项目经理部。项目经理部是施工企业为了完成某项建设工程施工任务而设立的组织。它是由项目经理在企业的支持下组建并领导、进行项目管理的组织机构，是一次性的具有弹性的现场生产组织机构。项目经理部不具备法人资格，而是施工企业根据所中标合同段施工管理的需要而组建的非常设下属机构。

按照施工企业 ISO 质量管理体系要求，应根据企业批准的“项目管理规划大纲”确定项目经理部的管理任务和组织形式；确定项目经理部的层次，设立职能部门与工作岗位；确定人员、职责、权限。某路桥公司设置项目经理部机构组成如下：①项目经理：负责项目经理部的行政领导工作，并对整个项目的施工计划、生产进度、质量安全、经济效益全面负责，分管行政科和安全科。②项目副经理：是项目经理的助手，负责项目施工中的各项生产工作，对进度、质量、安全负直接责任，分管施工科和材料科。③项目总工程师：负责项目施工中的全部技术管理、质量控制和安全监督工作，分管技术科和质检科。④施工科：负责定额核算、计划统计和预决算的编制工作；负责施工现场平面管理、施工调度及内外协调；负责施工测量、放线，负责机械设备管理和安全管理工作。⑤技术科：负责施工组织设计、专项施工方案和技术交底卡的编制；负责钢筋翻样、木工放样，构配件加工订货和现场施工技术问题的处理；负责发放施工图纸、设计变更和有关技术文件；负责做好隐蔽工程的验收记录和各项工程技术资料的收集整理工作。⑥质检科：负责工程质量的检查、监督，进行分部分项工程的自检评定，开展全面质量管理和 QC 小组的活动；管理工地实验室。⑦安全科：负责做好经常性的安全生产宣传工作，贯彻“安全第一，预防为主”的方针，组织日常的安全生产检查、监督工作，帮助班组消除事故隐患，促进安全生产。⑧材料科：负责编制材料供应计划，根据施工进度分批组织材料供应；负责材料的发放和物资保管，进行原材料的检验、化验、抽检，提供有关材料的技术文件。⑨行政科：负责政治宣传、职工教育、生活后勤、安全保卫、环境卫生、文明施工及接待工作等。⑩财务科：主要负责办理工程款收付、财务核算、资金动作等事务。

施工企业组建项目经理部、任命项目经理、任命主要技术管理人员等文件以及各人员的相应技术职称证书、职业资格证书、安全生产考核合格证等信息材料应收集归档。采用了项目信息管理系统的，应输入数据库管理，方便于项目建造期间履约、安全生产等检查验证。

二、项目经理部管理制度建设

项目经理应根据项目管理目标责任书进行目标任务分解，组织制定工作制度和目标责任考核、奖惩制度。主要有：①项目管理人员岗位责任制度；②项目技术管理制度；③项目质量管理制度；④项目安全管理制度；⑤项目计划、统计与进度管理制度；⑥项目成本核算制度；⑦项目材料、机械设备管理制度；⑧项目现场管理制度；⑨项目分配与奖励制度；⑩项目例会及施工日志制度；⑪项目分包及劳务管理制度；⑫项目组织协调制度；⑬项目信息管理制度；等等。若施工单位本级有相关制度汇编，可以直接套用。这些制度及其执行情况的记录，应纳入合同段档案与信息管理的范畴。

三、承包人驻地建设

此处用语为承包人而不是项目经理部，是因为施工单位驻地建设不仅仅是项目经理部的驻地建设，还包括下辖工区、车间、仓库、料场、消防设施等。一般要求，承包人应按改善提高作业人员的工作环境与生活条件，保护生态环境，促进安全生产，文明施工的总体要求合理规划、布置和建造驻地建设。驻地由承包人自行选择地质条件好、不受自然灾害的地方，但应服从合同条款的有关规定。承包人驻地建设的总平面布置包括防护、围墙、临时便道和安全、环保、防火安排等应经监理单位事先批准。

在标准化施工及水保、环保等条件的要求下，土木工程项目建设工地中大型临时设施越来越多，对承包人驻地建设提出了更高要求。要求有对施工机械进行养护、检修或改进的施工机械停放场、车间；要求有工程材料（如钢筋、钢板等）堆放、再加工的仓储及制作加工区，且一般要求非露天环境。仓库、储料场及拌和场应保持整洁，地面应硬化，不同材料应设标志分别堆放，灰粉状材料应遮盖，并应防止有害物质污染和混杂于其他物质之中。如 2019 年新开的某高速公路项目工程量清单中，在清单 100 章中另增了包括了工地实验室（场地及建筑硬件）、混凝土拌和站、级配碎石及水稳料拌和站、沥青混凝土拌和站（含冷再生混合料拌和站）、钢筋加工场、小型构件预制场、桥梁预制场、仓储存放地等多项单独计价的按性质属于承包人驻地建设的项目。

承包人驻地建设中，档案与信息管理支撑着办理计量支付、建造期间有关设施设备的运行维护、交工后的拆迁等具体工作，不可说不重要。

四、收发文处理

项目经理部作为合同段施工现场指挥机构，其收发文办事流程与业主单位基本上相类似，同属于机关公文处理办法的适用范围。项目经理部的收文主要是建设单位及其上级主管单位、质量监督单位及其现场派驻机构、项目管理单位、监理单位等涉及施工中标单位或本合同段事务的来文。发文主要有项目经理部有关工程建设方面的请示、报告、通知等，以及本机构有关党务、行政、监察、工会等文件。

收发文文件及其办理记录，宜先按文书档案组件，再按科技档案组卷管理。需注意，在工程建设中一些技术性文件有规定的格式或样式，它们不像红头文件以文字为主要表述方式，而是以图表为主要表述方式。对于这类文件，也应当按签发权限及规定流程走收发文处理程序。

五、技术管理

技术管理的基本任务是贯彻国家技术政策、执行标准、规范和规章制度，明确划分技术责任，保证工程质量，开发施工新技术，提高施工技术水平。以公路工程土建合同段施工为例，技术管理主要有以下方面工作。

（一）图纸会审

图纸会审前应办理图纸发放与接收程序。设计图纸签发程序一般是设计单位向业主交付、业主向监理单位批转、监理单位通知施工单位认领并签字确认。

施工单位收图后，应由项目技术负责人及时组织召开图纸审查会。会审的主要内容是：①是否无证设计或越级设计；图纸是否经设计单位正式签署；是否经过相关部门图审合格。②地质勘探资料是否齐全。③设计图纸与说明是否齐全，有无分期供图的时间表。④设计地震烈度是否符合当地要求。⑤几个设计单位共同设计的图纸相互间有无矛盾；专业图纸之间、公路平纵横图纸之间有无矛盾；标注有无遗漏。⑥总平面与施工图的几何尺寸、平面位置、标高等是否一致。⑦防火、消防是否满足要求。⑧主体结构与各专业图纸本身是否有差错及矛盾；桥梁、隧道平面尺寸及标高是否与路线图一致；服务区、养护区建筑图与结构图的表示方法是否清楚；是否符合制图标准；预埋件是否表示清楚；有无钢筋明细表；钢筋的构造要求在图中是否表示清楚。⑨施工图中所列各种标准图册、施工单位是否具备。⑩材料来源有无保证，能否代换；图中所要求的条件能否满足；新材料、新技术的应用有无问题。⑪地基处理方法是否合理，建筑与结构构造是否存在不能施工、不便于施工的技术问题，或容易导致质量、安全、工程费用增加等方面的问题。⑫工艺管道、电气线路、设备装置、运输道路与建筑物之间或相互间有无矛盾，布置是否合理，是否满足设计功能要求。⑬施工安全、环境卫生有无保证。

图纸会审记录应标明：①工程名称；②工程编号；③图表编号；④图纸卷册名称；⑤图纸卷册编号；⑥主持人；⑦时间；⑧地点；⑨参加人员（本人签名）；⑩提出的意见。

对施工图纸、图纸会审提出的意见及回复，应在档案与信息管理中予以重视，加强图纸管理。图纸管理目的是维护图纸完整，使图纸管理规范化、程序化，避免出现图纸材料丢失，重复，杂乱，损坏的现象；确保图纸处在安全受控状态；规范图纸的发放、使用、存档、保管、收回、借阅和销毁等流程。建议施工单位在收到多套图纸的情况下保存一套完整的白图妥善存档，便于以后编制竣工图所用。若只收到一套图纸，则应将本图存管，其副本用于日常利用。

（二）编制实施性施工组织设计

土木工程招标阶段，一般会要求投标文件中包含对某个合同段的初步施工组织设计内容，且有的评标办法对初步施工组织设计给予了较高的评价分值。初步施工组织设计的内容主要包括：①设备、人员动员周期和设备、人员、材料运到施工现场的方法；②主要工程项目的施工方案、施工方法；③各分项工程的施工顺序；④确保工期质量和工期的措施；⑤重点（关键）和难点工程的施工方案、方法及其措施；⑥冬季和雨季的施工安排；⑦质量、安全保证体系；⑧其他应说明的事项；等等。

中标单位进场后，现场派驻管理机构——项目经理部需要进一步结合合同段施工环境情况，编制更为详细的具有施工指导性质的实施性施工组织设计，要求文字精练、内容具体，主要构成是：①编制依据；②工程概况；③施工部署；④主要工程施工方案与工法；⑤确保工程质量与工期的措施；⑥冬季和雨季施工安排；⑦质量安全保证体系；⑧文明施工；⑨水土保持与环境保护措施；等等。所附图表应包括分项工程进度率计划、施工总平面布置图、施工总体计划表、施工计划网络图、施工工艺流程图等。

（三）工程量清单核查

工程量清单核查是需要业主、监理、施工单位共同完成的事务，业主单位负责组织与复核工作、承包人负责申报、监理单位负责审核。要求施工单位认真领会合同条款内容，准确而真实地将核算后的清单工程量按时申报。

档案与信息管理中需明白，合同谈判后所签订的合同的工程数量清单附件列明的数量是估计的、暂时的数量，不是实际工程数量。计量与支付应以监理工程师指定完成的工程量为依据，最终计量与支付应以承包人、监理工程师、发包人共同核定的完工后工程量清单内容为依据。工程量清单各部分构成应按照各类土木工程技术规范及工程计量及支付说明书的相应章节编号，工程量清单各章节项目应与技术规范及工程计量及支付说明书的相关章节对应。有标价的工程量清单中单价与合价应包括所有的设备费、劳务费、材料费、安装费、维护费、保险费、税金、利润以及合同明示或暗示的所有一般风险、责任和义务等的费用，在没有增加施工内容的情况下，不能对工程量清单中单价与合价进行调整。

工程量清单及报价文件既是严肃的文件材料同时又是涉及商业机密的报价材料，在工程建造期间以及之后的归档保管期间，都应当设置并控制其查阅利用的权限。

(四) 测量工作

测量是非常重要的技术工作，其原始记录及成果报批件、批复等是重要的档案材料与信息管理对象，主要有交接桩记录，导线点复测、加密等记录及批准成果，水准点复测、加密等记录及批准成果，施工中间过程监控测量记录，工程检测测量记录，施工区域变形、沉降观测记录等。

施工单位进场后，测量班组应立即办理交接桩工作。交接桩工作是一项十分重要的工作，需避免出现任何可能给工程造成损害的差错。交桩工作可以由监理工程师向承包人交桩，也可以在由监理工程师陪同的情况下由设计单位直接向承包人交桩。要检查合同段范围内(适当向外围延伸接合)原测设的所有永久性标桩的现状。若有遗失或破坏，施工单位应将遗失的标桩在规定时限内通知监理，然后根据监理提供的工程测设资料和测量标志进行恢复。控制性测量标志经检查批准后，施工单位应根据施工需要或监理要求进行控制桩加密，并在监理人批准后再投入使用。

测量工作应注意以下涉及档案与信息管理的相关环节：①测量仪器及量具均应备有相应检定合格证书；②测量人员名单(专业证书)备案；③测量计划、控制点、水准点变更情况及监理方面的签署认可；④测量记录必须用正规记录手簿、表式，不许涂改，应妥善保管原始资料；⑤理论测量计算应经过复算方能投入实际测量过程中，实地测量应按 100%复测检查，合格后由监理专业人员复测确认合格后方能投入下一步施工；⑥控制点(包括临时控制点)必须定期复测，并将复测结果上报监理工程师复核认可。

(五) 工地实验室建设管理

工地实验室是工程质量控制和评判工作的重要基础数据来源，是工程建设质量保证体系的重要组成部分。建筑工程、市政工程等土木工程建设一般不设工地实验室，因项目所在地邻近或位于城市，可以依托市场上既有的试验检测服务。公路水运工程项目因环境条件限制及试验检测工作量较大，大多数施工、监理单位设置工地实验室开展试验检测工作。

人员资质要求(亦是档案与信息管理掌控点)：①授权负责人须持有交通运输部核发的试验检测工程师资格证书，具有三年以上试验检测工作经验，并需经母体检测机构授权后方可签发工地实验室检测报告；②工地实验室试验检测人员需具有交通运输部核发的试验检测工程师或省交通运输厅核发的试验检测员资格证书；③工地实验室授权负责人、工地实验室试验检测人员均应注册登记在母体检测机构；④工地实验室试验检测人员所持证书类别应符合项目要求，能涵盖工程涉及专业范围和内容；⑤工地实验室不得聘用信用较差或很差的试验检测人员担任授权负责人，不得聘用信用很差的试验检测人员从事试验检测工作。

实验室制度建设(有关制度制定及发布的文件材料应收集归档):实验室应建立健全各项试验检测制度并张贴上墙,采用蓝底白字的标牌,尺寸为宽 60 cm×高 90 cm,挂贴在离地(底线)150 cm 的墙体上。具体制度应包括:①工地实验室职责;②实验室负责人及试验检测人员岗位责任制;③检测人员技能培训、考核制度;④仪器设备管理制度(包括使用、维修保养、检定/校准、标识等);⑤标准物质管理制度;⑥试验检测工作制度(包括试验检测工作程序、试验检测记录管理制度、报告审核签发管理制度);⑦档案资料管理制度;⑧试验检测安全及环境管理制度;⑨样品管理制度;⑩抽样及外委试验取样、送样制度;⑪不合格品报告及检测事故分析报告制度;⑫工地实验室廉政制度。

实验室文件与档案管理:①工地实验室应对相关资料分类建档,便于管理和查询。试验检测报告和记录格式必须统一采用公路行业规定的格式,符合《公路试验检测数据报告编制导则》(JT/T 828—2012)要求。②试验检测报告以月或年为单位用流水号的形式分类编号。③试验人员应按规定及时填写各项原始试验记录,原始记录统一用黑色水笔填写,做到填写规范,字迹清晰。原始数据当时记录,不得集中补填。④工地实验室应建立原材料进场及试验/检测台账、标准试验台账、化学试剂配制台账、不合格试验台账、外委试验台账、样品和留样台账等(台账格式见附表);台账管理应分工明确、责任到人;台账应格式统一,填写和统计应及时、规范。⑤不合格试验报告后应附不合格原材料、结构物等的处理说明或整改报告,并附有必要的影音资料。⑥工地实验室应注意收集隐蔽工程、关键部位的工程质量检验图片及影像资料,及时整理归档。⑦工地实验室应按相关要求做好文件的收发、登记和流转工作。⑧每月对资料的电子文档进行备份存盘。

(六) 合同段单位、分部、分项工程划分

1. 工程划分的含义

工程划分是质量检验评定的前提基础,工民建、轨道交通建设、铁道建设、水利水电工程建设、公路水运工程建设等土木工程项目在技术管理上必须由施工单位先行按规范进行工程划分,然后上报监理单位和建设单位审批。审批后的工程划分成果是质量监控对象和依据。工程划分情况直接决定着工程质量检验与审批文件的数量及构成,这些文件及其信息是档案与信息管理中占比大且重要的部分。

为了避免在档案与信息管理工作中对一些文件与信息的来源知其然不知其所以然,以下以公路工程为例简要介绍工程划分操作及其应用。

公路工程单位工程、分部工程和分项工程的划分。

(1) 单位工程是在建设项目中,根据签订的合同,具有独立施工条件的工程。公路工程包含的单位工程一般有:路基工程、路面工程、桥梁工程,其中在桥梁工程中,无论是大桥还是中桥,以每座桥作为一个单位工程。

(2) 分部工程是在单位工程中,按结构部位、路段长度及施工特点或施工任务划分的单元。《公路工程质量检验评定标准》(JTG F80/1—2017)附录 A 中规定路基和路面工程一般以 1～3 km 划分为一个分部工程,对于高速公路和一级公路,在划分分部工程时一般取低值,而对于二级及二级以下的公路一般取高值,其中路基工程和路面工程的划分长度

宜相一致。桥梁工程中包含的分部工程有基础及下部构造(一般以每墩台为 1 个分部),上部构造预制和安装(一般以每孔为 1 个分部),总体、桥面系和附属工程(全桥为 1 个分部工程)。

(3) 分项工程是在分部工程中,按不同的施工方法、材料、工序及路段长度等划分的单元。对于路基和路面工程原则上按照整公里桩号划分,如果起止桩号不是整公里桩号,以 500 m 为一个段落进行调整或以路基自然段划分。涵洞每道为 1 个分项工程,把基础及下部构造、主要构件预制、安装或浇筑、填土、总体等各作为 1 个子分项,把每道工序再作为这些子分项的子分项。桥梁工程中每墩或台中的桩基、承台、立柱、盖梁整个为 1 个分项,其中在这些分项中又包括了钢筋加工及安装和混凝土 2 个子分项;台背填土、锥坡每个台为 1 个分项;桥面铺装、防撞护栏及桥头搭板分项工程中也各包括了钢筋加工及安装和混凝土 2 个分项工程。小桥分项工程的划分同涵洞工程。

2. 工程划分在质量检验评定中的应用

《公路工程质量检验评定标准》自 1985 年实施以来,一直采用对分项工程、分部工程、单位工程直到合同段逐级进行评定的方法。分项工程、分部工程、单位工程划分也是工程管理的一条主线,涉及工程质量、安全、进度、费用管理等各个方面,是工程建设、监理、施工单位等开展各项工作的基础条件。2017 版之前的《公路工程质量检验评定标准》规定,施工合同段工程质量评分采用所含各单位工程质量评分的加权平均值,即施工合同段工程质量评分值等于各单位工程质量评分值与该单位工程投资额乘积之和除以合同段总投资额。整个工程项目工程质量评分采用加权平均法进行,即工程项目质量评分值等于合同段工程质量评分值与该合同段投资额乘积之和除以施工合同段投资额之和。2017 版(现行版)《公路工程质量检验评定标准》取消了评分制,新的评价层级可表示为:建设项目→合同段→单位工程→分部工程→分项工程→检验项目(基本要求、实测项目、外观质量和质量保证资料)→实测项目(实测项目表)→检查项目→检测指标。这些变化在公路工程内业、档案与信息管理工作中是必须掌握和了解的。

(七) 开工报告、工程变更等技术文件申报

1. 开工报审

合同段开工报告按照工程制式文件填报、申报即是开工报审表,在承包人驻地建设、工地实验室建设、控制性测量成果准许投入使用、实施性施工组织设计等技术、设备及环境条件准备就位后,施工单位即可按合同进度计划向监理单位提交合同段开工报审表,经监理单位审批后执行。开工报审表应详细说明按合同进度计划正常施工所需的施工便道(桥)、临时设施、材料设备、施工人员等施工组织措施的落实情况以及工程的进度安排等情况。在合同段开工报审获得批准的基础上,进一步依次向监理单位提交单位、分部、分项工程开工报审表。

2. 工程变更

工程设计文件和概(预)算经批准后,如果因客观环境、技术规范、水文地质条件等发生变化须修改时,应按项目管理大纲及合同约定的条款规定办理工程变更。

《公路工程国内招标文件范本》对变更的有关规定涉及文件申报、档案与信息管理的内容如下：

（1）变更工程价格的增加或减少额，应以工程量清单中的单价或总额价为依据。如果工程量清单中未包含适用于变更工程的单价，则采用工程量清单中监理工程师认为适合的单价用于作价的依据。如果不适合，则由监理工程师和承包人协议一个合适的单价或总额价并报业主批准。如果不能达成协议，则监理工程师应根据情况在报业主批准后，定出他认为合理的单价或总额价，并通知承包人，抄送业主。如果此单价或总额价一时不能议定，监理工程师可以确定暂时的单价或总额价，作为暂付账款项列入期中支付证书中，待议定后再在其后的期中支付证书中调整。

（2）如果合同的工程量清单中某一个支付细目所列的“金额”或“合价”超过签约时合同价格的 2%，而且该支付细目变更后的工程实际数量超过或少于工程量清单中所列数量的 25%，则该支付细目的单价或总额价应予以调整。

（3）如果在签发交工证书时，发现合同价格的增加或减少总共超过“有效合同价格”的 15%（这里的“有效合同价格”是指扣除暂定金额后的合同价格）。且这种总额超过或减少 15%及以上是产生于全部变更的工程累计结果，则监理工程师应与业主和承包人协商后确定一笔管理费调整额，从合同价格中扣除或加到合同价格上。可以这样理解：工程数量调整与变更过多，累计超过 15%，意味着工程规模的扩大或缩小，直接费用随之调整了，但单价中包含一些间接费（比如预制厂、加工场）并未因工程规模增大而扩大，只是增加了利用率，但也随着工程量增加而上调，承包人因此而受益；反之，又会因工程量大量削减而吃亏，所以才有这一条管理费的调整。上述的这些规定对于技术管理中有关变更方面文件及资料的形成、收集、管理甚为重要，任何部分的缺失都会影响变更证据链的完整性，可能导致工程结算审计工作量的增加甚至产生纠纷。

当然，承包人项目经理部技术管理及其信息源流还包含除上述七部分以外的其他工作事项，其相关记录也应列入项目档案与信息管理范围之中。

六、质量管理

工程质量主要形成于施工环节，所以质量管理是项目经理部工作重中之重，其相应的记录也是档案与信息管理的重要对象。在技术管理环节，已经对合同段工程划分了质量检验评定单元即单位工程、分部工程、分项工程、工序等。在质量管理环节，则是对这些工程单元实施施工要素的管控及其过程、半成品、成品质量检查项目的检测与评判。工作实践表明，新建高速公路项目中，工程质量检验与评定的档案案卷数量占总量的 85%以上，其他如房屋建设、铁路建设等的情况也不会偏离太多。所以，档案与信息管理工作应当深入融合到质量管理工作之中去，切不可使数量庞大的质量管理记录因为不符合档案与信息管理要素而造成大面积返工，否则造成的损失和浪费是令人可惜的。

1. 质量管理措施之施工技术交底

技术交底是施工前极为重要的一项质量管理活动。在每个分项工程或重要工序开始施工前，质量管理部门应召集会议对参与该项施工的有关人员进行技术交底，并下达施工图及技术交底书。其目的是使参与施工的技术人员、管理人员和操作者熟悉和了解所担负工程的特点、设计意图、技术要求、施工工艺和应注意的问题等。技术交底必须以书面形式进行，必须经过驻地监理工程师的检查与审核，保留底稿，有签发人（项目技术负责人）、审核人（监理组长）、接受人（施工员及施工班组长）的签字。相应专业监理工程师参加技术交底工作，对质量控制、安全生产和环境保护等提出具体要求并留记录。技术交底前应将设计文件、交底内容发送给各班组，并详细听取现场人员的意见，透彻解答疑难。对易发生工程质量事故与工伤事故的工程部位与工种，在技术交底时应着重强调防止各种事故发生。

2. 质量管理之首件工程实施

施工单位在质量管理环节应严格、认真执行首件工程认可制，统一标准、严格要求，努力把质量问题消灭在源头，确保整个项目的工程质量。①项目经理部应成立首建工程验收小组，对每分项工程均应开展首件工程活动，项目经理部对首件工程进行自检合格后，报监理单位组织验收。②验收小组一般由业主单位、设计代表、监理单位组成，外业验收宜采取实体抽查和外观检查两种方式，内业（各种工程记录）验收宜由验收小组全面检查，验收成果由验收小组批准。③首件工程验收合格后方可进行批量施工。

3. 质量管理控制之施工过程管理

①施工放样与施工测量。应对开工的分项工程进行施工定线和施工放样，并将结果报监理工程师复查，经监理工程师批准后方可进行分项工程的施工。②工序质量检查。每道工序完成以后，质检工程师应安排自检，若自检不合格，自行返工或补救；若合格，则填写相关工程质量检验报表报送监理组监理工程师检查。③监理工程师独立检验，若不合格，则通过指示要求返工或补救；若合格，则签认工序质量检验单和工程质量检验报表并指示进行下一道工序的施工。④分项工程完工后的质量检查。施工单位在每一个分项工程完工后，应进行自检，若自检不合格，则自行返工；若合格，则填写工程质量检验报表，并按规定的格式和内容，编制分项工程完工证书，报送总监办审批。⑤监理工程师按照土木工程各行业工程质量检验评定标准的要求对分项工程进行检查验收，若不合格，则通知整改、返工或补救；若合格，则签认工程质量检验报表及分项工程完工证书，进行分项工程完工计量。

4. 分项工程完工后的质量管理工作

施工单位在完成各分项工程后需按照《公路工程质量检验评定标准》（JTG F80/1—2017）的要求进行完工验收及评定，对验收合格的产品，填写分项工程中间交工证书。分项工程中间交工证书是申请后续分项工程施工的前提，也是办理分项工程完工计量的基础。当组成某一分部工程的各分项工程全部完工后，应再次对工程进行检查、复查，如未发现质量问题，可对所有分项工程交工证书进行整理，组卷形成分部工程竣工文件。同样，当组成某一单位工程的各分部工程完工后，应对各分部工程交工文件进行整理，形成单位工程竣工文件。

分项工程质量控制流程如图 6-1 所示。

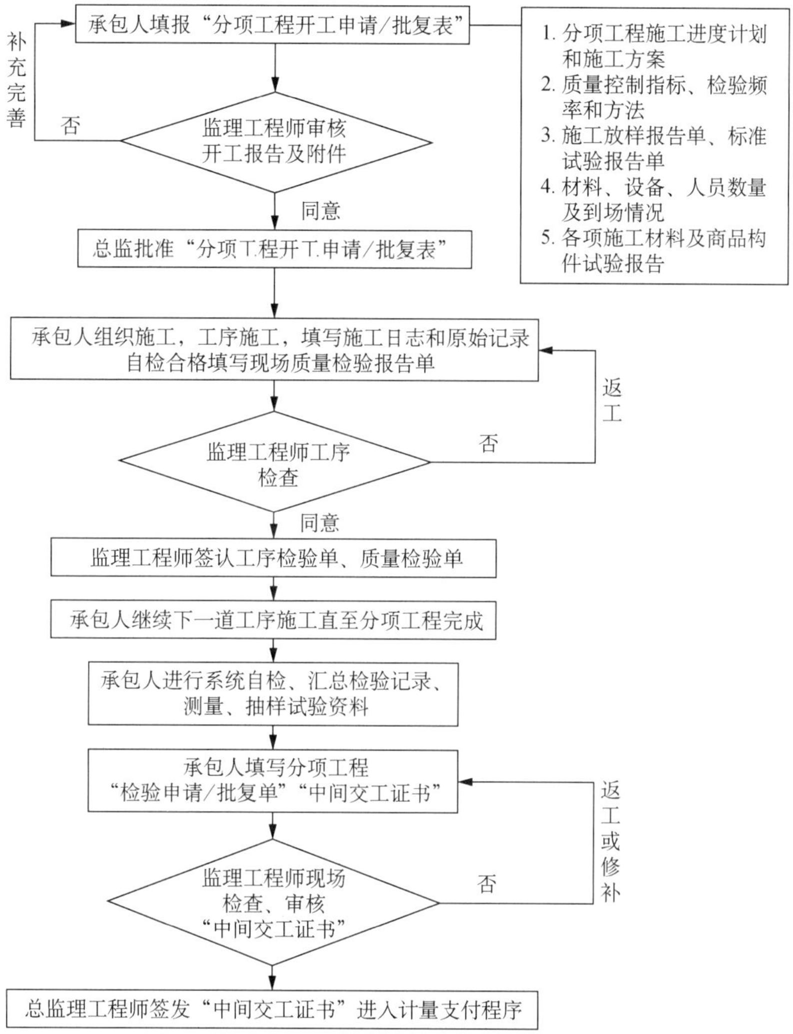

图 6-1　分项工程质量控制流程图

七、进度管理

在土木工程建造阶段，进度管理是施工单位的合约任务，也是经济技术指标调控的重要因素。施工单位要依据监理下达的总体进度计划，编制本合同段工程总进度计划，并上报监理审核。施工进度计划应按照关键线路网络图和主要工作横道图两种形式分别编绘，并应包括每月预计完成的工作量。施工单位还应根据经监理单位批准的施工总进度计划，编制更为详细的年度计划、阶段计划、季度计划、月度计划并报监理审批。这些文件材料须纳入档案与信息管理的范围，确保它们的严肃性、延续性、可用性。

如某新建高速公路项目业主要求施工单位申报计划提交时间要求：①总体计划在合同签署后 28 天内申报，总体计划经审批后在 7 天内同时对第一个年度、第一阶段、第一个季度和第一个月的进度计划进度申报。②年度计划在每年的 12 月 20 日前申报（含本年度计划执行情况及下年度计划)。③阶段计划在每阶段最后一个月的25日前申报(含本阶段计划执行情况及下阶段计划)。④季度计划在每季度最后一个月的25日前申报(含本季度计划执行情况及下季度计划)。⑤月度工程进度计划于前一个月25日前申报。⑥分项工程作为工程开工的最小申请单元,其进度计划由施工单位根据合同段工程进度计划,在每个新的分项工程开工前7天递交开工申请。此外还规定:各合同段年度、阶段、月度资金使用计划应随同进度计划一并上报。

1. 进度计划的检查与监督

按照FIDIC条款,施工进度计划的检查与落实,由监理单位负责,业主监督执行。在进度目标计划的执行过程中,针对进度计划的多变性和不均衡性,必须采取系统的进度控制措施,并形成健全的进度报告制度,通过有效的监测手段来发现问题,并采用行之有效的措施予以解决。施工单位要对施工进度计划实施动态控制,跟踪检查,建立可行的进度控制网络图,不断地将实际进度与计划进度进行比较,及时发现问题、解决问题,切实保证项目按计划目标实现。施工单位应每月向监理单位报送月进度报表,以供监理工程师审查。报表中应包括完成的工程量情况及存在的有关问题,并要求在每旬作出实际进度与计划进度的比较图表。施工单位应安排专人负责工程计划统计工作,建立与监理、业主单位对口工作关系,保证信息采集真实、统计分析准确、传递及时。

2. 进度计划的调整

调整工程进度计划,主要是调整关键线路上的施工安排。对于非关键路线,如果实际进度与计划进度的差距并不对关键线路上的实际进度造成不利影响时,可不必对整个工程进度计划进行调整。施工单位在无任何理由取得合理延期的情况下,若被监理工程师认为实际工程进度过慢,将不能按照进度计划预定的竣工工期完成时,应按要求提出和采取加快工程进度的措施,以赶上工程进度计划中的阶段目标或总体目标。

3. 进度计划的延期、延误

施工单位必须通过周密计划和强有力的管理,确保工程如期完成。对由于工程在实施过程中确实遇到异常恶劣条件或征地拆迁不到位等业主单位原因造成的关键线路上工程项目暂停施工,而使工程进度延误时,施工单位有权要求延长工期和(或)增加费用,但应首先通过加大人、机、料投入和加班加点施工的办法补救。业主单位对上述加大投入造成施工费用的增加应予以费用补偿。施工单位若因自身组织管理原因,造成工程进度的延误,而且拒绝接受业主及监理单位加快工程进度的指令,或虽采取了加快工程进度的措施,但仍然不能赶上预期的工程进度并将影响合同工期,可能会受到业主按合同约定对工程的一部分实行指定分包或更换项目经理或考虑更换承包人等处罚。这些工作都要求施工单位加强对天气、地质、水文等信息及其他施工环境信息的收集采集,并纳入档案与信息管理体系中去,必要时发挥档案与信息的法定凭证效用,争取合法权益。

八、计量支付工作

计量工作是由施工单位根据招标文件技术规范、合同约定等提出在某一时间段内已经完成清单计价项目的数量和价款,由监理工程师核实工程量并确定其价值的一项工作,要求施工单位应提供计量所需的一切详细工程记录和必要的人员、设备及有关永久工程的记录与图纸。工程计量的依据是工程量清单及其说明、设计图纸、工程变更令、合同条款、技术规范、有关计量的补充协议、质量验收证明文件、费用增减的审批文件、经批准的索赔审批表及业主单位的其他有关文件、指令，以及施工管理现场由业主、设计、监理、施工等单位共同召开会议的纪要。工程量清单是计量支付工作的纲目：①工程量清单是合同文件的组成部分，是计量支付的依据，包括施工单位在内的各方必须熟悉工程量清单及清单说明的内容，同时要熟悉招标文件和技术规范，结合工程量清单掌握工程项目计量的范围和计量的方法。②工程量清单中的数量是工程招标时给定的数量，不能作为最终结算和支付的依据，但也不能随意改变，清单数量的变动都必须依据业主、设计代表、监理等多方签字认可的核查后清单增减数量及工程变更审批后的数量为准，经业主单位批准后才能变动。③工程量清单是档案与信息管理中需要注意保密的对象。

办理工程计量需报送计量项目的有关开工审批单、施工过程工序自检记录、试验记录及结论报告、工程自评表、监理工程师的抽检、验评记录、中间交工证书等文件材料，理论上应一个分项（或子分项）的工程记录组成一个文件材料上报。按 FIDIC 通用条款规定，计量支付程序一般是施工单位提交一切详细工程记录与计量申请单、计量汇总单，监理单位合约部门根据合同文件的规定负责现场计量和审核。在 FIDIC 条款基础上，有的土木工程项目进一步规定了业主单位对于计量数量有权更改或要求监理单位进行复核修改。

支付工作是在工程计量获得监理单位核准的基础上开展的。依据审批完成的当期计量证书，施工单位提交中期支付申请单，由监理单位进行审核核定计量数量和合同单价，以及相应的增加或扣减款额的合同规定（如开工预付款、材料预付款、质保金、材料调差、违约金等款额支付或扣回），确认无误后签发支付证书并报送业主单位核批。

施工单位提交最终支付申请的条件是：①全部遗留工程或缺陷工程均已完成且达到合同的要求，并获得监理工程师签发的“工程缺陷责任终止证书”。②有关合同方面的遗留事宜（如费用索赔、工程变更、价格调整、期中支付中有争议而未解决的问题等）均已与业主单位协商一致并形成书面记录，且通过有关部门的审计，并按合同规定办理了最终结算清单等有关手续。③竣工图及有关项目竣工所要求的文件材料立卷归档工作已按合同规定全部完成，并得到监理工程师的确认。④对合同期间所有支付的款项进行了全面清理，对所需的支付凭证进行了必要的补充与完善。

监理单位应受理承包人在获得“工程缺陷责任终止证书”后提交的最终支付申请，并在规定的时间内，审核：①最终支付申请的格式和内容是否满足合同规定和监理工程师的要求。②相应的系列结算清单是否齐全完整且相互关系清晰。③相应的系列证明资料是否有监理工程师的签字认证。④所有的计量和支付材料有无遗漏、重复，是否计算准确，汇总无误。监理单位对施工单位提交的最终支付申请审核后，签发最终支付证书并报送业主核批。最终支付证书的金额应以业主单位或其上级主管部门审核和审计单位审计确认后的最终金额为准。

九、机械设备及物资材料管理

1. 机械设备管理

目前，随着我国的土木工程项目施工效率和施工质量的不断提升，机械设备在工程施工中成为不可或缺的一部分。但是，现在的机械设备安全管理和操作性越来越复杂，直接增加了施工管理的难度。因此，在施工过程中对机械设备的管理与维护就显得越来越重要。在房建、桥梁、隧道、道路等施工项目中，机械设备的管理工作是施工管理极其重要的一部分，须为机械设备建立完善的管理制度以及管理机构，安排专门的人员按照合理完善的制度去实施管理任务。要加强机械设备档案管理，除说明书、保修卡以外，还需要对机械设备做足相关的文字说明，整理出各构件、零件等相关的档案信息并录入电脑存档，以方便对机械设备的管理。在使用管理及记录方面，当需要使用某种机械设备时，必须事先提出申请。同时，在使用过程中，宜将使用天数、每天的用时等详细情况在有关信息管理系统上用表格、图线等清晰展示，以方便施工管理人员根据机械设备使用情况做出相应的工期调整安排。同时，对后期机械设备应用的查询、对机械设备的检修及保养方面，提供完整的维修数据。若出现使用问题，能够根据记录的检修情况，更加方便快捷地找出问题根源，减少因机械设备故障所耽误的工作时间，提高机械设备的使用效率。

2. 物资材料管理

在材料管理及记录方面，项目经理部要做好材料的采购计划。按照材料预算进行材料采购的计划制定，防止出现盲目和随意采购的情况。材料采购计划宜按月进行，除了由于设计的变更等要对采购计划进行调整外，其他情况下尽可能不要调整。在进行采购前，要对材料市场的行情进行全面了解，对材料质量和市场价格等进行综合考虑，保证采购的科学合理性。在物资材料的管理中，将料场当作重点，做好工程物资收料、验收、储存和发料等环节，做好对物资材料的规划管理。另外，对施工用料中所遗留的边角和废残料等，要及时进行收回，尽可能地实现循环利用。最后，还要定期进行盈亏的盘查，对收发进行控制，要和工程实际的情况进行结合，对物资收发的制度以及手续进行完善，并做好物资账卡记录，这样就能够避免物资收发出现误差的情况，同时相关管理人员还要常深入到料场内，对物资材料进行巡视和盘查，对材料存量以及盈亏情况进行掌握，避免材料出现积压或者供应的不及时等情况。

施工单位有关本合同段机械设备及物资材料管理工作记录虽然一般不归档到项目档案之中，但应归档至本单位相关档案门类中去。

以上从九个方面简述了建造期间施工单位工作及其信息源流，粗略展示了施工单位档案与信息管理工作的对象及其构成。当然，施工建造工作点多线长面广，还有很多配套工作、细节工作难以归类到某一方面，如若这些工作涉及工程质量、费用、工期等因素，其有关记录也应收集归档，因为档案的作用就是忠实记载工程建设过程。

第三节　建造期间监理单位工作及其信息源流

1984年之前，我国建设工程基本上是国有投资，工程项目建设中主要实施的是工程指挥部模式。工程指挥部由建设单位临时抽调人员组成，项目完成后返回各自岗位。1984年，我国在建的鲁布革水电站项目引水系统工程利用世界银行贷款建设，其按有关条约规定采用了咨询工程师制度，取得了显著效益，中标施工单位仅以标底价60%的造价就完成了所有合同任务。鲁布革工程的成功，直接导致我国借鉴并引入了国外先进的建设工程监理制度。1998年，《中华人民共和国建筑法》的颁布标志着工程监理制度正式向全国推行，从法律层面为我国实质性地实施强制性监理制度作了规定。

按照《建设工程监理规范》(GB/T 50319—2013)术语定义，建设工程监理是工程监理单位受建设单位委托，根据法律法规、工程建设标准、勘察设计文件及合同，在施工阶段对建设工程质量、进度、造价进行控制，对合同、信息进行管理，对工程建设相关方的关系进行协调，并履行建设工程安全生产管理法定职责的服务活动。其主要工作及信息源流包括以下方面。

一、项目监理机构设置及其设施配置

与施工中标单位在工地现场派驻管理机构——项目经理部一样，工程监理单位实施监理时，亦应在施工现场派驻项目监理机构。项目监理的组织形式和规模，可根据建设工程监理合同约定的服务内容、服务期限，以及工程特点、规模、技术复杂程度、环境等因素确定。项目监理机构的监理人员应由总监理工程师、专业监理工程师和监理员组成，且专业配套、数量应满足建设工程监理工作需要，必要时可设总监理工程师代表。

工程监理单位在建设工程监理合同签订后，应及时将项目监理机构的组织形式、人员构成及对总监理工程师的任命书面通知业主单位。工程监理单位调换总监理工程师时，应征得业主单位书面同意；调换专业监理工程师时，总监理工程师应书面通知业主单位。一名注册监理工程师可担任一项建设工程监理合同的总监理工程师。当需要同时担任多项建设工程监理合同的监理工程师时，应经业主单位书面同意，且最多不得超过三项。施工现场监理工作全部完成或建设工程监理合同终止时，项目监理机构可撤离施工现场。

(一) 监理人员职责

(1) 总监理工程师应履行职责：①确定项目监理机构人员及其岗位职责。②组织编制监理规划，审批监理实施细则。③根据工程进展及监理工作情况调配监理人员，检查监理人员工作。④组织召开监理例会。⑤组织审核分包单位资格。⑥组织审查施工组织设计、(专项)施工方案。⑦审查工程开复工报审表，签发工程开工令、暂停令和复工令。⑧组织检查施工单位现场质量、安全生产管理体系的建立及运行情况。⑨组织审核施工单位的付款申请，签发工程款支付证书，组织审核竣工结算。⑩组织审查和处理工程变更。⑪调解建设单位与施工单位的合同争议，处理工程索赔。⑫组织验收分部工程，组织审查单位工程质量检验资料。⑬审查施工单位的竣工申请,组织工程竣工预验收,组织编写工程质量评估报告,参与工程竣工验收。⑭参与或配合工程质量安全事故的调查和处理。⑮组织编写监理月报、监理工作总结,组织整理监理文件资料。

总监理工程师不得将②⑥⑦⑪⑬⑭的签发工程开工令、暂停令和复工令,⑨的签发工程款支付证书,组织审核竣工结算等工作委托给总监理工程师代表。

(2) 专业监理工程师应履行职责:①编制监理实施细则。②审查施工单位提交的涉及本专业的报审文件,并向总监理工程师报告。③参与审核分包单位资格。④指导、检查监理员工作,定期向总监理工程师报告本专业监理工作实施情况。⑤检查进场的工程材料、构配件、设备的质量。⑥验收检验批、隐蔽工程、分项工程,参与验收分部工程。⑦处置发现的质量问题和安全事故隐患。⑧进行工程计量。⑨参与工程变更的审查和处理。⑩组织编写监理日志,参与编写监理月报。⑪收集、汇总、参与整理监理文件资料。⑫参与工程竣工预验收和竣工验收。

(3) 监理员应履行职责:①检查施工单位投入工程的人力、主要设备的使用及运行状况。②进行见证取样。③复核工程计量有关数据。④检查工序施工结果。⑤发现施工作业中的问题,及时指出并向专业监理工程师报告。

(二) 监理设施

业主单位应按建设工程监理合同约定,提供监理工作需要的办公、交通、通信、生活等设施。项目监理机构宜妥善使用和保管建设单位提供的设施,并应按建设工程监理合同约定的时间移交业主单位。工程监理单位宜按建设工程监理合同约定,配备满足监理工作需要的检测设备和工具器材。

二、编制监理规划及监理实施细则

监理规划是用来指导项目监理机构全面开展监理工作的指导性文件。监理规划应结合工程实际情况,明确项目监理机构的工作目标,确定具体的监理工作制度、内容、程序、方法和措施。监理规划可在签订建设工程监理合同及收到工程设计文件后由总监理工程师组织编制,并应在召开第一次工地会议前报送业主单位。

监理规划编审应遵循下列程序:①总监理工程师组织专业监理工程师编制。②总监理工程师签字后由工程监理单位技术负责人审批。

监理规划应包括下列主要内容:①工程概况。②监理工作的范围、内容、目标。③监理工作依据。④监理组织形式、人员配备及进退场计划、监理人员岗位职责。⑤监理工作制度。⑥工程质量控制。⑦工程造价控制。⑧工程进度控制。⑨安全生产管理的监理工作。⑩合同与信息管理。⑪组织协调。⑫监理工作设施。在实施工程监理过程中,实际情况或条件发生变化而需要调整监理规划时,应由总监理工程师组织专业监理工程师修改,并应经工程监理单位技术负责人批准后报建设单位。

监理实施细则是更具有实施性和可操作性的业务文件。规范要求,对专业性较强、危险性较大的分部分项工程,项目监理机构应编制监理实施细则。监理实施细则应在相应工程施工开始前由专业监理工程师编制,并应报总监理工程师审批。监理实施细则的编制应依据：①监理规划。②工程建设标准、工程设计文件。③施工组织设计、（专项）施工方案。监理实施细则应包括专业工程特点、针对本专业工程的监理工作流程、监理工作要点、监理工作方法及措施等内容。在实施建设工程监理过程中，监理实施细则内容可根据实际情况进行补充、修改，但须总监理工程师批准后实施。

三、工程质量、造价、进度、安全生产及环境保护的监理工作

项目监理机构应根据建设工程监理合同约定，遵循动态控制原理，坚持预防为主的原则，制定和实施相应的监理措施，采用旁站、巡视和平行检验等方式对建设工程实施监理。监理工作基本规定如下：

（1）监理人员应熟悉工程设计文件，并应参加业主单位主持的图纸会审和设计交底会议，会议纪要应由总监理工程师签认。

（2）工程开工前，监理人员应参加由业主单位主持召开的第一次工地会议，会议纪要应由项目监理机构负责整理，与会各方代表应会签。

（3）项目监理机构应定期召开监理例会，并组织有关单位研究解决与监理相关的问题。项目监理机构可根据工程需要，主持或参加专题会议，解决监理工作范围内工程专项问题。监理例会以及由项目监理机构主持召开的专题会议的会议纪要，应由项目监理机构负责整理，与会各方代表应会签。

（4）项目监理机构应协调工程建设相关方的关系。项目监理机构与工程建设相关方之间的工作联系，除另有规定外宜采用工作联系单形式进行，相关责任签署应齐全完备。

（5）项目监理机构应审查施工单位报审的施工组织设计，符合要求时，应由总监理工程师签认后报建设单位。项目监理机构应要求施工单位按已批准的施工组织设计组织施工。施工组织设计需要调整时，项目监理机构应按程序重新审查。施工组织设计审查应包括：①编审程序应符合相关规定；②施工进度、施工方案及工程质量保证措施应符合施工合同要求；③资金、劳动力、材料、设备等资源供应计划应满足工程施工需要；④安全技术措施应符合工程建设强制性标准；⑤施工总平面布置应科学合理等基本内容。

（6）总监理工程师应组织专业监理工程师审查施工单位报送的开工报审表及相关文件材料；同时确认：①设计交底和图纸会审已完成；②施工组织设计已由总监理工程师签认；③施工单位现场质量、安全生产管理体系已建立，管理及施工人员已到位，施工机械具备使用条件，主要工程材料已落实；④进场道路及水、电、通信等已满足开工要求等条件时，应由总监理工程师签署审查意见，并应报业主单位批准后，总监理工程师签发工程开工令。

（7）分包工程开工前，项目监理机构应审核施工单位报送的有关分包单位资格报审表，专业监理工程师提出审查意见后，应由总监理工程师审核签认。分包单位资格审核应包括下列基本内容：①营业执照、企业资质等级证书；②安全生产许可文件；③类似工程业绩；④专职管理人员和特种作业人员的资格；等等。

（8）项目监理机构宜根据工程特点、施工合同、工程设计文件及经过批准的施工组织设计对工程进行风险分析，并应制定工程质量、造价、进度目标控制及安全生产管理的方

案,同时应提出防范性对策。

(一) 工程质量监理

(1) 工程开工前,项目监理机构应审查施工单位现场的质量管理组织机构、管理制度及专职管理人员和特种作业人员的资格。

(2) 总监理工程师应组织专业监理工程师审查施工单位报审的施工方案,并在符合要求后予以签认。

(3) 专业监理工程师应审查施工单位报送的新材料、新工艺、新技术、新设备的质量认证材料和相关验收标准的适用性,必要时应要求施工单位组织专题论证,审查合格后报总监理工程师签认。

(4) 专业监理工程师应检查、复核施工单位报送的施工控制测量成果及保护措施,签署意见。施工控制测量成果及保护措施的检查、复核,应包括:①施工单位测量人员的资格证书及测量设备检定证书;②施工平面控制网、高程控制网和临时水准点的测量成果及控制桩的保护措施等重点内容。专业监理工程师还应对施工单位在施工过程中报送的施工测量放线成果进行查验。

(5) 专业监理工程师应检查施工单位为本工程提供服务的实验室。实验室的检查应包括下列内容:①实验室的资质等级及试验范围;②法定计量部门对试验设备出具的计量检定证明;③实验室管理制度;④试验人员资格证书;等等。

(6) 项目监理机构应审查施工单位报送的用于工程的材料、构配件、设备的质量证明文件,并应按有关规定、建设工程监理合同约定,对用于工程的材料进行见证取样,平行检验。项目监理机构对已进场经检验不合格的工程材料、构配件、设备,应要求施工单位限期将其撤出施工现场。

(7) 专业监理工程师应审查施工单位定期提交影响工程质量的计量设备的检查和检定报告。

(8) 项目监理机构应根据工程特点和施工单位报送的施工组织设计,确定旁站的关键部位;关键工序安排监理人员旁站,并应及时记录旁站情况。旁站记录应按规范格式填写。

(9) 项目监理机构应安排监理人员对工程施工质量进行巡视。巡视应包括下列主要内容:①施工单位是否按工程设计文件、工程建设标准和批准的施工组织设计、(专项)施工方案施工;②使用的工程材料、构配件和设备是否合格;③施工现场管理人员,特别是施工质量管理人员是否到位;④特种作业人员是否持证上岗;等等。

(10) 项目监理机构应根据工程特点、专业要求,以及建设工程监理合同约定,对工程材料、施工质量进行平行检验。

(11) 项目监理机构应对施工单位报验的隐蔽工程、检验批;分项工程和分部工程进行验收,对验收合格的应给予签认,对验收不合格的应拒绝签认,同时应要求施工单位在指定的时间内整改并重新报验。对已同意覆盖的工程隐蔽部位质量有疑问的,或发现施工单位私自覆盖工程隐蔽部位的,项目监理机构应要求施工单位对该隐蔽部位进行钻孔探测、揭开或其他方法进行重新检验。

（12）项目监理机构发现施工存在质量问题的，或施工单位采用不适当的施工工艺，或施工不当，造成工程质量不合格的，应及时签发监理通知单，要求施工单位整改。整改完毕后，项目监理机构应根据施工单位报送的监理通知回复对整改情况进行复查，提出复查意见。

（13）对需要返工处理加固补强的质量缺陷，项目监理机构应要求施工单位报送经设计等相关单位认可的处理方案，并应对质量缺陷的处理过程进行跟踪检查，同时应对处理结果进行验收。

（14）对需要返工处理或加固补强的质量事故，项目监理机构应要求施工单位报送质量事故调查报告和经设计等相关单位认可的处理方案，并应对质量事故的处理过程进行跟踪检查，同时应对处理结果进行验收。项目监理机构应及时向业主单位提交质量事故书面报告，并应将完整的质量事故处理记录整理归档。

（15）项目监理机构应审查施工单位提交的单位工程竣工验收报审表及竣工资料，组织工程竣工预验收。存在问题的，应要求施工单位及时整改；合格的，总监理工程师应签认单位工程竣工验收报审表。

（16）工程竣工预验收合格后，项目监理机构应编写工程质量评估报告，并应经总监理工程师和工程监理单位技术负责人审核签字后报业主单位。

（17）项目监理机构应参加由建设单位组织的竣工验收，对验收中提出的整改问题，应督促施工单位及时整改。工程质量符合要求的，总监理工程师应在工程竣工验收报告中签署意见。

（二）工程造价监理

（1）严格按程序办理工程计量和付款签证。①专业监理工程师对施工单位在工程款支付报审表中提交的工程量和支付金额进行复核，确定实际完成的工程量，提出到期应支付给施工单位的金额，并提出相应的支持性材料；②总监对专业监理工程师的审查意见进行审核，签认后报业主单位审批；③总监理工程师根据建设单位的审批意见，向施工单位签发工程款支付证书。工程款支付报审表及支付证书应制订样式表，规范填报。

（2）项目监理机构应建立月完成工程量统计表，对实际完成量与计划完成量进行比较分析，发现偏差的，应提出调整建议，并应在监理月报中向业主单位报告。

（3）监理机构应按程序进行竣工结算款审核：①专业监理工程师审查施工单位提交的工程结算款支付申请，提出审查意见。②总监理工程师对专业监理工程师的审查意见进行审核，签认后报业主单位审批，同时抄送施工单位，并就工程竣工结算事宜与业主单位、施工单位协商。达成一致意见的，根据业主单位审批意见向施工单位签发竣工结算款支付证书；不能达成一致意见的，应按施工合同约定处理。

监理机构应将有关价格调整工作融合到工程造价控制三个主要环节中去。按照FIDIC通用条款规定：除非合同专用条款另有规定，凡是合同预期工期在24个月以上者，在合同执行期间，由于人工和材料的价格涨落因素应对合同价格进行调整。调价时，应按约定公式计算，原则上每年进行一次调整，也有些土木工程项目约定每个季度或每月在计量支付中直接调整。

(三) 工程进度监理

(1) 项目监理机构应审查施工单位报审的施工总进度计划和阶段性施工进度计划，提出审查意见，并应由总监理工程师审核后报业主单位。施工进度计划审查应包括：①施工进度计划应符合施工合同中工期的约定；②施工进度计划中主要工程项目无遗漏，阶段性施工进度计划应满足总进度控制目标的要求；③施工顺序的安排应符合施工工艺要求；④施工人员、工程材料、施工机械等资源供应计划应满足施工进度计划的需要；⑤施工进度计划应符合建设单位提供的资金、施工图纸、施工场地、物资等施工条件等。

(2) 项目监理机构应检查施工进度计划的实施情况，发现实际进度严重滞后于计划进度且影响合同工期时，应签发监理通知单，要求施工单位采取调整措施加快施工进度。总监理工程师应向业主单位报告工期延误风险。

(3) 项目监理机构应比较分析工程施工实际进度与计划进度，预测实际进度对工程总工期的影响，并应在监理月报中向业主单位报告工程实际进展情况。

(四) 安全生产监理

(1) 项目监理机构应根据法律法规、工程建设强制性标准，履行建设工程安全生产管理的监理职责，并应将安全生产管理的监理工作内容、方法和措施纳入监理规划及监理实施细则。

(2) 项目监理机构应审查施工单位现场安全生产规章制度的建立和实施情况，并应审查施工单位安全生产许可证及施工单位项目经理、专职安全生产管理人员和特种作业人员的资格，同时应核查施工机械和设施的安全许可验收手续。

(3) 项目监理机构应审查施工单位报审的专项施工方案，符合要求的，应由总监理工程师签认后报业主单位。超过一定规模的危险性较大的分部分项工程的专项施工方案，应检查施工单位组织专家进行论证、审查的情况，以及是否附具安全验算结果。项目监理机构应要求施工单位按已批准的专项施工方案组织施工。专项施工方案需要调整时，施工单位应按程序重新提交项目监理机构审查。

(4) 项目监理机构应巡视检查危险性较大的分部分项工程专项施工方案实施情况。发现未按专项施工方案实施时，应签发监理通知单，要求施工单位按专项施工方案实施。

(5) 项目监理机构在实施监理过程中，发现工程存在安全事故隐患时，应签发监理通知单，要求施工单位整改；情况严重时，应签发工程暂停令，并应及时报告业主单位。施工单位拒不整改或不停止施工时，项目监理机构应及时向有关主管部门报送监理报告。

(五) 环境保护监理

(1) 项目监理机构应审查施工组织设计中是否按施工合同约定制定了防止、减少环境污染和生态破坏的措施。

(2) 监理人员应检查施工单位环保措施落实情况：①是否落实了施工环保责任人，是否对施工人员进行了环保教育；②施工场地布设、材料堆场设置及工程废旧材料处理是否符合环保要求；③施工通道、临时便道、料场等在干燥易扬尘时是否洒水降尘；④施工废渣、废料、废水和生活垃圾等的处置是否符合设计要求；⑤是否落实水土保持措施，是否在拟定的取土弃土场作业，是否进行了防护和植被恢复。

（3）监理工程师应检查施工单位是否依法取得树木砍伐许可，并按许可面积或数量进行砍伐；应督促施工单位依法保护植被、水域和自然景观。

（4）项目监理机构在监理过程中发现施工违反有关环保法律法规、未按合同要求落实环保措施的，应要求施工单位整改；情况严重的，应签发停工令要求施工单位停工，并向业主单位报告。

四、工程变更、索赔及施工合同争议监理

项目监理机构应依据建设工程监理合同约定进行施工合同管理，处理工程暂停及复工、工程变更、索赔及施工合同争议、解除等事宜。施工合同终止时，项目监理机构应协助业主单位按施工合同约定处理施工合同终止的有关事宜。

（一）工程暂停及复工监理

总监理工程师在签发工程暂停令时，可根据停工原因的影响范围和影响程度，确定停工范围，并应按施工合同和建设工程监理合同的约定签发工程暂停令。发现下列情况之一时，总监理工程师应及时签发工程暂停令：①建设单位要求暂停施工且工程需要暂停施工的；②施工单位未经批准擅自施工或拒绝项目监理机构管理的；③施工单位未按审查通过的工程设计文件施工的；④施工单位未按批准的施工组织设计、（专项）施工方案施工或违反工程建设强制性标准的；⑤施工存在重大质量、安全事故隐患或发生质量、安全事故的。

总监理工程师签发工程暂停令应征得业主单位同意，在紧急情况下未能事先报告的，应在事后及时向建设单位作出书面报告。暂停施工事件发生时，项目监理机构应如实记录所发生的情况。总监理工程师应会同有关各方按施工合同约定，处理因工程暂停引起的与工期、费用有关的问题。因施工单位原因暂停施工时，项目监理机构应检查、验收施工单位的停工整改过程、结果。当暂停施工原因消失、具备复工条件时，施工单位提出复工申请的，项目监理机构应审查施工单位报送的复工报审表及有关材料，符合要求后，总监理工程师应及时签署审查意见，并应报建设单位批准后签发工程复工令；施工单位未提出复工申请的，总监理工程师应根据工程实际情况指令施工单位恢复施工。复工报审表、工程复工令应规范填写。

（二）工程变更监理

项目监理机构可按下列程序处理施工单位提出的工程变更：①总监理工程师组织专业监理工程师审查施工单位提出的工程变更申请，提出审查意见。对涉及工程设计文件修改的工程变更，应由业主单位转交原设计单位修改工程设计文件。必要时，项目监理机构应建议业主单位组织设计、施工等单位召开论证工程设计文件的修改方案的专题会议。②总监理工程师组织专业监理工程师对工程变更费用及工期影响作出评估。③总监理工程师组织建设单位、施工单位等共同协商确定工程变更费用及工期变化，会签工程变更单。④项目监理机构根据批准的工程变更文件监督施工单位实施工程变更。工程变更单应填写规范、签署完备。

项目监理机构可在工程变更实施前与业主单位、施工单位等协商确定工程变更的计

价原则、计价方法或价款。业主单位与施工单位未能就工程变更费用达成协议时，项目监理机构可提出一个暂定价格并经建设单位同意，作为临时支付工程款的依据。工程变更款项最终结算时，应以业主单位与施工单位达成的协议为依据。项目监理机构可对建设单位要求的工程变更提出评估意见，并应督促施工单位按会签后的工程变更单组织施工。

（三）费用索赔监理

项目监理机构应及时收集、整理有关工程费用的原始记录及相关文件材料，为处理费用索赔提供证据。项目监理机构处理费用索赔的主要依据应包括下列内容：①法律法规；②勘察设计文件、施工合同文件；③工程建设标准；④索赔事件的证据。

项目监理机构按下列程序处理施工单位提出的费用索赔：①受理施工单位在施工合同约定的期限内提交的费用索赔意向通知书；②收集与索赔有关的资料；③受理施工单位在施工合同约定的期限内提交的费用索赔报审表；④审查费用索赔报审表，需要施工单位进一步提交详细工程记录及支撑性文件材料时，应在施工合同约定的期限内发出通知；⑤与业主单位和施工单位协商一致后，在施工合同约定的期限内签发费用索赔报审表，并报业主单位。

费用索赔意向通知书、费用索赔报审表应规范填写，相关计算书清晰准确，责任签署完备。

因施工单位原因造成业主单位损失，建设单位提出索赔时，项目监理机构应与建设单位和施工单位协商处理。

（四）工程延期及工期延误监理

施工单位提出工程延期要求符合施工合同约定时，项目监理机构应予以受理。当影响工期事件具有持续性时，项目监理机构应对施工单位提交的阶段性工程临时延期报审表进行审查，并应签署工程临时延期审核意见后报业主单位。当影响工期事件结束后，项目监理机构应对施工单位提交的工程最终延期报审表进行审查，并应签署工程最终延期审核意见后报业主单位。工程临时延期报审表和工程最终延期报审表应按规定要求填写。

项目监理机构在作出工程临时延期批准和工程最终延期批准前，均应与业主单位和施工单位协商。项目监理机构批准工程延期应同时满足下列条件：①施工单位在施工合同约定的期限内提出工程延期；②因非施工单位原因造成施工进度滞后；③施工进度滞后影响到施工合同约定的工期。

施工单位因工程延期提出费用索赔时，项目监理机构可按施工合同约定进行处理。发生工期延误时，项目监理机构应按施工合同约定进行处理。

（五）施工合同争议

项目监理机构处理施工合同争议时应进行下列工作：①了解合同争议情况；②及时与合同争议双方进行磋商；③提出处理方案后，由总监理工程师进行协调；④当双方未能达成一致时，总监理工程师应提出处理合同争议的意见。

项目监理机构在施工合同争议处理过程中，对未达到施工合同约定的暂停履行合同条件的，应要求施工合同双方继续履行合同。在施工合同争议的仲裁或诉讼过程中，项目监理机构应按仲裁机关或法院要求提供与争议有关的证据。

（六）施工合同解除

因业主单位原因导致施工合同解除时，项目监理机构应按施工合同约定与业主单位和施工单位从以下：①施工单位按施工合同约定已完成的工作应得款项；②施工单位按批准的采购计划订购工程材料、构配件、设备的款项；③施工单位撤离施工设备至原基地或其他目的地的合理费用；④施工单位人员的合理遣返费用；⑤施工单位合理的利润补偿；⑥施工合同约定的业主单位应支付的违约金等六个方面协商确定施工单位应得款项，并签认工程款支付证书。

因施工单位原因导致施工合同解除时，项目监理机构应按施工合同约定，从以下：①施工单位已按施工合同约定实际完成的工作应得款项和已给付的款项；②施工单位已提供的材料、构配件、设备和临时工程等的价值；③对已完工程进行检查和验收、移交工程资料、修复已完工程质量缺陷等所需的费用；④施工合同约定的施工单位应支付的违约金等四个方面确定施工单位应得款项或偿还业主单位的款项，并应与业主单位和施工单位协商后，书面提交施工单位应得款项或偿还业主单位款项的证明。

因非建设单位、施工单位原因导致施工合同解除时，项目监理机构应按施工合同约定处理合同解除后的有关事宜。

五、工程保修阶段服务

监理单位承担工程保修阶段的服务工作时，按照服务合同约定定期回访。对业主单位或使用单位提出的工程质量缺陷，工程监理单位应安排监理人员进行检查和记录，并应要求施工单位予以修复，同时应监督实施，合格后应予以签认。应对工程质量缺陷原因进行调查，并应与业主单位、施工单位协商确定责任归属。对非施工单位原因造成的工程质量缺陷，应核实施工单位申报的修复工程费用，并应签认工程款支付证书，同时应报业主单位。

六、监理文件与信息管理

监理文件与信息管理主要工作应包括：①项目监理机构应建立完善监理文件与信息管理制度，宜设专人管理监理文件材料与信息数据库；②项目监理机构应及时、准确、完整地收集、整理、编制、传递监理文件与信息数据；③项目监理机构宜采用办公 OA 与各种业务信息系统术进行监理文件与信息管理。

监理文件材料应包括以下主要内容：①勘察设计文件、建设工程监理合同及其他合同文件；②监理规划、监理实施细则；③设计交底和图纸会审会议纪要；④施工组织设计、（专项）施工方案、施工进度计划报审文件材料；⑤分包单位资格报审文件与支撑性材料；⑥施工控制测量成果报验文件及测量记录、计算书等；⑦总监理工程师任命书，工程开工令、暂停令、复工令，开工或复工报审文件材料；⑧工程材料、构配件、设备报验文件资料；⑨见证取样和平行检验记录与报告；⑩工程质量检查报验单及工程有关验收记录表；⑪工程变更、费用索赔及工程延期文件材料；⑫工程计量、工程款支付文件材料；⑬监理通知单、工作联系单与监理报告；⑭第一次工地会议、监理例会、专题会议等会议纪要；⑮监理月报、监理日志、旁站记录等；⑯工程质量或生产安全事故处理文件材料；⑰工程质量评估报告及竣工验收监理文件材料；⑰监理工作总结；等等。

监理日志应包括：①天气和施工环境情况；②当日施工进展情况；③当日监理工作情况，包括旁站、巡视、见证取样、平行检验等情况；④当日存在的问题及协调解决情况；⑤其他有关事项。

监理月报应包括：①本月工程实施情况；②本月监理工作情况；③本月施工中存在的问题及处理情况；④下月监理工作重点；等等。

监理工作总结应包括：①工程概况；②项目监理机构；③建设工程监理合同履行情况；④监理工作成效；⑤监理工作中发现的问题及其处理情况；⑥说明和建议；等等。

以上土木工程建造期间由项目监理机构在工作流程中产生的信息源流及文件材料应及时采撷、收集并纳入项目档案与信息管理系统集中管理。各类载体的文件材料、影音（磁、光）记录等应按规范整理、分类汇总，并按科技档案案卷构成一般规定或各行业规定组卷，形成监理档案，向业主单位统一归档到项目档案之中。

第四节　建造期间其他参建单位工作及其信息源流

土木工程项目建造期间除了业主、监理、施工等主要参建单位以外，其他如设计代表、第三方检测机构、材料供应商、设备供应商、设备安装调试服务商、水保环保咨询服务机构、安全生产评估机构、项目审计服务机构等单位也在相应的工作流程中形成信息源流，同样需要按照《建设项目档案管理办法》《项目管理大纲》等规定纳入项目档案与信息管理的范畴。

一、设计代表工作及其信息源流

设计代表是设计单位派驻施工现场的专职设计沟通人员，主要工作内容是全方位跟踪整个施工流程，与设计方、施工方、监理方和业主方等责任主体保持良好的沟通，促进工程建设的正常运转。对一个工程项目来说，设计单位的各个设计阶段都会受到各种主客观因素的干预，导致整体设计不够理想。对于设计环节存在的各类问题，设计代表要与施工方保持良好的沟通，编制可靠的解决方案，确保工程项目在规定时间内交付竣工。

对于设计图纸中存在缺项漏项，或设计工程量与实际发生量偏差较大的情况，设计代表要慎重处理，应做好事件发现发展的全程记录，第一时间内将情况反馈至设计院项目经理处，寻求设计单位的协助。因为工程设计中专业多样，设计代表不可能精通各个专业知识，所以第一步要做的是履行好工地与设计院联络的职责，继而做好各种联系单及备忘录的形成及收集整理工作。

以公路工程为例，现场设计代表对参与变更审查及其工作信息源流按工程变更大小分为两类。①小型变更流程：接受质量信息→查阅设计资料/四方实地落实→收集基础资料→确定处理方案→设计→复核→审核→出版→交付业主→并入变更资料。相关质量记录为“后期服务信息及处理记录”“会议纪要”“勘察设计成品校审记录单”“现场处理卡”“外来文件验证卡”“顾客提供财产移交验证卡”“勘察设计文件出版、放行申请单”等。②大型变更流程：接受质量信息→查阅设计资料/四方实地落实→收集基础资料→设计代表处内商定初步方案→技管处组织方案评审，并形成设计评审结论后，由设计后期服务部门设计→复核→审核→审定→出版→院放行。属非设计原因的变更经营处下任务通知单。现场设计组收集的资料信息包括原设计基础资料、现状的描述及重新设计要点的基础资料，并在图纸交付业主后填写“后期服务信息反馈及处理记录”。相关质量记录为“设计评审会议结论/纪要”“勘察设计成品校审记录单”“勘察设计任务通知书”“外来文件验证卡”“顾客提供财产移交验证卡”等。

设计代表收集档案文件材料频率宜采用年、半年、季度三种。一般要求其收集周期是半年，但是设计意见与修改变更通知、交接记录、工作联系单、周报月报简报、月报等分类的更新频率较快，故该类收集频率应为每季度收集一次。工程大事记、竣工材料、声像材料等文件材料收集频率宜为一年一次。

二、第三方检测工作及其信息源流

第三方检测机构又称公正检验机构，指两个相互联系的主体之外的某个客体，以公正、权威的非当事人身份，根据有关法律、标准或合同所进行的商品检验活动。土木工程建设中的第三方检测项目主要有独立的质量检测、施工现场质量检测、公共设施安全监测服务、无损检测、公路与桥梁检测技术服务、建设工程检测、工程技术咨询服务、桩基检测服务、基坑监测服务、房屋安全鉴定等等。第三方检测机构所能开展检测项目由市场监督管理部门核定总体控制措施。

第三方检测工作在实施项目控制时应着重注意以下环节：①应抽调经验丰富的专业技术人员，组建项目小组。各小组成员各司其职，严格执行项目总负责人的工作指导方针和接受母体稽核组的监督。工作底稿和成果文件小组成员互检，再提交项目经理复核，最后报稽核组终审。②应派出与检测任务相匹配的总负责人，全面承担领导和监管责任，负责项目实施过程中的各子项、各专业的技术协调、组织管理、质量管理工作，做到权责清晰、规范性操作。③应选派与专业复杂度匹配的检测技术人员担任技术总负责人，负责现场技术管理。④应采用二级平行控制方式控制质量，即在原有的三级复核制基础上实施项目稽核制，稽核工作主要由项目稽核组人员完成。

检测实施方案主要包括以下三个方面：

（1）编制项目检测方案。编制时应遵循客观、公开、公正、公平、合法、科学合理和诚实信用的工作原则，以事实为依据，客观、严格、科学合理地开展编制工作。

（2）项目检测的依据。主要有：设计图纸及相关技术资料；国家有关工程检测的法律、法规及规章制度等与工程项目相关的规定、行业标准及当地相关部门规定；施工及验收规范、标准图、通用图等;项目建议书、可行性研究报告、项目立项批文、检测方案等批准文件;招投标文件、招标答疑文件、标底、中标标书等。

(3) 项目检测程序。①检测准备阶段。要了解项目的基本情况,收集和整理必要的编制依据,确定项目编制负责人,配置相应的编制人员,复审人员。配合项目建设单位相关工作根据检测要求,制定项目检测计划、现场作业指导书。检测计划应包括拟定检测内容、检测重点、检测方法和检测时间等内容。②检测实施阶段。要查阅并熟悉有关项目的编制依据,审查项目建设单位所提供资料的合法性、真实性、准确性和完整性;进行现场踏勘;核查、取证、计量、分析、汇总;在检测过程中及时与项目建设单位进行沟通;按照规定的格式和内容形成初审意见。③完成阶段。应及时整理检测原始数据记录和有关资料,将完整的项目检测资料登记归档。

三、材料供应工作及其信息源流

土木工程建造中,应按照“合理组织,精心选择,质量优良,满足施工,减少库存,杜绝浪费”的原则组织材料供应,并考虑可能延误材料供应的各种不利因素,有计划地做好材料供应,确保材料供应满足施工要求。在建造中,工程材料可分为甲供材料、甲控材料和施工单位自购材料三类。

1. 甲供材料

甲供材料,简单来说就是由甲方提供的材料。这是在甲方与承包方签订合同时事先约定的。凡是甲供材料,进场时由施工方和甲方代表共同取样验收,合格后方能用于工程上。甲供材料一般为大宗材料,比如钢筋、钢板、管材以及水泥等,施工合同中甲供材料有详细的清单。

甲供材料现场验收程序如下:

(1) 现场施工单位应指定专人接收甲供材料,并由总包、业主、监理、审计共同参与对甲供材料验收。应在“甲供材料(设备)进场验收单”上签字确认。特别在夜间及下班时间内到货,乙方指定的专人,应保证随叫随到,及时进行验收。待上班后由业主组织其他相关单位会签材料进场验收单。

(2) 监理检查产品的出厂合格证、检验报告等是否齐全,如果资料不齐全应及时向供货方索取。资料补齐后方可办理验收手续;检查同一批进场的产品型号、规格是否一致,产品质量是否符合要求,不合格材料坚决杜绝进场,并在“甲供材料(设备)进场验收单”上签署有关质量意见。

(3) 总包、施工单位仔细检查产品实物与资料上的(送货单)内容和各项技术指标是否相符;检查产品的外观形状,包括其包装、标识及相关内容是否完好、合格,是否有破损;检查其数量是否与送货单一致(特别是施工单位材料签收专职人员),如有短缺应由供货商补足。

(4) 业主、审计督促材料验收程序是否符合要求,供货商在质量、数量、供应时间上等不符合合同要求时,根据业主与供货商签订的供货合同有关条款进行处罚,经济处罚事项在付款实施时扣除,数量赔偿事项在下次送货时监督核实。

(5) 材料验收单由施工单位接收材料专人填写，参加验收人员共同签署意见，并附送货单小票，提交业主造价部汇总审核。验收单严禁随意涂改，如有涂改须有当事人签章。

(6) 甲供材料(设备)经质检部门(或有权检测部门)检验不合格需退货的，施工单位应出具书面退货申请，将申请、检验报告等证明文件一起报甲方工程部，经审核后办理相关手续。由于乙方施工原因或计划不周或不根据变更及时提报材料的变更增减计划等原因造成的退货申请，因退货所产生的费用概由施工单位承担。

2. 甲控材料

甲控材料是指招投标过程中已明确甲控乙供的材料。甲控材料由业主单位按合同约定控制材料价格、数量、品牌等，由施工单位负责采购。其核价表报送及审批流程一般如下：①施工单位根据总体施工进度计划安排，按要求上报甲控材料核价表。填写内容齐全、完整、清晰。②报送流程。施工单位编制甲控材料核价表→报监理单位审核→报甲方工程部审核→报甲方项目经理签字确认。③审批流程。监理单位审核，核定核价表中工期、到货时间、材料设备规格、型号、技术参数及用途(使用部位)，并签字确认。业主单位部门审核，对监理审核内容进行复审，并对施工单位所报材料设备品牌进行审核，并签字确认。④业主单位领导审核签字并加盖公章后下发实施。

甲控材料进场后由施工单位、监理、业主单位主管部门参与验收，履行验收签认手续。

3. 自购材料

施工单位对于自购材料，应建立物资供应管理机构，并按施工组织的材料供应基点设置材料库，做到：①根据施工组织设计及施工进度制定详尽的季度、月度用料计划，对钢材、水泥等需求量大及新材料、紧缺材料提前备料。②在混凝土预制场和搅拌站安装散装水泥罐，散装水泥直接由生产厂运送到工地。③物资供应站设置材料储备场地和存储仓库，库房设计满足招标文件要求，水泥储存周转量一般不少于一个月、钢材等其他材料不少于三个月，以保证在施工高峰期及特殊情况下的物资供应。

无论是何种方式供应的材料，有关材料的合格证、供应合同、验收签证、盘点等记录应按文件材料预立卷归档要求收集整理。

四、设备供应安装工作及其信息源流

设备供应安装工作是为基本建设项目提供成套技术装备的技术组织工作。它以合同约定为前提，以工程设计为依据，组织生产、供应、安装、调试等一系列工作，以保证基本建设项目形成完整的生产能力。设备成套工作是物资流通的一个组成部分，是从一般物资流通中独立出来的一种专门形式。它虽然同样是把生产资料由一个生产单位转移到一个新的使用产品的生产单位，但要严格按照建设项目需要，把千百个工厂分散生产的单机、成套机组、成系统的设备集中组织供应到一个建设单位，涉及技术、组织、管理等大量劳务工作。其基本工作程序如下：①根据供货合同及项目批准的设计任务书，了解设计情况，参与设计审查，提供设备选型意见。②进行设备分交，明确需要成套供应设备的数量、具体技术要求和供货时间。③会同生产部门成套地组织安排生产和订货工作，了解生产和交货情况，进行必要的调度，保证按交货期供货。④处理合同纠纷，处理设备退货、调剂、变更工作,直至项目试运转和投产。设备工程,是负责设备的维护、维修、保养。在这些工作程序中,设备的信息记录及交接记录、安装调试记录是重要的归档材料。

五、水保环保咨询服务工作及其信息源流

水保咨询服务即具备开展水土保持业务咨询服务的机构受业主委托或通过中标方式,从事与水土保持相关的工作如编制水土保持方案、生产建设项目水土保持监测、监测报告编制、水土保持治理方案设计以及编制水土保持规划、区划等业务活动。环保咨询服务的业务形式与水保咨询服务基本类同,但工作对象及内容性质不同。

《中华人民共和国水土保持法》及其实施条例规定:一切单位和个人都有保护水土资源、防治水土流失的义务,从事可能引起水土流失的生产建设活动的单位和个人,有责任保护水土资源并负责治理因生产建设活动造成的水土流失。凡从事可能引起水土流失的生产建设活动的单位和个人,必须在项目可行性研究阶段编报水土保持方案,并根据批准的水土保持方案进行前期勘测设计工作。

水土保持措施的方案及施行效果是水保咨询服务工作及其信息源流的重点,方案主要区分为综合措施和专项措施。

一是综合措施,主要体现在:①严格遵守水土保持法律、法规和合同规定,做好施工活动范围内的水土保持工作,避免由于施工造成的水土流失。依照国家、地方和业主有关规定制定切实可行的措施和管理制度,做好水土保持实施、监督、管理工作。②严格执行"三同时"制度。施工期的水土保持设施与主体工程同时设计、同时施工、同时竣工验收和投产使用。各生产部门在布置生产的同时,按"三同时"的要求,同时布置水土保持工作。③自觉接受业主、监理和当地环保部门对水土保持的监督、指导和管理,积极改进施工过程中存在的问题,提高水土保持水平。

二是专项措施。土木工程建造期间水土流失防治措施主要包括两部分,即工程治理措施和植物治理措施。工程治理措施主要针对存弃渣场、土石料场,采取拦渣、护坡和排水工程措施,对施工开挖的边坡采取清理、支护和排水工程措施,避免由于施工造成的水土流失。植物治理措施主要针对存弃渣场、沟槽坡防护等。保持渠坡、渣场的边坡稳定,防止土地的风、雨侵蚀,避免由于施工造成的水土流失。

咨询服务工作信息记录要重点体现出水土保持、环境保护所采取的工程措施、植物措施,并记录施工过程中的一些临时防治措施等。

六、施工安全生产风险评估工作及其信息源流

施工生产安全风险评估工作目的是查找、分析和预测工程、系统、生产经营活动中存在的危险、有害因素及可能导致的危险、危害后果和程度,提出合理可行的安全对策措施,指导危险源监控和事故预防,以达到最低事故率、最少损失和最优的安全投资效益。

风险评估需要收集工程相关基础性资料。风险源辨识小组应先进行现场踏勘,收集本工程相关的基础资料,所收集的资料应包括:①类似工程施工事故资料;②拟建工程相关设计及施工文件资料;③工程区域内水文、地质、自然环境等资料;④工程规划、可行性

研究、工程地质勘察报告及工程施工组织设计文件等资料；⑤工程区域内的建（构）筑物（含管线、民防设施、铁路、公路等）资料；⑥其他与重大风险源辨识对象相关的资料。

风险评估的成果主要是安全风险评估报告，其应反映风险评估过程的全部工作，要求文字简洁、准确，内容翔实可信、论点明确、方法科学合理、措施经济可行；必要时，评估报告应由组织专家评审，形成评审意见。评估报告包含的主要内容有：①编制依据，包括相应的国家和行业标准、规范及规定，工程基础性资料，设计阶段残余风险等；②工程概况；③安全风险评估流程与评估方法；④安全风险评估内容，包括重大风险源及一般风险源的确定，一般风险源定性评估，重大风险源风险等级的确定，控制措施的确定等；⑤安全风险评估结论，要求汇总给出各类重大风险源风险等级，确定工程项目中Ⅲ级和Ⅳ级风险存在的部位、方式等情况，并合理分析评估结果的科学性、可行性、合理性及存在问题。

七、审计工作及其信息源流

审计按其工作性质可区分为审计服务事务和审计行政事务，前者主要指业主为加强工程建设期间的资金管理，引进第三方服务机构开展全过程跟踪审计工作，后者对于土木工程建造项目来说一般称作项目审计，是工程基本建设程序的一个重要环节，它是指审计机构依据国家的法令和财务制度、企业的经营方针、管理标准和规章制度，对建设项目的活动用科学的方法和程序进行审核检查，判断其是否合法、合理和有效的一种活动。项目审计是对项目管理工作的全面检查，包括项目的文件记录、管理的方法和程序、财产情况、预算和费用支出情况以及项目工作的完成情况。项目审计既可以对拟建、在建或竣工的项目进行审计，也可以对项目的整体进行审计，还可以对项目的部分进行审计。

审计工作信息源流主要在有关结论类、证明类、立项类、备查类等文件材料中体现。

（1）结论类的文件材料有：①上级机关（领导）对该审计项目的批示（或批示情况说明）；②审计报告及送达回证；③审计决定及送达回证；④法制部门对审计报告、审计决定的审理意见；⑤对被审计单位反馈意见采纳情况的说明；⑥被审计单位的反馈意见；⑦审计报告征求意见书（含征求意见稿）；⑧审计报告、审计决定代拟稿及业务部门复核意见；⑨审计移送处理书（含移送附件）及送达回证；⑩法制部门对审计移送处理书的审理意见；⑪审计处罚决定书及送达回证；⑫审计听证报告和审计听证记录；⑬审计业务会议纪要、决定、记录；⑭对结论类文件材料的重要管理事项记录（例如，讨论审计报告征求意见稿）。

（2）证明类文件材料有：①被审计单位承诺书；②审计工作底稿汇总表；③审计工作底稿、审计取证单及相应的审计证据；④审计移送问题的审计工作底稿及相应的审计证据；⑤有关举报问题的核实材料；⑥对证明类文件材料的重要管理事项记录（例如，讨论审计中的具体问题）。

（3）立项类文件材料有：①对本项目的调查了解记录（审前所做调查）；②审计实施方案；③调整审计实施方案；④审计通知书及送达回证；⑤上级机关的指令性文件或授权审计通知书；⑥上级领导交办项目的交办单或批示；⑦对本项目立项有关的群众来信或举报材料；⑧对立项类文件材料的重要管理事项记录（例如，讨论审计实施方案和审计重点等）。

第七章

土木工程项目运维工作及其信息源流

运维通常指设施设备的运行与维护，其应用到土木工程项目语境中系词语移用，这是土木工程项目中配套设施设备数量及功能覆盖面越来越多、越来越广的客观原因。在现行《建设项目档案管理规范》(DA/T 28—2018)、《建设工程监理规范》(GB/T 50319—2013)等规范中，均强化了土木工程项目中设施设备的规范化管理，究其原因，是设施设备在土木工程项目建设中的分量如造价占比、功能拓展、服务配套、环境营造等方面越来越重。当前一些土木工程专业课程及诸多论文中已经普遍使用"项目运维"一词，且往往强调项目全生命周期的运维工作。根据第六章对土木工程项目建设流程的概述，本章接续上两章的内容，基于档案与信息管理的视角，讲述土木工程项目运行维护工作及其信息源流。

第一节　结构检测与加固工作及其信息源流

结构稳定是土木工程项目实现所有服务功能的基础。宏观上看，工程结构似乎处于静态之中，谈不上运行之说。但在微观上，构成结构的构件在自存无荷载状态或工作环境中，一直处于应力应变动态变化之中。对于结构这种微观上的"运行"，专业上常常称之为服役状态。原则上，工程主体结构在设计使用年限内无须大修就能按预期目的使用，完成预定的功能。但在实践中，因为一些随机事件的发生或设计、施工、使用方面的缺陷或破坏，要求对工程结构加以定期检测或动态监测，以确保它们在服役期间绝对安全。这些工作的开展需要既往工程档案与信息的支撑，且在工作中又形成新的档案材料与信息数据。

一、基本规定

当遇到下列情况之一时，应对既有工程结构现状缺陷和损伤、结构构件承载力、结构变形等涉及结构性能的项目进行检测：①工程结构安全鉴定；②工程结构抗震鉴定；③建筑或构造物大修前的可靠性鉴定；④建造物改变用途、改造、加层或扩建前的鉴定；⑤建造物结构达到设计使用年限要继续使用的鉴定；⑥受到灾害、环境侵蚀等影响建筑的鉴定；⑦对既有工程结构的质量有怀疑或争议。工程结构的检测应为结构工程质量的评定或结构性能的鉴定提供真实、可靠、有效的检测数据和检测结论。

结构检测工作应当由具备相应检测资质的机构实施。检测机构应当对其检测数据和检测报告的真实性和准确性负责，应当建立档案与信息管理制度。检测合同、委托单、原始记录、检测报告应当按年度统一编号，编号应当连续，不得随意抽撤、涂改；应当单独建立检测结果不合格项目台账。

检测单位在检测前应勘测现场、调取既有工程档案及信息数据，主要包括：①收集被检测工程结构的设计图纸、设计变更、施工记录、施工验收和工程地质勘察等档案与信息记录；②调查被检测建造物结构现状缺陷，环境条件，使用期间的加固与维修情况和用途与荷载等变更情况；③向有关人员进行调查。

结构检测方案宜包括下列主要内容：①概况，主要包括结构类型，建造物体量，设计荷载，设计、施工及监理单位，建造年代等；②检测目的或委托方的检测要求；③检测依据，主要包括检测所依据的标准及有关的技术参考资料等；④检测项目和选用的检测方法以及检测的数量；⑤检测人员和仪器设备情况；⑥检测工作进度计划；⑦所需要的配合工作；⑧检测中的安全措施；⑨检测中的环保措施。方案应征求委托方的意见，并应经过审定后方可采用。

检测前务必查看有关仪器设备的档案与信息数据，确保所使用的仪器设备在检定或校准周期内，并处于正常状态。仪器设备的精度应满足检测项目的要求。检测的原始记录，应记录在专用记录纸上，数据准确、字迹清晰、信息完整，不得追记、涂改，如有笔误，应进行杠改。当采用自动记录时，应符合有关要求。原始记录必须由检测及记录人员签字。

现场应按有关标准规定或经业主同意的方案检测取样，取样的试件或试样应予以标识并妥善保存。当发现检测数据数量不足或检测数据出现异常情况时，应补充检测。结构现场检测工作结束后，应及时修补因检测造成的结构或构件局部的损伤。修补后的结构构件，应满足承载力的要求。

结构的检测数据计算分析工作完成后，应及时出具相应的检测报告。

二、确定检测部位与重点

不同建造物结构检测的重点不同，下面分别以桥梁和房屋建筑为代表陈述常规结构检测的重点。

（一）桥梁

1. 桥面系检查

（1）桥面铺装。桥面铺装观察量测的重点是桥面的纵坡、横坡，桥面平整度、磨耗及损坏等情况。桥面铺装层常见的缺陷有：①磨光，铺装层被车轮磨耗，形成平滑的状态，因铺装层骨料抗磨性能差或交通量过大所致；②裂缝，因施工不良、温度变化以及上部结构产生过大的挠曲所致，有纵裂、横裂、网裂；③桥头跳车，由于结构物与填土部位之间的不均匀沉陷或结构物接头不平，这不仅降低行车的舒适性、降低行车速度，甚至导致车辆减震装置的损坏。

（2）伸缩缝及支座。伸缩缝的检查要点是：①对于橡胶伸缩缝是否出现橡胶板剥离，预埋钢板外露、脱落、断裂，锚固螺栓剪断飞出，两侧混凝土开裂破碎，出现坑槽等；②梳形钢板伸缩缝的宽度是否合适，有无拉开或挤抵现象，是否平整，是否完整，有无磨耗、损坏，有关设备、构件是否完善，能否活动自如，工作状况是否正常，缝内是否有异物填塞；③所有的伸缩缝应在平行、垂直于桥梁轴线的两个方向均能自由伸缩。支座的检查主要查看其位置是否正确、滑行或歪斜是否超过容许限度。存在病害的支座、伸缩缝及其附近检查均通过量测及绘图方法完善现场记录，并拍摄现场照片。

(3) 栏杆、人行道及交通安全设施。栏杆是否完整、牢固，注意除了因交通事故或人为损坏外，有时由于桥梁结构线形的改变而导致栏杆变形，甚至破损。人行道是否完整、符合要求。

(4) 防撞装置。防撞装置应始终保持完好，应特别注意其锚固螺栓、立柱和横栏。油漆是否完好醒目。

(5) 排水设施。为迅速排除雨水，防止雨水渗入梁体引起锈蚀而影响桥梁的耐久性，确保桥梁的正常使用，应保证排水设施的完好状态。

拟定解决桥面系所检查出问题的措施时，应调阅工程建设时的图纸及施工档案，分析问题的成因，提出改进措施。

2. 桥梁上部承重构件检查

重点检查混凝土有无裂缝、渗水、表面风化、剥落、露筋和钢筋锈蚀，有无活性骨料硅碱反应引起的整体龟裂现象。预应力钢束锚固区段混凝土有无开裂，沿预应力筋的混凝土表面有无纵向裂缝。梁板结构的跨中、支点、变截面处、悬臂端牛腿或中间铰部位的混凝土开裂和钢筋锈蚀等缺损状况；刚构或桁架结构的固结处或节点部位的混凝土开裂和钢筋锈蚀等缺损状况；装配式梁桥联结部位的缺损状况；圬工结构有无变形，灰缝有无松散脱落，有无渗水，砌块有无裂缝、错位。

对于桥梁上部结构检查出的问题，应结合设计计算书与施工方案慎重分析原因，提出补救措施。所有工作记录应及时收集归档。

3. 下部结构调查

(1) 调治构造物、河床及导流堤的观察。调治构造物是检查它是否能正常发挥调治功能，着重检查调治结构物是否破损、河床是否变迁、淤积是否严重等现象。重点应察看桥墩台近水面处病害，河流河道是否改变，桥下净空有无改变，以及两岸的桥头锥坡有无冲刷和损坏等。

(2) 墩台病害调查。观察墩身及桥台是否开裂、局部外鼓、表面风化、剥落、空洞、露筋；是否有变形、倾斜、沉降、冲刷、冲撞损坏情况等。

4. 混凝土回弹检测

混凝土回弹检测是应用一种弹簧驱动的重锤，弹击混凝土表面，然后进行重锤回弹距离的测定，来衡量混凝土的强度。这种方法比较简单，且操作方便。用回弹法检测混凝土强度，同时可对构件进行碳化深度检测。这种方法建立在回弹值同混凝土抗压强度之间相互关系基础上，检测标准依据《回弹法检测混凝土抗压强度技术规程》(JGJ/T 23—2011)。混凝土的碳化是指混凝土中的成分[主要是 $Ca(OH)_2$]与渗透进混凝土的 CO_2 及其他酸性气体发生化学反应，使混凝土碱度降低，钢筋表面的钝化膜遭到破坏而使钢筋产生锈蚀。用酚酞酒精溶液和碳化深度尺测定碳化深度。由于回弹仪的使用条件是混凝土龄期在 1 100 天以内，因此混凝土强度检测的结果仅供参考用。

5. 钢筋布置检测

对于钢筋混凝土受弯构件，主筋布置、面积、含筋率对结构的强度具有很大的影响，因此，必须对结构的钢筋进行探测。探测须对比原施工图数量、位置等情况进行分析对比。

隧道结构常规检测的重点是：洞外路堑、路堤、防护、排水等路基工程；洞口仰坡、洞门门柱、端墙、侧墙、翼墙等洞口工程；防积雪和雪崩、寒冷地区防冻保温层等防寒工程；引道和洞内外路面工程；洞内衬砌，如拱顶、侧墙等围护工程；各种辅助工程，如横洞、竖井、平行导坑、排水边沟、中心深埋水沟、洞顶截水沟、排水吊沟和盲沟等。检查(测)时应注意结构物衬砌断面是否完整，有无腐蚀、剥落和变形裂缝，洞内有无渗水、滴漏和结冰、挂冰等现象。

(二) 房屋建筑

房屋建筑结构常规检测的主要部位是出现渗水漏水部位的构件、受到较大反复荷载或动力荷载作用的构件、暴露在室外的构件、受到腐蚀性介质侵蚀的构件、受到污染影响的构件、与侵蚀性土壤直接接触的构件、受到冻融影响的构件、其他疑似有安全隐患的构件、容易受到磨损或冲撞损伤的构件等，其检测项目及鉴定要点如下。

1. 结构裂缝及其鉴定要点

房屋建筑结构裂缝产生的形式多种多样，如地基裂缝、屋面裂缝、荷载裂缝等，而且裂缝产生的原因也比较多。但基本上通过对裂缝形式、结构荷载、材料强度等的计算和验证，能准确了解到结构裂缝产生的原因。比如由温度造成的裂缝，可结合温度场、温度应力进行推断；对于收缩裂缝，可结合结构力学理论、收缩数据信息进行推断；对于地基裂缝，可依据地基沉降，进行变形计算，并结合结构力学推断出变形应力。需要注意的是，无论是哪种结构裂缝，都要保证其数据采集及分析计算的精确性。如此才能提高检测结果的准确性。比如在裂缝宽度测定中，应先对外部形态、分布情况、裂缝数量、具体部位、发展趋势进行检测，然后详细记录下各种数据。若有必要，还可进行无损检测。这样才能保证有关裂缝检测数据的精确性。

2. 结构倾斜度及其鉴定要点

由于房屋建筑的结构变形类型比较多，所以其引发的房屋建筑结构倾斜现象也比较复杂。若是梁板构件出现挠曲问题，则可能导致房架、柱构件的倾斜；若地基出现不均衡沉降问题，则会导致房屋建筑结构的整体倾斜。对此，要明晰房屋建筑结构倾斜的状态、原因等情况，采用合理的检测方法。对于跨度大的梁构件、房架挠度的检测，可采用拉铁丝网法，或者借助水准仪进行检测。对于地基的沉降，则可采用目测的方法。

3. 混凝土强度及其鉴定要点

在房屋建筑结构中，混凝土起到了非常重要的承重作用，其检测工作非常重要。混凝土结构的检测方法主要包括三种：①钻芯法。简单地说，是就地取样，从混凝土结构中获取样品，并进行检测。虽然这种方法能够得到比较准确的检测结果，但是它对房屋建筑结构稳定性有一定的影响。所以，在实际应用中应科学选择取样点，尽可能减少取样对原混凝土结构产生的影响。②超声波法。这是一种无损检测方法，主要是利用超声波的传播原理，进行混凝土内部结构的检测。这种方法能有效检测出混凝土内部空隙过大的问题。③回弹法，这种方法在前面桥梁结构检测中已有介绍，它也被广泛应用在房屋建筑结构的混凝土强度检测中。

4. 钢结构强度刚度稳定性及其鉴定要点

钢结构是一种性能非常优良的框架结构，其稳定性、韧性都非常好，尤其是重量小。如今，钢结构在我国建筑工程中的应用越来越广泛。钢结构的检测内容主要包括钢结构的接口稳定程度、变形情况、尺寸规模等。有些房屋建筑结构还需要进行钢结构的动力测试。与此同时，钢结构检测技术也在不断更新、发展。比如超声波检测方法、射线检测方法、渗透检测方法。其中，超声波检测多用于平面型的内部缺陷检测，射线检测多用于体积型的内部缺陷检测，渗透检测多用于表面开口型缺陷检测。但在实际检测中，应当注意：①若是采用射线检测方法，应做好相应的保护措施。具体可依据相关标准操作。②在现场检测中，应采用全数检测方法或抽样方法。但若是遇到外观存在缺陷、表面损伤、构件数量过少、构件质量差异较大、委托方要求全数检测等情况，只能采用全数检测法。③应用渗透检测方法时，应保证其外界环境的温度在 10～50 ℃之间。否则，则需按照规定进行灵敏度的对比试验。④在变形检测开始前，需要先清理钢结构的饰面层。

5. 砌体结构强度及其鉴定要点

房屋建筑结构中的砌体结构具有成本低、保温隔热等优势，但也存在自身重量大、强度低、黏结力弱等缺点。对于砌体结构，主要是对其块材强度、砌体强度等方面的检测。常用的检测方法有回弹法、钻芯法、轴压法、筒压法、单剪法、点荷法等。不同检测方法的适用范围不同，检测人员需结合实际情况，灵活选择。在应用各种检测方法的过程中，应注意：①若是采用原位轴压法，则同一墙体上的检测点应不少于 1 个，且相互之间的水平距离应大于 2 m。②在应用单剪法时，可选择窗洞口或其他洞口以下的 3 皮砖范围内。这样方便放置测量仪器，并降低砌体结构对墙体的损坏。③对于烧结普通砖墙中的砌体检测，可采用筒压法。其检测样品，应从砖墙中抽取。④无论采用哪种检测技术，都应按照标准，科学处理相关数据。这样才能保证砌体检测的精确性。

6. 地基稳定性及其鉴定要点

地基对房屋建筑结构的稳定性影响非常大。地基检测的项目包括基坑检测、振动测试、桩基检测等。对于基坑检测，可重点从周边环境安全、混凝土测温、地基加固等检测工作入手。对于振动测试，主要就是利用机器进行结构振动情况的检测。在现代化技术背景下，智能化、自动化的振动检测仪器也逐渐应用在振动检测过程中。通过仪器，可以直观地了解到地基结构特点。对于桩基检测，可采用静荷载试验、低应变等检测方法。需要注意的是，静荷载的加荷过程比较缓慢，忽略掉桩的加速度、惯性，整个桩土处于平衡状况。给定的荷载与其相应的沉降值是单一对应的。在采用低应变方法时，需充分结合波动理论、频域分析理论知识，对桩基进行完整性的判定。

其他类别如轨道交通工程、机场、电站等土木工程，其结构常规检测部位与重点可参阅各行业相关规范。

三、检测方法和抽样方案

土木工程结构的检测，应根据检测项目、检测目的、结构状况和现场条件选择适宜的检测方法。选用有相应标准的检测方法时，应遵守下列规定：①对于通用的检测项目，应选用国家标准或行业标准；②对于有地区特点的检测项目，可选用地方标准；③对同一种方法，地方标准与国家标准或行业标准不一致时，有地区特点的部分宜按地方标准执行，检测的基本原则和基本操作要求应按国家标准或行业标准执行；④当国家标准、行业标准或地方标准的规定与实际情况确有差异或存在明显不适用问题时，可对相应规定作适当调整或修正，但调整与修正应有充分的依据，并且调整与修正的内容应在检测方案中予以说明，必要时检测单位应向委托方提供调整与修正的检测细则。若检测项目没有相应标准的检测方式，检测单位可以采用有关规范、标准规定或建议的方法检测，但应对检测所用仪器设备、操作要求、数据处理等作出规定。

现场检测宜选用对结构或构件无损伤的检测方法。当选用局部破损的取样检测方法或原位检测方法时，宜选择结构构件受力较小的部位，并不得损害结构的安全性。

结构检测的抽样方案选择原则是：①外部缺陷的检测，宜选用全数检测方案；②几何尺寸与尺寸偏差的检测，宜选用一次或二次计数抽样方案；③结构连接构造的检测，应选择对结构安全影响大的部位进行抽样；④构件结构性能的实荷检验，应选择同类构件中荷载效应相对较大和施工质量相对较差的构件或受到灾害影响、环境侵蚀影响构件中有代表性的构件。

四、检测报告和责任签署

既有建造物结构性能的检测报告应给出所检测项目的评定结论，并能为建造物结构的鉴定提供可靠的依据。检测报告应结论准确、用词规范、文字简练，对于当事方容易混淆的术语和概念可书面予以解释。检测报告至少应包括以下内容：①委托单位名称；②建筑工程概况，包括工程名称、结构类型、规模、施工日期及现状等；③设计单位、施工单位及监理单位名称；④检测原因、检测目的，以往检测情况概述；⑤检测项目、检测方法及依据的标准；⑥抽样方案及数量；⑦检测日期，报告完成日期；⑧检测项目的主要分类检测数据和汇总结果，检测结果、检测结论；⑨主检、审核和批准人员的签名。

相关责任签署的要求是：①承接建筑结构检测工作的检测机构，应符合国家规定的有关资质条件要求；②结构检测所用的仪器和设备应有产品合格证、计量检定机构的有效检定（校准）证书或自校证书；③检测人员必须经过培训取得上岗资格，对特殊的检测项目，检测人员应有相应的检测资格证书；④现场检测工作应由两名或两名以上检测人员承担并履行责任签署。

第二节　设备维护与检修工作及其信息源流

按照《建设项目档案管理规范》（DA/T 28—2018）对施工文件的区分方式，可将土木工程建造物中设备维护与检修的对象大致分为电气与仪表、设施设备两类。

一、电气与仪表的维护与检修

(一) 电气设备的维护与检修(查)

电气通常是电气设备或电气工程的简称,这里主要指前者。随着科学技术的飞速发展,电气工程概念已经远远超出传统定义“用于创造产生电气与电子系统的有关学科的总和”的范畴。当今公路、铁路、市政道路、机场、码头、工业及民用建筑等土木工程之中,都包含了大量的电气设备,用于动力、照明、信号处理等功能的实现。本书所讲电气设备维护检修主要包括以下工作,并着重强调这些工作的作业记录及信息源流管理。

(1) 电力电缆定期维护与检修。主要工作有:①电缆的绝缘应满足运行要求,电力电缆直流耐压试验至少 5 年一次;②电缆终端连接点应保持清洁,相色清晰,无渗透油,无发热,接地完好;③室内电缆沟内应无渗水和积水;④埋地电缆保护范围内应无打桩、挖掘、种植树木或可能伤及电缆的其他情况。

(2) 防雷和接地装置的维护与检修。主要工作有:①检查接地装置连接点的接触状况,检查接地装置的损伤、折断和腐蚀状况,测量接地电阻,应符合规范要求;②对含有酸、碱、盐等化学成分的土壤地带应检查地面下 500 mm 以上部位的接地体的腐蚀程度;③电气设备检修后,接地线连接应牢固可靠;④电气设备与接地线连接、接地线与接地干线和接地网连接应完好;⑤避雷器瓷件表面应无破损与裂纹,引线桩头应无松动,安装牢固应无倾斜;⑥避雷器应与配电装置同时进行巡视检查,雷电活动后,应增加特殊巡视;⑦每 5 年至少应检查一次腐蚀性土壤下的接地体。

(3) 电力变压器定期维护与检修。主要工作有:①每年应定期检查一次,除日常检查的内容外还要增加以下内容,包括标志应齐全明显;保护装置应齐全、良好;温度计在检定周期内,超温信号应正确可靠;消防设施应齐全完好;室内变压器通风设备应完好;贮油池和排油设施应保持良好状态。②正式投入运行 5 年后和以后的每 10 年应大修一次。密封油浸式电力变压器修理按照生产要求进行。

(4) 干式电力变压器的维护与检修。主要工作有:①噪声、湿度、温控及风冷装置应正常。②绕组表面无凝露水滴,应通风良好。③定期清扫,保持变压器清洁。④环氧浇筑式变压器器身应无裂痕及爬弧放电现象。⑤运行温度超过允许最高温升值时,应停电检查。⑥电力变压器出现下列情况时应退出运行,立即检修,包括安全气道防爆膜破坏或储油柜冒油;重瓦斯继电器动作;瓷套管有严重放电和损伤;变压器内噪声增高且不匀,有爆裂声;在正常冷却条件下,变压器温升不正常或不断上升;严重漏油,储油柜无油;变压器油严重变色;绕组和铁芯引起的故障;预防性试验不合格。

(5) 高压隔离开关的检查与维护。主要工作有:①每年应至少检查一次;②清扫瓷件表面的灰尘,检查瓷件表面应无掉釉、破损、裂纹和闪络痕迹,绝缘子的铁、瓷结合部位应牢固,若破损应更换;③擦净刀片、触头和触指上的油污,检查接触表面应清洁,无机械损伤、氧化膜和过热痕迹及扭曲、变形等现象;④检查触头或刀片上的附件应齐全,无损坏;⑤检查连接隔离开关的母线、断路器的引线应牢固无过热现象;⑥检查软连接部件应无折损、断股现象;⑦检查并清扫操作机构和传动部分,并加入适量的润滑油;⑧检查传动部分与带电部分的距离应符合要求，定位器和自动装置应牢固、动作正确；⑨对带有均压装置的隔离开关，检查均压环应无变形，连接件应牢固；⑩检查隔离开关的底座应良好，接地应可靠；⑪测量有机材料支持绝缘子的绝缘电阻应符合要求；⑫操作机构动作灵活应无卡滞，三相同期性良好。

（6）高压负荷开关的检查与维护。主要工作有：①维护每年应至少一次；②检查绝缘子应无裂纹和损坏，绝缘良好；③各传动部分润滑良好，连接螺钉应无松动现象；④操作机构应无卡住，呆滞现象；⑤合闸时三相触点应同期接触，其中心应无偏心现象；⑥分闸时隔离开关张开角度应不小于 58°，断开时应有明显断开点；⑦各部分应无过热及放电痕迹；⑧灭弧装置应无烧伤及异常现象。

（7）高压油断路器的维护与检修。主要工作有：①维护每年应至少一次；②定期对高压油断路器油样进行检测；③机械机构部分做好润滑，操作机构应无卡住，呆滞现象；④发现渗油或漏油现象应及时检修；⑤切断过两次短路电流后，应解体大修。

（8）高压真空断路器、接触器的维护与检修。主要工作有：①应做好清洁工作，绝缘部件必须无灰无污垢；②机械机构部分应做好润滑工作；③定期检查紧固件；④定期检查超行程；⑤手动分闸铁芯，应可靠分闸，并检查操作机构的自由脱扣装置动作是否可靠；⑥每年应进行一次工频耐压试验；⑦更换灭弧室时必须严格按规定尺寸仔细调整触头行程；⑧应测定三相触头直流接触电阻。

（9）高压六氟化硫断路器、接触器的维护与检修。主要工作有：①应经常做好清洁工作，绝缘部件必须无灰无污垢；②机械机构部分应做好润滑工作；③定期检查紧固件；④定期检查超行程；⑤六氟化硫气体的压力表或气体继电器应正常；⑥现场通风应良好，如有通风装置，应保持运行可靠；⑦六氟化硫断路器机械机构检修应结合预防性试验进行，应 1～2 年对操作机构小修一次，5～6 年对操作机构大修一次，10 年本体大修一次，对灭弧室进行抽样解体，视状况确定检修范围。

（10）高压变频装置维护与检查。主要工作有：①每半年应进行检查和维护，每两个月应至少对空气过滤网清洁一次；②使用带塑料吸嘴的吸尘器清洁柜，内外保持设备无尘，散热良好；③检查风机电机、皮带和风叶；④功率单元柜的空气过滤网应取下清洁，如有破损必须更换；⑤用修正漆修补生锈或外露的地方；⑥检查冷却系统的运行情况；⑦检查功率单元柜和隔离变压器柜重要电气连接部件的紧固性。

（11）低压变频装置维护与检查。主要工作有：①发热及振动和杂音应正常，如发现异常现象，应及时处理；②使用带塑料吸嘴的吸尘器清洁柜内外，保持设备无尘，散热良好；③冷却风扇完好，工作正常，散热良好；④检查接线端子应无接触不良和过热现象；⑤变频器保护功能有效。

（12）低压开关维护。主要工作有：①低压开关定期维护每年不应少于一次，控制电动机的开关应每月进行清扫和检查；②低压开关应定期测量开关绝缘电阻和接触电阻。

（13）低压隔离开关维护。主要工作有：①操作机构动作灵活无卡滞，三相同期性良好；②接线螺栓紧固，动静触头接触良好，无过热变色现象；③调节刀闸的刀片、刀夹的润滑传动机构，使各相在分合闸时动作一致。

(14) 低压空气断路器维护。主要工作有:①主副触头接触点紧密程度良好,修整烧毛的接触头,严重的应更换,表面应光滑,接触紧密,0.05 mm 塞尺不能通过;②瓷制灭弧室应无裂纹,去除栅片上电弧飞溅的铜屑,更换严重熔烧的栅片;③进出线端子螺丝,旋紧螺丝发现接头处有过热现象应加以修正;④机械传动部分,清除油垢,加润滑油;⑤三相合闸同时性良好;⑥电磁线圈和伺服电机,分合正常;⑦接地装置接地良好;⑧线路系统保护装置动作可靠。

(15) 低压交流接触器维护。主要工作有:①灭弧罩、铁芯、短路环、线圈应完好无损,并清理燃弧时所飞溅上的金属微粒;②接触器应无异常声音,分合时应无机械卡滞;③紧固所有螺栓;④调整触头开距、超程、触头压力和三相同期性;⑤辅助触头,应接触良好;⑥铁芯接触面应平整无锈蚀。

(16) 电流互感器维护。主要工作有:①保持电流互感器的清洁;②接地应牢固可靠;③油浸式电流互感器应无渗漏油;④无放电现象,无异味异声;⑤每年应做一次预防性试验;⑥电流互感器二次侧严禁开路;⑦呼吸器内部的吸潮剂不应潮解。

(17) 电压互感器维护。主要工作有:①瓷套管应清洁、完整、无损坏、裂纹和放电痕迹;②油浸式电压互感器的油位应正常,油色透明,无严重的渗漏现象;③各连接部分螺钉无松动,应予以紧固,接触可靠;④电压互感器内部无异常响声,无放电声和剧烈振动声;⑤检查电压互感器的开口三角绕组上安装的消谐器无损坏,发现损坏应及时更换;⑥电压互感器的保护接地应良好,若有断开或锈蚀,应及时进行修复;⑦高压侧导线接头应无过热,低压回路的电缆和导线应无损伤,低压侧熔断器及限流电阻应完好;⑧高压中性点的串联电阻应良好,若损坏即更换,当无备品时必须将中性点接地;⑨电压互感器一、二次侧熔断器应完好;⑩呼吸器内部的吸潮剂应保持干燥。

(18) 自耦减压启动装置维护。主要工作有:①自耦变压器的响声应正常,绝缘应良好;②交流接触器的机构动作应灵活,触头应良好,电磁铁接触面应清洁平整,短路环应完好;③机械联锁机构应灵活、正常,保持联锁可靠;④内部各接线应紧固;⑤各种继电器工作应可靠,时间继电器整定值不应有变动,整定值应正确;⑥连锁触点应无氧化膜、烧毛现象,主触点应无过热损坏现象。

(19) 频敏变阻装置维护。主要工作有:①接线应紧固牢靠;②电磁铁响声应正常;③线圈绝缘应良好。

(20) 软启动装置维护。主要工作有:①接线应紧固牢靠;②软启动装置工作温度应正常,散热风扇应良好;③旁路交流接触器工作应可靠;④启动电流应正常;⑤定期清扫软启动装置,保持清洁无灰,通风散热良好。

(21) 电力电容器补偿装置维护。主要工作有:①清扫电力电容器外壳、瓷套管,保持清洁无灰尘污垢;②连接螺栓,应紧固牢靠;③电力电容器外壳,应无变形、鼓肚与漏液,瓷套管应无裂纹和闪络痕迹;④电力电容器外壳如有生锈应除锈补漆,如有渗漏油应焊补或更换;⑤电容器温升应正常;⑥环境通风应良好;⑦电容器组三相间的容量应平衡,其误差不应超过一相总容量的 5%。

(22) 无功功率就地补偿装置维护。主要工作有:①熔断器应接触良好;②定期检验保护装置，动作应可靠；③电力电容器的放电装置应正常、可靠；④电抗器应完好，工作可靠；⑤电流表、功率因数表应工作正常。

（23）无功功率自动补偿装置维护。主要工作有：①装置的接线应紧固可靠；②定期清扫，保持清洁与通风散热良好；③自动补偿控制仪应完好，工作可靠；④交流接触器应完好，工作可靠；⑤电流、功率因数表应完好，工作可靠；⑥放电装置应完好，工作可靠。

（24）整流电源装置维护。主要工作有：①工作电源和备用电源的自动切换装置保持良好；②仪表指示、继电器动作应正常；③交直流回路的绝缘电阻不应低于 1 MΩ/kV，在较潮湿的地方不应低于 0.55 MΩ/kV；④元器件应接触良好，并无放电、损坏和过热等现象；⑤整流装置应清洁无尘垢。

（25）继电保护装置维护。主要工作有：①继电保护装置每天应巡视一次，盘柜上各元件标志、名称应齐全；②各种继电器外壳应完整无损，继电器整定值指示位置正确，继电保护装置应每年整定一次；③继电保护回路压板，转换开关运行位置应与运行要求相符；④各种信号指示、光电牌、信号继电器、灯光音响信号应运行正常；⑤各金属部件和弹簧应完整无损、无变形；⑥继电器接点、端子排，各盘柜继电器、表计、标志应清洁、干净；⑦转换开关、各种按钮、动作应灵活，接点接触应无压力和烧伤；⑧各盘柜上表计、继电器及接线端子螺钉应无松动；⑨电压互感器、电流互感器二次引线端子应完好；⑩继电保护整组跳闸应良好；⑪微机综合继电保护装置显示应正常，接插口良好；⑫各盘柜上继电器、仪表校对合格后，应对各种继电保护装置回路进行绝缘电阻测量，测量绝缘电阻时，应使用 500 V 或 1 000 V 兆欧表，当使用微机综合继电保护装置时，应使用 500 V 以下兆欧表，所测量各回路绝缘电阻应符合规定。

（二）仪表装置的维护与检修(查)

仪表是仪器仪表的简称，仪表按功能、检测控制对象、结构、原理等可分为若干小类或子类。工业自动化仪表按功能可分为检测仪表、回路显示仪表、调节仪表和执行器等。其中检测仪表按被测物理量又分为温度测量仪表、压力测量仪表、流量测量仪表、物位测量仪表和机械量测量仪表等。在信息技术高速发展的背景下，随着自动控制理论和自动控制技术的愈发成熟，以 A/D(数字/模拟)转换环节为基础的数字式仪器已经得到并将持续快速发展，智能仪表将全面替代传统的一次仪表，将被测物理量转换为光电信号进行传播、处理、显现与反馈。因为土木工程建设项目档案专项验收包含了仪器仪表部分的工作内容，所以根据全生命周期档案与信息管理工作要求，应加强土木工程服役期间有关仪器仪表维护与检修(查)建档及信息入库工作。

按照性质分类，仪表装置维护与检修(查)工作有以下三方面。

（1）保温伴热。检查仪表保温伴热，是仪表工日常维护工作的内容之一，它关系到节约能源，防止仪表冻坏，保证仪表测量系统正常运行，是仪表维护不可忽视的一项工作。这项工作的地区性、季节性比较强。冬季，仪表工巡回检查应观察仪表保温状况，检查安装在工艺设备与管线上的仪表，观察保温材料是否脱落，是否被雨水打湿造成保温材料不起作用现象。个别仪表需要保温伴热时，要检查伴热情况，发现问题时及时处理。还要检查差压变送器和压力变送器导压管线保温情况，检查保温箱保温情况。差压变送器和压力变送器导压管内物料由于处在静止状态，有时除保温以外尚需伴热，伴热有电伴热和蒸汽伴热。对于电伴热应检查电源电压，保证正常运行。蒸汽伴热是化工企业最常见的伴热形式。对于蒸汽伴热，由于冬季气温变化很大，温差可达 20 ℃左右，仪表工应根据气温变化调节伴热蒸汽流量。蒸汽流量大小可通过观察伴热蒸汽管疏水器排汽状况决定，疏水器连续排汽说明蒸汽流量过大，很长时间不排汽说明蒸汽流量太小。蒸汽流量调节裕度是很大的，因为蒸汽伴热是为了保证导压管内物料不冻。

（2）巡回检验。仪表工应根据所辖责任区仪表分布情况，选定最佳巡回检查路线，每天至少巡回检查一次。巡回检查时，仪表工应向当班工艺人员了解仪表运行情况。检查工作包括：①查看仪表指示、记录是否正常，现场一次仪表（变送器）指示和控制室显示仪表、调节仪表指示值是否一致，调节器输出指示和调节阀阀位是否一致（通常需两位仪表工同时观察。若工艺生产变化不大，生产现场和控制室观察有一个时间差是正常的）。②查看仪表电源（若电动Ⅲ型仪表用 24 V DC 电源，要检查电源电压是否在规定范围内）、气源（0.14 MPa）是否达到额定值。③检查仪表保温、伴热状况。④检查仪表本体和连接件损坏和腐蚀情况。⑤检查仪表和工艺接口泄漏情况。⑥查看仪表完好状况。仪表完好状况除仪表实体完好以外，还应包括技术档案及有关文件材料与记录齐全、准确，符合管理要求，包括说明书、合格证、入厂检定证书应齐全；运行记录、故障处理记录、校准记录、零部件更换记录应明确无误；系统原理图和接线图应完整、准确；仪表常数及其更改记录应齐全、准确；防爆型仪表生产厂必须有防爆鉴定机关颁发的防爆合格证；应有完整的累积器的设定（或编程）数据记录。

（3）定期排污。定期排污主要有两项工作，其一是排污，其二是定期吹洗。这项工作应因地制宜，并不是所有过程检测仪表都需要定期排污。①排污。排污主要是针对差压变送器、压力变送器、浮筒液位计等仪表，由于测量介质含有粉尘、油垢、微小颗粒等在导压管内沉积（或在取压阀内沉积），直接或间接影响测量。排污周期可由仪表工根据实践自行确定。②吹洗。吹洗是利用吹气或冲液使被测介质与仪表部件或测量管线不直接接触，以保护测量仪表并实施测量的一种方法。吹气是通过测量管线向测量对象连续定量地吹入气体。冲液是通过测量管线向测量对象连续定量地冲入液体。对于腐蚀性、黏稠性、结晶性、熔融性、沉淀性介质进行测量，并采用隔离方式难以满足要求时，才采用吹洗。定期排污应有工作记录并按规定收集归档。

二、设施设备的维护与检修

土木工程所涵盖的行业面宽，不同行业有不同的设施设备需求，关于它们的维护与检修工作难以尽述。下面以常用的电梯、消防、空调等设施设备为例，简要介绍其维护与检修（查）有关工作内容及其信息源流。

（一）电梯的维护与检修

电梯是房屋建筑工程、轨道交通工程常用的设备，在一些特殊的桥梁、电站、厂房中，也可能配备专用的电梯设施，作特殊之用。现代电梯主要由曳引机（绞车）、导轨、对重装置、安全装置（如限速器、安全钳和缓冲器等）、信号操纵系统、轿厢与厅门等组成，这些部分分别安装在建筑物的井道和机房中。通常采用钢丝绳摩擦传动，钢丝绳绕过曳引轮，两端分别连接轿厢和平衡重，电动机驱动曳引轮使轿厢升降。

电梯属于特种管理的设备，由政府市场管理部门负责行政监督检查。电梯管理主要包括电梯设备的安全管理、运行管理、维修管理等内容。这些工作都应基于既有的档案信息开展并在工作中按要求做好记录，形成新的档案材料。

维护保养记录的内容及基本要求应遵守国家市场监督管理总局制定的《特种设备使用管理规则》(TSG 08—2017)的各项规定。检查项目主要有：机房、滑轮间环境、手动紧急操作装置、曳引机、制动器各销轴部位、制动器间隙、编码器、限速器各销轴部位、轿顶、轿顶检修开关、急停开关、导靴上油杯、对重块及其压板、井道照明、轿厢照明、风扇、应急照明、轿厢检修开关、急停开关、轿内报警装置、对讲系统轿内显示、指令按钮、轿门安全装置(安全触板，光幕、光电等)、轿门门锁电气触点、轿门运行、轿厢平层精度、层站召唤、层楼显示、层门地坎、层门自动关门装置、层门门锁自动复位、层门门锁电气触点、层门锁紧元件啮合长度、底坑环境、底坑急停开关、减速机润滑油、制动衬、位置脉冲发生器、选层器动静触点、曳引轮槽、曳引钢丝绳、限速器轮槽、限速器钢丝绳、靴衬、滚轮、验证轿门关闭的电气安全装置、层门、轿门系统中传动钢丝绳、链条、胶带、层门门导靴、消防开关、耗能缓冲器、限速器张紧轮装置和电气安全装置等。项目单位应当根据要求列出日查、周检、半月检、月检、季度检、半年度检、年检的项目，落实电梯使用管理与维护保养措施。

维保项目(内容)和要求中对测试、试验有明确规定的，应当按照规定进行测试、试验。日常维护保养记录须由维护保养人员及使用单位安全管理人员签字，不准代签，并对检验结果的公正性、可靠性和准确性负责。现场维保时，如果发现电梯存在的问题需要通过增加维保项目(内容)予以解决，应当相应增加并且及时调整维保计划与方案。维保单位的质量检验(查)人员或者管理人员应当对电梯的维保质量进行不定期检查，并且进行记录。

(二) 消防设施的维护与检修

消防设施维护与检修同电梯一样，也是强制性要求的工作。消防设施维护质量必须符合竣工图纸的要求，并且满足现行消防规范的要求。维护与检修工作应保存详细的月检、季检及年度试验报告，连同相关的文件材料一并收集整理归档，以便支持以后的工作，并用于消防主管部门检查备案。消防设施维护与检修范围主要包括以下内容。

1. 火灾自动报警系统

(1) 对火灾报警系统应作定期检查和试验：①对火灾报警控制器的各功能进行试验；②采用专用检测仪器分期分批试验探测器的动作及确认灯显示；③每年对备用电源进行1～2次充放电试验，1～3次主电源和备用电源自动切换试验。

(2) 对消防系统联动设备作定期检查和试验：①每年对防排烟设备、防火卷帘门等控制设备做消防联动试验2次；②每年对火灾事故广播进行消防联动试验2次；③每年对电梯进行强制停于首层消防联动试验2次；④每年对消防通信设备在消防控制室进行对讲通话试验2次；⑤每年进行强制切断非消防电源消防联动试验2次。

(3) 对火灾自动报警系统控制线路及联动线路的故障进行维修。

(4) 对火灾自动报警系统的故障进行维修。

（5）对火灾自动报警系统的消防通信线路、消防主机电源检查及消防主机接地线路的故障的检查及维修。

2. 消火栓系统

（1）每月对消防泵进行启动运转试验，并对消防泵进行消火栓按钮联动启泵试验。

（2）每月对系统上所有的控制阀门进行检查，保证控制阀门处于正常工作状态。

（3）每月对消火栓进行检查，发现问题及时处理。

（4）每季度对最不利点消火栓进行静压压力试验。

（5）每半年对室内消火栓箱内的水枪、水带等设备进行检查。

（6）每年对水泵接合器的接口及附件进行检查。

（7）每年抽查消火栓的出水情况，对重点部位的消火栓每年进行出水检查。

3. 自动喷水灭火系统

（1）每月对水源控制阀、报警阀组进行检查，保证系统各种阀门处于工作状态。

（2）每月对喷淋水泵进行启动运转试验一次。

（3）每月对电磁阀作启动试验一次，动作失常时马上通知相关单位及时更换。

（4）每月对喷头进行外观检查，发现有不正常的喷头及时更换，当喷头上有异物时及时清除。

（5）每季度对湿式报警阀旁的放水试验阀进行泄水试验，验证湿式报警阀的供水能力。

（6）每半年利用末端试水装置对水流指示器进行试验。

（7）每年对水泵接合器的接口及附件进行检查并进行维护。

（8）每年对消防水池，消防水箱及消防气压给水设备的消防储水位及消防气压给水设备的压力进行检查，发现问题及时协助相关单位处理。

4. 气体灭火系统

（1）检查保养气体控制屏，保证正常运行。

（2）检测气瓶的压力是否达到规范要求，有无泄漏现象。

（3）检查试验手动和自动放气装置是否正常。

（4）模拟自动报警系统中的烟、温感探测器同时动作，检查气瓶的电磁阀是否动作，控制屏是否有放气信号，警铃、蜂鸣器是否动作。

（5）每月检测控制屏的功能情况、气瓶压力是否正常。

（6）每季度检查试验手动和自动放气装置。

（7）每季度模拟进行烟感、温感探测器动作，是否有放气信号，警铃、蜂鸣器是否动作灵敏。

5. 防火分区

（1）每周检查木质防火门、防火卷帘门、电动防火门等的完好情况。

（2）每季度手动或自动启停防火卷帘门、电动防火门试验、检查其性能。

6. 防排烟系统

（1）每周检查送风、排烟机房工作环境以及送风机、排烟机、电源控制柜、送风阀、排烟阀等是否处于正常完好状态。

（2）每半年手动或自动打开排烟阀、启/停送风机、排烟机查看其性能。

（3）每半年手动或自动方式关闭空调通风系统、电动防火阀试验，检查其性能。

7. 应急照明疏散指示

（1）每周检查安全出口、疏散通道、重要场所的应急照明和疏散指示标志是否处于正常完好使用状态。

（2）每月试验应急照明灯和疏散指示灯切断电源后是否能正常工作。

8. 其他

（1）每季度检查干粉灭火器的压力、重量、有效期等。必要时做喷射试验。

（2）每月检查集水坑排设备、自救逃生设备，消防电源及自动切换设备是否处于正常完好状态。

（3）每季度试验消防电源末端的切换功能。

上述检查、维护、维修的记录应注明时间地点、所发现的问题及处理情况，检查人员、单位安全管理人员的责任签署应齐全完备。

（三）空调系统维护与检修

空调系统是用人为的方法处理室内空气的温度、湿度、洁净度和气流速度的系统，它可使土木工程建筑内某些场所获得具有一定温度、湿度和空气质量的空气，以满足使用者及生产过程的要求和改善劳动卫生和室内气候条件。空调系统的日常维护与定期检修所形成的记录是土木工程档案与信息管理的重要对象。下面以中央空调为例简述空调系统维护与检修工作及其信息源流。

1. 中央空调系统维护保养内容

（1）空调主机部分：①检查空调主机制冷系统制冷剂的高压、低压是否正常；②检查空调主机制冷系统制冷剂有无泄漏，是否需要补充制冷剂；③检查压缩机运转电流是否正常；④检查压缩机运转声音是否正常；⑤检查压缩机的工作电压是否正常；⑥检查压缩机油位，颜色是否正常；⑦检查压缩机油压、油温是否正常；⑧检查空调主机相序保护器是否正常、有无缺相情况；⑨检查空调主机各接线端子有无松动；⑩检查水流量保护开关工作是否正常；⑪检查电脑板、感温探头阻值是否正常；⑫检查空调主机空气开关是否正常，交流接触器、热保护器是否良好。

（2）风系统检查：①检查风机盘管出风的风量是否正常；②检查风机盘管回风的回风滤网是否聚积灰尘；③检查出风温度是否正常。

（3）水系统检查：①检查冷却、冷冻水的水质情况，是否需要更换水；②检查冷却、冷冻水系统中的过滤网上的杂质，清洗过滤网；③检查水系统中有无空气，是否需要排气；④检查回水、出水温度是否正常；⑤检查水泵声音、电流是否运转正常；⑥检查阀门是否开启灵活、有无锈斑、有无泄漏等现象；⑦检查保温系统有无开裂、破损、漏水等现象。

2. 中央空调检修内容

（1）正常运转中的检修：①查压缩机冷冻油的油压及油量；②系统探漏（制冷剂），发现漏点及时处理；③检查有无不正常的声响、震动及高温；④检查冷凝器及冷却器的温度、压力;⑤检查各种阀门是否正常;⑥检查冷水机出入水的温度及压力;⑦检查主电路上接线端子并压实;⑧检查电气控制部分;⑨检查机组润滑系统;⑩检查各仪表、控制器的工作状态;⑪保持设备处于清洁状态;⑫做好检修记录,完备责任签署并收集整理归档。

(2) 年度间停机后的检修:①检查清洗干燥过滤器,干燥剂吸潮后应进行干燥处理或更换;②检查制冷设备安全保护装置整定值;③检查压缩机冷冻油的油压及油量,必要时进行冷冻油更换及补充;④检查压缩机电机绝缘情况;⑤检查并收紧电路上的各电线接点;⑥检查电气控制部分;⑦提供以上内容检查报告(每年一次)。

(3) 末端的检修:①空气处理机、风机盘管的检查(每年一次);②空气处理机、风机盘管的保养、加油(每年一次);③检查、调整皮带,清洗表冷器,清洗过滤器(每年至少一次);④清理管路、除污(每年至少一次);⑤空气处理机的清扫、除尘(每年一次)。

(4) 水系统检修:①冷冻水泵及冷却水泵的检查、加油;②电机、电器绝缘检测、加油、检查及更换密封元件;③冷却塔一般保养性检修;④水系统关键部位的阀门、过滤器、单向阀、压力表、温度计、保温情况的检查及更换修理。

空调系统维护与检修若由专业机构承担,每次开展工作前应向业主单位了解设备、系统近期运行情况是否良好;检查设备、系统的运行工作记录,判断是否有故障。维护、检修后应及时记录工作情况,注明时间地点、所发现的问题及处理情况。检查人员、业主单位安全管理人员应在记录表上签名确认。

土木工程项目运行中,设备维护与检修(查)工作记录应按照档案与信息管理要求建立制度,主要应包括:①记录或书写的材料、时间、内容、责任签署等必须符合归档要求;②交接班记录应填写齐全,字体工整,责任签署完备;③各种原始记录应有关质量管理体系要求的期限保存,以便备查,超过保存期限的记录应审查后销毁。

第三部分 | 应用篇

第八章

建设项目档案管理

建设项目是"基本建设项目"的简称，亦称"基建项目"，是指按一个总体规划或设计进行建设的，由一个或若干个互有内在联系的单项工程组成的工程总和，它可以是在一个或几个施工现场上进行施工的各单项工程的总称。一般以一个独立的工程作为一个建设项目，如一个独立的水利工程、一条铁路或公路、一个港口码头或电站、一个工厂或农场等。不能把不属于同一总体设计并分别核算的几个建设项目合并为一个建设项目，也不能把同一总体设计范围内的各个工程划分为几个建设项目。土木工程项目是国家基本建设项目的主要构成。

基本建设项目档案管理在法律、法规、规章直至制度、流程等层面都有相关明确规定。《档案法》明确："凡是反映国有企业事业单位主要研发、建设、生产、经营和服务活动的文件材料，都应当纳入归档范围，非国有企业、社会服务机构等单位应依照上述范围保存本单位相关材料。"《档案法实施办法》规定："按照国家档案局关于文件材料归档的规定，应当立卷归档的材料由单位的文书或者业务机构收集齐全，并进行整理、立卷，定期交本单位档案机构或者档案工作人员集中管理。"《科学技术档案工作条例》规定："对每一项科研成果、产品试制、基建工程或其他技术项目进行鉴定、验收的时候，要有科技档案部门参加，对应当归档的科技文件材料加以验收。没有完整、准确、系统的科技文件材料的项目，不能验收。"在上述基础上，为进一步细化工作，提高档案工作质量与档案服务能力，国家档案局、各行业各部门都出台了指导性、操作性更细致的管理办法及业务标准，如《建设项目档案管理规范》（DA/T 28—2018）、《建设工程文件归档整理规范》（GB/T 50328—2014）等。

本章基于公路工程项目档案管理的视角，讲述公路建设项目各参建单位档案管理职责，公路建设项目文件形成、收集、整理、验收、移交、评价等工作原则、方法和要求。

第一节　公路建设项目档案管理职责

公路建设项目档案工作应实行统一领导、分级管理的原则。建设单位根据项目立项批复（核准、备案）情况并结合项目属性（省重点、地市重点、县重点等），业务上接受档案主管部门和上级交通运输主管部门的监督和指导。档案工作应实行项目法人责任制。项目法人应当把档案工作融入项目建设之中，将其纳入项目建设计划、质量保证体系、项目管理程序、合同管理和岗位责任制，促进档案工作与项目建设管理同步进行，确保项目档案完整、准确、系统、规范和安全，满足项目建设、管理、监督、运行和维护等方面的档案信息服务需求。

档案管理的通用职责及各参建单位各自业务范围内的具体档案工作职责要求大致如下。

(一) 通用职责

(1) 设置档案用房。项目建设单位原则上应在现场管理驻地设置具有防盗门(窗)、视频监控、温湿度调控装置、遮光窗帘等安全保管条件和措施的档案库房。库房面积据实测算，最小不得少于 15 m^2。施工、监理等其他参建单位视合同规模、工期、文件数量预估情况参照实施。

(2) 提高档案意识。档案材料形成于各工作环节，来源于各职能部门，各参建单位应结合档案法制宣传、档案业务学习、考核奖罚措施等，提高全员档案意识。

(3) 配备专业人员。档案工作人员应当为单位正式在编人员，且政治可靠、遵纪守法、忠于职守，应当熟悉公路基本建设程序，了解公路施工流程，具备档案管理、信息管理等相关知识背景，能够胜任公路专业档案管理、信息管理工作要求。

(4) 保障工作经费。档案整理、归档、保管、利用等业务工作经费，以及开展档案业务培训、档案室安全保障、档案数字化、档案工作考评等专项工作经费，应列入参建单位年度支出预算。

(二) 各参建单位各自业务范围内的具体档案工作职责

1. 建设单位(项目法人单位及其派驻现场管理机构如项目办、指挥部等)职责

(1) 宜在项目建议书、工程可行性研究阶段开始部署档案工作，熟悉档案法律法规，了解公路建设项目档案工作要求，初步作出制度安排。项目立项后，应在项目管理大纲中明确档案工作任务，明确分管领导，确定职能部门，建立工作机制。

(2) 应在招标文件的技术规范中，明确竣工文件编制质量要求、归档范围、归档时间、归档套数、整理标准、介质、格式等内容；与参建单位签订合同、协议时应设立专门章节或条款，应明确竣工文件费用计量支付条件及违约责任等内容。

(3) 项目进场后应及时结合工程实际制订档案工作方案，明确项目档案工作目标、管理措施、进度安排，制订并下发本项目文件材料归档范围和档案保管期限规定。在编制完成本机构档案工作计划同时，监督和指导设计、施工、监理、设施设备供应商等单位编制档案工作计划。

(4) 应在施工准备阶段组织各参建单位建立起档案工作网络，登记档案工作人员信息，统计档案办公、库房设施等资源配备情况，并建立协调沟通机制，适时组织公路建设项目档案业务培训。

(5) 应在施工准备阶段按照《公路工程质量检验评定标准》(JTG F80/1—2017)和工程实际明确单位、分部、分项工程划分原则，并督促施工单位完成工程划分，报监理、建设单位审批。应构建完善的分项(子分项)工程、分部工程、单位工程的施工记录、检验评定记录及其配套的测量、试验过程记录等文件格式，形成质保资料表库。

（6）在规定时期内，按相关管理办法的要求向同级档案主管部门和上级交通运输主管部门报送项目档案管理登记表。

（7）施工过程中，应落实项目档案管理责任制，对工程管理相关部门和参建单位的档案工作进行监督、检查、指导和协调，实行项目档案工作与项目建设同步管理。按照预立卷原则，完成并监督、指导各参建单位开展文件及各类资料收集、整理、编目、提供利用等工作。

（8）在公路建设项目配套房建工程中或通过其他途径落实项目档案最终存放库房。

（9）做好项目档案专项验收的申请、准备和整改工作。

（10）项目竣工验收后三个月内，向有关部门办理档案移交。

2. 勘察、设计单位职责

（1）应按合同约定，收集、提供项目前期勘察活动中形成的工程地质、地形地貌、水文、气象等设计基础文件，向建设单位移交归档。

（2）应按合同约定，负责收集、整理项目设计中形成的：①可行性研究阶段、项目初步设计阶段形成的文件；②设计优化、复杂工程的技术设计等形成的文件；③施工图文件；④现场服务形成的工程变更包括设计变更、施工变更等文件。并向建设单位移交归档。

（3）应按国家、行业及《公路工程勘察设计检查、验收、评定规程》（DB36/T 535—2008）有关规定，负责收集、整理在项目设计活动中形成的文件（如设计计算书等），经项目设计总负责人审核后向本单位档案部门移交归档。

（4）签订了竣工图编制服务合同的，按竣工图编制要求完成并经监理单位审核后交付。

3. 监理单位职责

（1）应按照《公路工程施工监理规范》（JTG G10—2016）有关规定，收集、整理本单位在项目监理活动中形成的：①监理工作管理性文件如监理合同、监理计划、监理细则、会议记录、会议纪要、综合性往来文件等；②质量监理文件如质量监理要求和往来文件，测量、材料等审查、试验抽检记录，隐蔽工程验收和工程质量检验评定记录，质量问题处理记录等；③安全和环保监理文件如安全、环保管理制度、监理要求和往来文件，检查记录，事故、隐患及问题处理记录等；④费用与进度监理文件如费用和进度计划文件、监理要求和往来文件，工程计量、支付文件，工程开工令，进度检查文件等；⑤合同事项管理文件如工程分包、履约检查，停工令及复工令，工程变更、延期、索赔、违约和争端处理文件，价格调整、材料调差文件/材料等；⑥监理日志、巡视记录等；⑦监理月报、监理年度工作总结、监理工作报告等。并向建设单位移交归档。

（2）应负责对所管辖施工单位各类文件材料的形成、收集和整理归档工作进行监督、检查，在合同段交工验收、项目档案专项验收前分别向项目建设单位提交对施工单位档案质量审核意见。

4. 施工单位（含中标单位本级及现场项目经理部）职责

（1）施工中标单位本级应完成投标文件、中标通知书、合同谈判文件、施工（设备安装）合同、现场项目经理部组建、银行开户等文件收集和副本移交工作，便于现场项目经理部形成完整的合同段工程档案。

(2) 施工中标单位本级应结合本单位需求和中标工程实际情况部署中标合同的档案工作,对项目经理部提出本单位档案工作要求。

(3) 项目经理部应结合项目建设单位档案工作目标要求,制订本级档案工作方案,明确分管领导、档案管理归口部门。

(4) 应根据工程实际情况与质量管理要求,组织拟定本合同段文件材料收集范围、保管期限,经申报获监理单位批复后,明确内部责任部门、工作流程。

(5) 组织内部档案业务学习。各职能部门交流工作及文件形成情况,档案管理人员从档案角度对文件的构成、责任签署等方面予以解释。

(6) 对工区(施工生产组织单位)实施档案业务监督指导。

(7) 按照合同约定,收集、整理本合同段建设范围内形成的工程档案,经监理工程师审核后向建设单位移交。

(8) 按照有关规定,向本单位档案部门移交项目经理部有关党务、行政、监察、工会等档案。

(9) 其他参建单位如:材料、设备供应商,设备安装调试单位,第三方检测单位,施工监控单位等,应按照国家、行业等有关规定,形成相应配套文件,收集整理归档后向项目建设单位履行交付手续。

第二节　公路建设项目档案业务管理

一般将档案业务工作划分为档案收集、档案整理、档案价值鉴定、档案保管、档案编目和档案检索、档案统计、档案编辑和研究、档案提供利用等八个子项。对于土木工程档案管理来说,缘于其文件材料构成的多样性及复杂的野外工作环境因素,要加强建设项目档案业务工作,不仅要从以上八个方面入手,更要在项目建造及维护过程之中,加强档案源头的文件材料管理,如此才能奠定牢靠的档案与信息管理工作基础。

一、项目文件形成

文件材料是档案材料的前身,档案业务管理的源头应当是项目文件管理。公路建设项目文件形成的一般要求有:

(1) 项目建设单位应严格执行公路项目基本建设程序,按照国家、行业有关要求,配套形成相应文件。若工作环节缺失,势必造成相应的佐证材料缺失,影响项目档案完整性。

(2) 管理性文件格式及内容应参照《党政机关公文格式》形成,技术文件格式及内容应参照各类工程有关国家、行业要求形成。实践表明,包括公路建设在内的一些土木工程项目,其管理性文件成文质量比较一般,与公文格式要求有较大差距。在项目档案验收中，经常性发现管理性文件的拟制与签审不符合要求，有的甚至出现错别字、错误用语、关系信息错乱等现象。工程类制式文件，常常出现的问题是附件缺失、无责任签署、数据项不符合要求等。

(3) 办公自动化、项目管理信息系统及有关公路业务信息管理系统形成的电子文件，应符合电子文件归档与电子档案管理的有关规定。各业务系统应能自动登记文件处理过程中相互衔接的各类责任者（如文件起草者、修改者、审核者、签发者等）、处理过程中的各类操作者（如打字者、发文者、收文者、存储管理者等）、处理过程中产生的责任凭证信息（如批示、签名、印章等）、文件传递、交接过程中的其他标识。

(4) 项目建设重大重要活动、工程建设成果的宣传、项目建设原始地形地貌、红线范围、隐蔽工程、关键节点、重要工序质量见证、工程变更、安全事故、重大自然灾害及其他异常情况的记录，应当有照片及音像记录。隐蔽工程的影像记录若为施工记录的构成要件，应制作副本附属于分项工程工序文件之后。

(5) 文件载体应符合耐久性要求。纸质文件应纸张优良，规格标准；电文文件（包）应符合《电子文件管理系统通用功能要求》的规定。文件书写应字迹清晰，表达清楚；图样、图表应清晰整洁；文件责任签署手续完备，电子文件的单位电子印章、责任人电子签名应通过省内数字证书权威认证。需永久、长期保存的文件不应用易褪色的书写材料（红色墨水、纯蓝墨水、圆珠笔、复写纸、铅笔等）书写、绘制。录音、录像文件载体应保证与归档保存期限对应的时间有效性。长期保存的电子文件应使用档案级不可擦除型光盘记录。

(6) 施工工序文件应按照有关技术标准或作业规程、工法要求等形成，应当格式规范、内容齐全、数据准确、签署完备。公路工程以外的附属设施及装饰工程，应按其专业工程质量检验评定标准完成工序及辅助施工记录。

(7) 施工文件中各分项（子分项）文件构成及其格式宜实行首件验收做法，形成标准件后予以推广。

(8) 竣工图编制。

① 公路建设项目竣工图是项目档案重要组成部分。

② 竣工图编制范围。新建、扩建、改建公路工程，特别是基础工程、地下建筑、结构、管线、桥梁、隧道及设备安装等隐蔽工程，必须编制竣工图。

③ 竣工图由总体与专业两方面内容构成。总体部分包括竣工图说明、公路总体平面布置图、路线平纵面图、逐桩横断面图等；专业部分包括路基、路面、桥梁、隧道、互通、交通安全设施、机电、房建、绿化、环保、水保等竣工图表。

④ 竣工图应完整、准确、清晰、规范、修改到位，能够真实反映项目建设实际情况。在清单核查中发现图纸设计数量与工程数量表不一致的（0 号变更）、在实际施工中发生的所有工程变更，均应通过“工程变更文件与竣工图档号对照一览表”反映在竣工图中。

⑤ 凡结构、工艺、平面布置等重大变更及图面变更面积超过 10%的，必须重新绘制竣工图。重新绘制竣工图按原图编号，图号末尾加注“竣”字。重新绘制的竣工图图幅、比例和文字大小及字体应与原图一致。重新绘制的竣工图，应在图纸标题栏标明施工单位名

称、图纸名称、编制人、审核人、图号、比例尺、编制日期等标识项，并逐张加盖监理单位相关责任人审核签字的竣工图审核章。

⑥ 原施工图无变更的或一般性变更及符合杠改或划改要求的，可在原施工图上修改、注明变更内容、依据后，加盖竣工图章后作为竣工图。用施工图编制竣工图的，应使用新图纸，不得使用复印的白图编制竣工图。

⑦ 竣工图章、竣工图审核章应使用红色印泥，盖在标题栏附近空白处。

⑧ 同一建筑物、构筑物重复使用的标准图、通用图可不编入竣工图中，但应在图纸目录中列出图号，指明该图所在位置并在编制说明中注明。

⑨ 竣工图图幅应按《技术制图　复制图的折叠方法》(GB/T 10609.3—2009)要求统一折叠。

二、项目文件收集

(1) 收集工作由各立档责任单位组织实施，分为各部门工作人员日常性收集、部门档案员(兼职档案员)常规性收集与档案管理部门阶段性收集。收集范围宜广泛，凡与公路建设项目有关文件均列入收集范围。

(2) 档案管理部门阶段性收集时间跨度的确定，应适度考虑工作方便并结合项目工期确定，技术性文件宜半年度收集一次，管理性文件宜年度收集一次。

(3) 收集归档的文件应为原件。项目立项审批等前期文件，若原件保存在项目建设单位本级，项目现场管理机构(项目办)可将复印件归档保存，在案卷备考表中注明该情况；供货商提供的原材料及产品质量保证文件为复印件的，须在复印件上加盖销售单位印章。

(4) 档案管理部门收集各业务部门文件时应清点登记，办理移交手续。初步组卷工作由各业务部门完成，档案要素初步著录工作由档案管理部门完成。

(5) 项目建设过程中，收集进入到临时档案室保管的文件、资料，应按预立卷制度规范管理。

(6) 文件收集集中保管应重视安全工作，按照档案库房“八防”要求落实措施，严格控制库房温湿度指标，防范水、电、火等安全隐患。

(7) 电子文件办文完毕宜应即时推送至业务系统与档案系统的中间库或采用离线方式完成数据采集工作。电子文件收集范围按照有关纸质文件材料收集范围执行，并应包括相应的电子文件形成及过程信息、背景信息等元数据。

(8) 离线收集电子文本、数码照片及数字音像等电子文件时，应逐件鉴定、检测其文件原始性、真实性、完整性和在新环境中的兼容性。

(9) 文件集中保管后应登记借阅利用情况，记载利用效果、所解决和未能解决的问题，促进完善项目文件收集工作。

三、项目文件整理

公路建设项目文件材料归档整理工作宜在项目交工通车后 1 个月内启动，由项目业主单位以召开会议的形式部署工作，并以书面形式明确文件材料整理所依据的标准、工作时限、管理措施等。应当建立文件归档整理工作联系网络，明确各归档责任单位责任人。经验表明，公路建设项目交工通车后，参建单位留守人员数量较少，档案人员一般会有变化。应当明确，当工作人员变化时，应及时变更人员信息，保持工作联络畅通。各立档责任单位驻地发生变化后，应按档案数量和安全保管条件重新建立档案室，妥善处理档案搬迁过程中装箱、运输、清点、重新上架等工作。

(一) 纸质文件整理

1. 整理前清点文件

(1) 按当前的规定，公路建设项目文件材料归档范围应按照交通运输部《关于印发公路工程竣(交)工验收办法实施细则的通知》(交公路发〔2010〕65 号)中附件 2《公路工程项目文件归档范围》的规定执行。其他文件、资料根据实际需要采用适宜方式整理保管。

(2) 整理前应按照文件形成阶段、专业、内容等进行初步分类，分区存放。

2. 组(分)件及件内排列

(1) 管理性文件正本与定稿、发文稿纸及有领导批示或有处理结果的文件处理单合为一件，正本在前，定稿在后；正文与附件合为一件，正文在前，附件在后；转发文与被转发文合为一件，转发文在前，被转发文在后。

(2) 蓝图一张一件；图册一本一件；报表等每期为一件；施工、监理日志等每本为一件；安全、环保、文明施工等专项记录每月度为一件。

(3) 每个分项或子分项工程施工记录、检验评定记录合为一件，件内各项记录按照工程形成的规律排序，每个分部工程、单位工程、合同段工程评定记录为一件，遵循工程内容、桩号顺序、工序先后排序。

(4) 未归入分项工程的其他施工记录按专项事件、时间等合理分件并排序。

(5) 每份文件应在案卷编制卷内目录时登记自有或合理拟定的文件题名。

3. 组卷

(1) 组卷工作应基于文件信息与档案要素由业务部门与档案部门共同完成。

(2) 按照既有或规定的档案盒的尺寸选择合适的案卷厚度，案卷不宜过厚或过薄。如 A4 大小 4 cm 厚的档案盒，每个案卷总页数宜在 150～300 页范围之内。

(3) 组卷前应按照公路建设项目文件材料立卷归档管理的有关办法进行档案整理分类，卷内文件排列应符合施工逻辑或时间顺序。

(4) 立项审批阶段文件根据审批事项内在联系分别整理组卷。

(5) 设计文件按照设计的不同阶段和专业分别整理组卷。

(6) 招投标工作形成的按照招投标工作程序整理组卷。

(7) 管理性文件按年度、问题或两者结合专题整理组卷。

(8) 交工验收、竣工验收及其前置性的各单项验收(水保、环保、档案)文件、缺陷责任认定修复工作等文件按问题组卷。

(9) 控制性(先导性)的测量、试验文件应单独组卷。其他与检验申请批复单、施工记录、检验评定记录等共同构成为一个分项工程施工完整记录的施工放样报验单、放样记录、混凝土强度试验检测记录、路基压实度试验检测记录等测量、试验文件，应将其作为分项工程文件构成部分予以组件。

（10）施工记录、监理记录、工程检验评定表等按合同段、单位、分部、分项工程划分依序组卷。施工日志、监理日志、安全生产日志等按照时间顺序整理组卷。

（11）变更文件以合同段为单位，按照变更文件编号依次汇总整理组卷，并编制工程变更与修改后的竣工图档号对照一览表。

（12）竣工图按照专业、图号分别整理组卷。

4. 案卷编制

（1）采用整卷装订的案卷，应对卷内文件连续编页号。卷内目录、卷内备考表不编写页号。

（2）卷内目录编制。卷内目录应排列在卷内文件首页之前，其样式参见《科技档案案卷构成的一般要求》。卷内目录的表头字段设置主要有序号、文件编号、责任者、文件题名、日期、页数、备注、档号等。①序号，应依次标注卷内文件排列顺序；②文件编号，应填写文件文号或型号或图号或代字、代号等，无编号文件可不填写；③责任者，应填写文件形成者或第一责任者；④文件题名，应登记文件自有或合理拟定的文件题名；⑤日期，应填写文件形成的时间——年、月、日（按八位数，年四位数、月两位数、日两位数填写）；⑥页数，应填写每件文件总页数；⑦备注，可根据实际填写需注明的情况；⑧档号，是该案卷唯一的标识号码，类似于个人的身份证信息。

公路建设项目档案的档号由项目代号、分类号、案卷流水号组成。例如，档号 JF-1.5（案卷题名：金溪至抚州高速公路新建项目工程环境影响报告书及批复），其中，“JF”是项目代号，表示“金溪至抚州高速公路新建项目”，由“金溪”“抚州”拼音首字母组成；“1”表示该案卷的内容“工程环境影响报告书及批复”属于“项目立项文件”部分，“项目立项文件”部分档案的分类号是“1”；“5”表示该案卷在“项目立项文件”案卷整体中的流水号。再比如，档号 JF-4.3-L3.9（案卷题名：金溪至抚州高速公路新建项目 L3 合同段 K19+000～K28+000 施工技术交底），其中，“JF”表示“金溪至抚州高速公路新建项目”的拼音代号；“4”表示该案卷的内容“L3 合同段 K19+000～K28+000 施工技术交底”属于“项目施工文件”部分；“L3.9”表示该案卷在 L3 合同段，排列流水号为 9。

（3）卷内备考表编制。卷内备考表式样参见《科技档案案卷构成的一般要求》。卷内备考表应标明案卷内全部文件总数、总页数以及在组卷和案卷提供使用过程中需要说明的问题。其中，立卷人，应由立卷责任者签名；立卷日期，应填写完成立卷的时间；检查人，应由案卷质量审核者签名；检查日期，应填写案卷质量审核的时间；互见号，应填写反映同一内容不同载体档案的档号，并注明其载体类型；档号，应填写该案卷唯一的标识号码。卷内备考表，应排列在卷内全部文件之后，或直接印制在卷盒内底面。

（4）案卷封面编制。案卷封面宜印制在卷盒的正表面，或采用制式纸张连同卷脊内容一并打印后粘贴在档案盒表面，亦可采用内封面或内外封面皆有的形式。案卷题名，应简明、准确地揭示卷内文件的内容，公路项目的案卷题名宜由公路建设项目名称、参建单位名称、标段号、起讫里程、分项(分部、单位)工程名称及文件类型名称等要素构成;立卷单位,应填写负责组卷的单位;起止日期,应填写案卷内科技文件形成的时最早和最晚时间——年、月、日(年月日格式亦为八位数,填法同上);保管期限,按照公路建设项目档案分类详表、各参建单位归档范围及保存单位与保管期限划分表填写。须指出的是,土木工程建设项目在项目管理大纲或类似的文件中,应当明确项目文件材料收集范围及保管期限与保存责任单位;密级,应填写卷内科技文件的最高密级;档号,应填写该案卷唯一的标识号码。

(5) 案卷脊背编制。若对案卷脊背有编制需求,则将案卷脊背印制在卷盒侧面,或采用制式纸张连同案卷封面内容一并打印粘贴在档案盒表面。脊背样式在《科技档案案卷构成的一般要求》中也有规定,主要有案卷题名、保管期限、档号等,填写方法同上。

(6) 案卷装订。①案卷装订宜采用灵活适用的方式。案卷内无蓝图或成册胶装文件的,宜采用三孔一线方式连同案卷内封面、卷内目录、备考表等一并装订。案卷内全部为蓝图或成册文件的,不予装订。卷内部分为零散文件、部分为成册胶装文件或蓝图的,视全部零散文件总页数情况分别采用三孔一线或单孔直角装订:总页数超过 40 页的,宜采用三孔一线方式按卷装订,并将卷内封面、卷内目录、备考表等一并装订;总页数不超过 40 页的,宜分件采用单孔直角装订。②成册文件及其他未与卷内封面、卷内目录装订在一起的案卷构成件,应在其首页空白处加盖档号章。③案卷内超出卷盒幅面的文件应叠装。图纸折叠方法应符合《技术制图　复制图的折叠方法》(GB/T 10609. 3—2009)的要求。④案卷装订后宜及时装入档案盒保存,避免卷内文件受潮受污。

(7) 案卷目录编制。案卷目录主要有序号、档号、案卷题名、保管期限、总页数、备注等著录项。其中,序号,应填写登录案卷的流水顺序号;总页数,应填写案卷内全部文件的页数之和;备注,可根据管理需要填写案卷的密级、互见号或存放位置等信息。

(8) 检索工具编制及档案数字备份。采用了档案管理软件的单位,应将项目或本合同段案卷、卷内目录信息录入(导入)软件系统,方便利用查询。未采用档案管理软件的单位,宜采用表格软件将案卷目录与卷内目录信息建立关联。重要档案应按照《纸质档案数字化技术规范》(DA/T 31—2017)制作档案数字副本,便于利用检索和内容复制,保护档案安全。其他档案是否制作数字副本视项目(单位)条件情况、档案管理水平情况确定。

(二) 电子文件整理

公路建设项目中常见的电子文件按照内容区分,分别有电子图纸文件、电子文本文件、数码照片文件、电子声像文件等。电子文件以件为单位进行整理。

1. 电子图纸整理

(1) 对采用 CAD(计算机辅助设计)或绘图等设备获得的电子图纸,整理时应注明其软硬件环境、检查并著录相关责任签署的电子数据。

(2) 对采用扫描仪等设备获得的电子文件,整理时应采集扫描信息元数据,检验并著录相关责任签署的电子数据。

2. 电子文本整理

(1) 项目办公 OA 系统、项目业务系统办结的电子文件,应每日及时推送至电子档案管理的中间数据库，应逐月完成中间库中电子文件归档整理工作。通过离线方式采集的电子文件，应即时完成整理工作。

（2）应按照档案管理系统要求，录入电子文件编号、题名、责任者、全宗、时间等关键信息，拟定或由档案管理系统自动生成档号。应及时将著录结果制成机读目录和纸质目录。

3. 数码照片整理

（1）属同一立档单位的数码照片档案按“保管期限-年度-照片组”分类。

（2）同一照片组内的数码照片档案按形成时间排列。

（3）整理过程中，应对数码照片文件进行重命名。

（4）数码照片文件采用“保管期限代码-年度-照片组号-张号.扩展名”格式命名。保管期限代码：分别用“YJ”“30”“10”代表永久、30 年、10 年；年度：为 4 位阿拉伯数字；照片组号：为 4 位阿拉伯数字，同一年度内的照片组从“0001”开始顺序编号；张号：为 4 位阿拉伯数字，同一照片组内的数码照片从“0001”开始顺序编号。示例：2020 年某合同段拍摄的一组混凝土拌和站安装的数码照片，为本年度第一组照片，保管期限为“永久”，存储格式为 JPEG，则该组第一张照片的文件名应为：YJ-2020-0001-0001.jpg。

（5）数码照片档案应至少包括以下著录项目：项目代号、保管期限、年度、部门、照片组号、张号、参见号、摄影者、时间、组题名、文字说明、文件格式、开放状态。其中，项目代号为档案整理时给予的项目名称的代号；保管期限及年度内容如上所述；部门是指归档部门，采用部门全称或规范化简称，并保持一致和稳定；参见号：与本张照片有密切联系的其他载体档案的档号；摄影者：照片的拍摄单位或拍摄人；时间著录是数码照片拍摄时间，采用 8 位阿拉伯数字，依次为年代 4 位，月和日各 2 位，不足的在前补“0”；组题名是本组照片所共同反映的主要内容；文字说明应包括本张照片的说明、人物、地点、事由等要素；文件格式：本张照片的计算机文件类型，包括 JPEG、TIFF 或 RAW；开放状态为本张照片是否开放的标记，开放为“Y”，不开放为“N”。

4. 电子声像整理

（1）整理前应检查电子文件格式。重要或珍贵的录音类电子档案以 WAV 格式保存，其他的以 MP3 格式保存，音频采样率不低于 44.1 kHz；录像类电子档案以 MPG、MP4 格式保存，比特率不低于 8 Mbps。

（2）应著录电子声像文件背景信息与元数据。应参照相关元数据标准设置、捕获声像类电子文件元数据，至少应包括：聚合层次、档号、年度、题名、摄像者、编辑者、摄像时间、人物、地点、业务活动描述、保管期限、密级、计算机文件名、格式信息、计算机文件大小、时间长度、视频编码标准、色彩空间、帧大小、帧速率、视频比特率、音频编码标准、音频比特率、音频采样率、音频采样精度、声道数、捕获设备、固化信息，以及描述电子档案管理过程的机构人员、管理活动元数据。

（3）为确保声像类电子档案的真实、完整和可用，电子声像文件形成部门、档案部门应按照国家、行业或地方相关标准规范，围绕声像类电子档案记录的中心内容，对题名、人物、地点、主题、业务活动描述等元数据进行全面著录。应及时将著录结果制成机读目录和纸质目录。

宜采用文件服务器方式存储电子文本(声像、照片、图纸等),采用数据库方式存储电子文本的存储物理路径。将电子文件导入电子档案管理系统。

四、项目文件归档

1. 归档份数与时间

公路建设项目施工、监理等参建单位应按合同约定向建设单位移交档案,办理归档交接手续。合同中未约定移交份数的,宜按照《公路工程标准施工招标文件》中对竣工文件的规定执行;合同中有明确的,按合同执行。竣工图应根据建设、施工、养护等单位需求适当增加档案副本份数。案卷及卷内目录汇编应适当增加份数。

各参建单位应在公路交工通车后 6 个月内将整理完毕的档案向建设单位移交归档。变更、审计等工作以及缺陷责任、尾工形成的档案应及时收集、整理,并在项目档案验收前向建设单位办理归档手续。

2. 移交审查

施工、监理等参建单位在合同段档案移交前,应先行组织技术和档案审查工作。技术审查主要抽取样本检查档案材料、内容的完整性、准确性、有效性,档案审查主要检查各案卷档案要素的齐全性,组卷、卷内文件排列的合理性,档案整体的系统性、成套性等。

施工单位档案移交前应取得监理单位对本合同段档案质量审查意见,审查合格后方能办理移交手续。

建设单位档案管理部门应采用质询、抽查案卷的方式对拟接收的档案实施审查。抽查档案的数量不应少于总量的 5%,不应少于 100 卷。

3. 移交签证

移交单位应编制合同段档案整理情况说明,扼要介绍本合同段工程及其施工(监理)情况,主要陈述合同段档案整理成果、整理原则、执行标准、分类情况等,补充说明存在的问题及解决问题的措施。应当办理移交签证表,签证表至少一式两份,交接双方各留存作为交接凭证保存,以备考查。

五、项目档案管理

(1) 项目文件归档形成档案后,项目建设单位档案管理机构应加强档案安全保管工作,落实库房防火、防盗、防水、防潮、防红外线照射、防尘、防有害生物(霉、虫、鼠)措施,加强日常库房巡查管理工作。

(2) 应建立档案利用制度,对利用的范围、对象、审批办法等作出规定。利用档案原件一般在阅览室查阅,并反馈档案利用效果。

(3) 应根据项目建设和运行管理的需要编研档案,如公路建设项目可在水保环保、变更管理、项目大事记、材料价格调差等方面作专题档案信息汇编等。

(4) 应对档案接收、保管、利用等情况进行统计并建立统计台账。

第三节　公路建设项目档案行政管理

一、项目档案行政管理登记

土木工程建设项目包括城建、水利、电力、铁路、公路、水运等必须按档案主管部门或行业内有关行政管理规定登记项目档案基本信息。

《交通建设项目档案管理登记办法》规定，交通建设项目档案管理登记工作实行统一管理、分级负责的原则。交通运输部档案馆负责交通建设项目档案管理登记工作的统一部署和组织领导，项目所在地省级人民政府交通主管部门及部属单位档案机构负责本地区、本系统交通建设项目档案管理登记工作的组织、监督和指导。

交通建设项目档案管理登记工作采取由项目法人(建设单位)定期填报交通建设项目档案管理登记表的方式进行，分别由项目法人(建设单位)于开工后6个月内、合同段交工验收后1个月内和项目档案通过专项验收后1个月内填报。档案管理登记工作应做到登记全面、填报准确、上报及时。凡登记项目中属于国家档案局登记范围的，由交通运输部档案馆根据国家档案局的有关要求进行汇总转报，同时抄送项目所在地省级档案主管部门。

各级地方政府档案主管部门按照档案分级管理原则，出台类似的建设项目档案管理登记办法。如江西省规定，建立省重点建设项目档案管理登记制度，设立“江西省重点建设项目档案管理登记表”，属于行业主管部门的省重点建设项目，由行业主管部门的档案部门组织项目法人或建设单位填写；市属的省重点建设项目，由项目所在市的档案主管部门组织项目法人或建设单位填写。登记表的内容和样式与上述交通领域的相类似。要求登记表填写后报省档案局备案，并同时抄报省发改部门、省重点工程办公室。

二、项目档案工作中间过程督查

按照档案管理规定，各级档案主要部门要与投资主管部门、项目主管部门加强沟通、密切配合，按照《建设项目档案监督指导工作指南》(档发〔2016〕15号)要求，摸清项目建设和档案管理情况，强化宣传引导，开展业务培训，对项目档案工作进行全过程跟踪监管和指导服务，督促项目建设单位将档案工作纳入项目管理程序，纳入领导责任制和相关人员岗位职责，纳入合同管理，建立健全项目档案工作管理体制、规章制度、业务规范和工作网络，及时有效建立和开展档案工作。项目主管部门要积极支持和配合档案部门开展业务监督、指导和检查工作。

(一) 督查内容

(1) 项目档案基础管理情况：①国家档案工作法律法规落实情况；②项目档案工作管理体制的建立情况，项目业主单位对各参建单位的监督指导及各参建单位的配合情况；③档案工作规章制度的建立和落实情况；④项目档案管理机构及人员配备情况；⑤档案工作纳入合同管理及落实情况；⑥项目档案登记及项目档案验收前置条件完成情况。

（2）项目档案情况：①项目文件材料的齐全完整情况，重点关注项目前期文件、项目竣工验收文件、竣工图等重要文件材料；②根据《建设项目档案管理规范》（DA/T 28—2018）及《科学技术案卷构成的一般要求》（GB/T 11822—2008），检查项目档案整理情况；③档案的制成材料情况。

（3）项目档案的安全管理情况：①项目建设单位及各参建档案用房情况；②档案库房的安全防护情况；③档案信息和实体的安全管理情况。

（4）项目档案信息化情况：①项目档案信息化设施设备的配备情况；②项目档案信息化软件的配备情况；③项目档案目录、全文及多媒体数据的建设情况。

（二）督查要求及方式

（1）自查。被检查单位对照检查内容进行自查，并向督查组提交检查汇报材料。

（2）现场检查。督查组采取听取汇报、实地查看等形式进行检查。

（3）意见反馈。督查结束时督查组将情况当场向项目建设单位进行口头反馈，向项目建设单位反馈"督查意见书"。

（4）通报。督查结果将予以通报。对检查中发现违反档案法律法规行为的单位和个人，将严肃处理。

三、项目档案验收

（一）验收申请

交通建设项目档案验收申请由项目建设单位向上一级交通运输主管部门提出。申请之前，项目法人（建设单位）应组织有关参建单位按照交通建设项目档案管理有关要求进行自检，并形成自检报告。

上级交通运输主管部门接到申请后，应在20个工作日内组织项目档案保管条件及案卷质量初步审查，形成意见并向项目建设单位反馈。在项目建设单位落实完善初步审查提出的有关问题后，由接收验收申请的交通运输主管部门向验收组织单位申报项目档案正式验收。

（二）验收组织

对于交通基建领域，国家高速公路网项目由交通运输部档案馆或委托省交通运输厅组织验收；省内加密线高速公路、国省道省重点项目由省档案局或委托省交通运输厅组织验收。非省重点项目国道、省道及县乡村公路分别由区域内档案主管部门或委托同级交通运输部门组织验收。

验收组织单位应组建验收组，以召开验收会议的形式组织验收。验收组成员单位为验收组织单位、项目主管单位、质量监督机构。项目法人（建设单位）、设计、施工、监理和生产运行管理或使用单位的有关人员列席会议。具体地讲，公路水运项目档案验收采取首次会、末次会和现场检查的方式进行。

首次会中听取建设单位汇报项目建设概况和项目档案管理情况，施工单位（代表）汇报本合同段档案编制情况，监理单位（代表）汇报项目档案质量的审核情况及本单位（合同段）档案编制情况。听取汇报完毕，组建档案验收专家组，专家人数应为单数，一般不少于

5 人。

专家组现场查验档案应根据项目档案构成情况按比例抽查调卷。抽查案卷数不少于案卷总数的 5%～10%。抽查重点为立项审批文件、征地拆迁文件、质量检验评定文件、隐蔽工程记录、工程变更文件、竣工图等。电子档案应对其真实性、完整性、可用性、安全性进行数据检验。

末次会由项目档案验收组根据专家组对项目档案的查验情况及专家意见，对项目档案质量进行综合评价，形成并宣布项目档案验收意见。验收意见主要内容应包括项目建设概况、档案管理情况、存在问题、整改要求与建议、验收结论等。需要说明的是，半数以上专家认同通过并经验收组织单位审核同意，项目档案验收才能通过。

（三）验收认定

验收组织单位对通过验收的项目颁发验收合格证书或相关文件。对于验收不合格的项目，由验收组提请项目建设单位限期内对存在的问题进行整改，验收组织单位重新或委托有关单位再次组织验收。

四、项目档案移交

（1）公路水运项目档案专项验收通过后 3 个月内，由项目建设单位向相应的交通部门档案管理机构、接养单位办理移交手续。

（2）移交范围应按照国家档案局《各级各类档案馆收集档案范围的规定》（国家档案局令 2011 年第 9 号）及有关交通专业档案馆、部门档案馆进馆范围执行。

（3）项目电子档案的移交参照《电子档案移交与接收办法》（档发〔2012〕7 号）的有关规定执行。

第九章

数字档案馆建设

档案馆作为保管档案、留存记忆的主体，发挥着不可取代的重要作用。随着时代进步和档案实践的不断发展，档案馆建设也在与时俱进，特别是数字时代的到来，数字档案馆应出现并不断发展，已然成为保管档案的新方式与档案馆发展的新方向。根据国家档案局发布的《数字档案馆建设指南》中的定义，数字档案馆是指各级各类档案馆为适应信息社会日益增长的对档案信息资源管理、利用需求，运用现代信息技术对数字档案信息进行采集、加工、存储、管理，并通过各种网络平台提供公共档案信息服务和共享利用的档案信息集成管理系统。2021 年，新《档案法》实施后，各省（市、区）在档案事业“十四五”规划中均加强了数字档案资源及数字档案馆的建设。

数字档案馆建设意义体现在诸多方面，择要陈述以下五个方面。

（1）数字档案馆是知识经济时代基础信息资源不可替代的组成部分。在知识经济时代，知识产生的收益在社会总产值中所占比重很大，而知识经济的运作条件就是计算机网络支持的基础信息资源，数字档案馆所提供的信息极其丰富、重要，而其中的档案信息更是不可代替的。

（2）数字档案馆拥有翔实的档案信息支持决策和管理。决策的及时正确、管理措施的得当，必须依靠信息的完整、可靠和快速的综合分析能力来保证，数字档案馆恰好能在一定程度上满足这些要求。在土木工程领域，融合 GIS + BIM 技术的数字档案馆档案信息资源与项目建设、运维期间的各种数据密切联系共同构成多维数据，对于支持决策、质量安全监控、造价分析、变更管理、跟踪审计等有着天然的优势，可以发挥更为重要的作用。

（3）数字档案馆为科学研究、知识普及等提供智能化服务。数字档案馆提供的科技知识等信息及时、准确、系统，具有较高的权威性和参考价值，比一般数据库系统提供的检索服务方式也更方便、自然、系统。数字档案馆不仅能够满足科学研究的大型且复杂的课题需要，而且可以满足家庭教育等形式丰富多彩的各种需求，在落实科教兴国的战略方面可以充分发挥档案的作用。

（4）数字档案馆有助于改善档案管理工作，提高档案工作的社会地位。数字档案馆建设促使与之相关的计算机技术、通信技术、网络技术和多媒体技术等高新技术在档案领域中的广泛应用，从而促进档案管理理论、档案管理技术和方法的变革，并且通过最大限度地实现档案信息资源的有效利用和共享，发挥档案信息的增值作用，彻底改变档案馆封闭、半封闭的状况，实现档案事业跨越式发展，提升档案工作在信息化社会中的作用和地位。

（5）数字档案馆将用中国丰富的档案信息去参与解决国际信息环境中的中、西文化比例失调问题。当前，国际互联网上的中文信息比例偏少，这与我国的大国国际形象不相符。数字档案馆可以充分发挥其信息优势，以多种语言、文字积极传播中国声音、中国信息，通过公布、开发历史档案文献，传播中国悠久灿烂的历史文化，营造有利于我国经济建设和社会发展的国际环境。

第一节　数字档案馆建设总体要求

一、建设原则与要求

数字档案馆建设是一项系统工程，需要经过调研、立项、论证、软件开发、平台构建、资源准备、系统试运行、项目验收、运行维护等诸多环节，需要各业务部门、档案管理部门以及其他相关单位的共同参与，是一项长期的工作任务，应当遵照“统筹规划、循序渐进，项目带动、重点突破，需求导向、保证安全，合理适用、稳步实施”的原则，积极推进，务求实效。

（1）统筹规划、循序渐进。应当根据各级政府电子政务建设整体框架和基本要求，及时将数字档案馆建设与区域电子政务和信息化建设相衔接，综合考虑自身信息化发展水平、技术力量、资源规模、基础工作水平、资金投入等因素，确定总体布局和实施步骤。

（2）项目带动、重点突破。实施项目带动战略，支撑和带动数字档案馆整体建设和发展。将数字档案馆建设分成若干子项目，以项目带动数字档案馆建设及推进各项工作的开展，有利于获得党委政府和有关部门的重视和投入，有利于集中人力物力有针对性地重点解决数字档案馆建设中的核心问题。

（3）需求导向、保证安全。数字档案馆建设应以需求为导向，着眼于党政机关、社会公众在线利用数字档案信息资源的需求（如土木工程项目档案信息的开发利用就需要结合工程项目 GIS 与 BIM 信息共同形成多时空维度具有价值的信息，向政府部门及社会利用者积极主动推送该类信息，发挥档案信息资源资政作用与社会服务功能），推动档案信息资源的共享。应当按照信息安全等级保护的要求，采取相应的安全保障技术方法，配备必要的软硬件设施，建立健全安全管理制度，完善灾难恢复服务机制，确保数字档案馆建设和运行的安全。

（4）合理适用、稳步实施。要重视前期调研，进行可行性研究，结合本部门业务工作实际，提出创新性高、应用性强的功能需求，以确保系统开发和项目建设的合理性、适用性。在项目实施过程中，档案部门的业务人员应全程参与，及时发现并研究问题，纠正偏差。重大项目应当按照信息系统建设规范要求引入监理机制，对项目质量、进度、投资、安全等方面进行全程监理。

二、建设目标

数字档案馆建设的目标是：紧紧依靠国家和当地信息化基础设施建设环境，充分利用各种政务网平台、公众网平台以及各类网络资源，以先进的信息技术为手段，集成建设适应本部门本单位一定时期内数字档案管理需要的网络平台，开发应用符合功能要求的管理系统，推动馆藏档案资源数字化、增量档案电子化，逐步实现对数字档案信息资源的网络化管理以及分层次多渠道提供档案信息资源利用和社会共享服务。其中，数字档案信息资源建设、提供档案信息利用和社会共享服务，是一项长期任务，应分阶段推进，有步骤实现。

三、建设内容

数字档案馆总体建设内容主要包括：

(1) 按照数字档案馆基础网络架构、主要技术路线与软硬件配置基本要求，集成建设适应馆藏档案基础数据和今后一定时期内数字档案增长规模的数据管理、满足数字档案馆各项管理与服务需求的基础设施。

(2) 开发或应用具备“收集、管理、存储、利用”等功能要求的数字档案管理系统，实现档案管理各业务环节的自动化、网络化。

(3) 全面推进馆藏数字档案基础数据库建设，优先建立馆藏档案的文件级目录数据库，逐步进行传统载体档案的数字化转换，积极推进电子文件的接收和管理，建立各类数字档案资源库群。

(4) 应用先进技术和相关管理手段，保证数字档案信息资源的可靠可信和长期可用，减少数字档案对软硬件的依赖性，从而使数字档案具备传统档案所具有的原始性、凭证性和长期可读性。

(5) 运用多种技术手段，针对不同利用对象，通过不同渠道，实现档案信息资源分层共享，方便、快捷满足各类用户利用需求。

(6) 配套建设数字档案馆保障体系，确保数字档案馆系统安全和数字档案信息安全。

四、建设步骤

数字档案馆建设一般分项目规划与立项、项目招投标、项目实施、运行维护等几个步骤进行。

(1) 项目规划与立项。根据社会信息化和档案事业发展需要，研究提出数字档案馆建设项目。成立由档案馆主要领导、信息化人员、相关技术人员、档案管理人员等参加的项目筹备小组，对本地区信息化现状和国内外数字档案馆建设现状等，特别是各立档单位产生电子文件状况、党委政府各部门和公众对档案利用需求情况进行充分调研，研究提出项目可行性报告，向当地主管部门提出数字档案馆立项申请。在与相关主管部门充分沟通后，由主管部门组织专家对项目可行性报告进行论证。

(2) 项目招投标。项目经立项批准后，应按照国家有关项目管理规定进行招标或邀标工作。充分征求档案馆各业务部门、相关专家的意见，对数字档案馆的功能需求进行细化，形成功能需求方案。功能需求方案应既符合档案管理的实际需要，又便于计算机编程人员理解，能够在系统开发中实现。

(3) 项目实施。按照数字档案馆建设目标、总体内容和项目可行性研究报告立项批复的要求，制订详细的项目建设实施方案，明确项目建设的内容、进度和时间安排，有计划地推进系统开发与调试、软硬件集成、项目试运行与验收等项目实施工作。项目建设中应当加强项目监理，确保项目建设的进度和质量。

(4) 运行维护。项目验收后，应适时调整、明确数字档案馆各功能模块的管理职责，加强应用培训，建立数字档案馆业务工作与技术工作相互衔接、相互配合，以业务管理工作为主线、以技术保障工作为支撑的管理机制。要重视人才培养，形成以档案馆人才自主管理为主体，社会外包服务保障为依托运行与维护体系。

第二节　数字档案馆管理系统功能要求与系统构建

数字档案管理系统应当具备“收集、管理、保存、利用”四项基本业务功能，以及用户权限管理、系统日志管理、数据备份与恢复、系统及其数据安全维护等功能。数字档案管理系统还应当采取必要措施保证馆藏数字档案信息，特别是由电子文件归档形成的电子档案信息的可靠和可用。数字档案管理系统功能可以根据信息化发展和档案管理的要求而有所侧重并不断拓展。

一、收集功能要求

系统应当具备接收立档单位产生的电子文件及其元数据、对传统载体档案进行数字化和采集重要数字信息资源等功能。

(1) 系统能够根据相关要求接收立档单位产生的各类电子文件及其元数据，并在建立一整套接收机制基础上，保证接收过程责权明确，杜绝安全隐患，从源头上保证数字档案的真实、完整、可用。

(2) 系统应当提供在线接收和脱机接收方式。

(3) 系统应当能够批量导入或导出数据，保证数据的可靠和可用。

(4) 系统应能对在线或离线接收的档案数据进行真实性、完整性、可用性验证。

(5) 系统应具备目录数据和内容数据等多种信息资源的采集功能。

二、管理功能要求

系统能够对所接收的各类数字档案信息进行整理、比对、分类、著录、挂接、鉴定、检索、统计等操作，使无序信息有序化，并实施有效控制。系统应能：

(1) 按照设定的分类方案，将数字档案信息存储到系统中，或根据管理要求进行适当调整。

（2）过滤重复数据和重新分类、编号。

（3）对档案内容进行抽取和添加元数据等操作。目前档案管理都是基于目录数据库挂接方式来实现，将来不排除使用新的技术方法对数字档案进行有效管理。

（4）辅助人工完成档案的开放鉴定工作。

（5）对档案内容数据及其元数据等相关信息建立持久联系，形成长期保存档案数据包和利用数据包。

（6）对档案类型、数量大小等按照设定要求进行统计、显示或打印输出所需各类档案信息。

（7）辅助完成馆藏实体档案编目（著录、标引）、整理、出入库房整理等工作。

（8）定制档案业务流程或进行流程再造。

三、保存功能要求

系统能够实现对数字档案长久的安全保存，包括两方面的要求：一是长久保存策略的确定；二是存储架构选择。

1. 长久保存策略

长久保存策略包括存储格式的选择，检测、备份和迁移等技术方法的采用等。

（1）应当选择符合国家标准的格式，暂时未制定标准的，选择开放格式或主流格式。

（2）定期对载体及其软硬件环境进行读取、测试，发现问题，及时解决。

（3）根据数据重要程度以及整理和利用的需要，选择在线、近线、离线、异地、异质和分级存储等技术和方式。

（4）计算机软硬件以及技术或标准规范发生重大变化或发生重大事件时，为了保证数字档案信息可读，应采取迁移等手段对所存储的数据进行技术处理。

2. 存储架构选择

根据档案数据量和管理目的不同而采用不同的存储技术及其相关设备。安全性和稳定性是选择存储设备的首要因素。在数字档案馆建设过程中，应根据数字档案馆的数据量和利用并发用户数量的需求，以保证数字档案馆合理安全的存储容量和较快的网络传输速度。适当选择采用单一应用平台，配备数据库服务器、文件存储器、备份服务器、备份软件等构成的存储服务平台，以及采用 SAN、NAS、DAS、IP-SAN 或其他形式的存储技术方法。

四、利用功能要求

数字档案管理系统应当根据档案信息的利用需求和网络条件，分别通过公众网、政务网、局域网等建立利用窗口。系统应能实现档案查询、资源发布、信息共享、开发利用、工作交流、统计分析等功能。系统应能：

（1）运用最新检索技术方法满足利用者在各种利用平台对档案数据进行快速、准确、全面的利用查询要求。

（2）通过网络平台或特定载体发布档案信息和信息资源共享。

（3）辅助进行档案信息智能编研、深度挖掘。

（4）为档案管理者和利用者提供在线交流平台、远程指导、远程教育。

（5）辅助开展数字档案的增值服务。

（6）进行档案利用访问量统计、分布分析、舆情分析等相关工作。

（7）对用户、数据项、功能组件进行利用权限的角色授权处理，能够进行门类设置、结构设定、字典定义等系统代码维护工作。

五、数字档案馆系统构建

（一）应用系统开发

鼓励各地区统一开发或购置成熟的数字档案管理系统软件，减少重复开发，降低应用成本。应用系统开发应当遵循整体性、开放性、稳定性等原则。鼓励软件开发公司应用先进技术手段对“收集、管理、保存、利用”功能模块或子系统进行专业深度扩展、创新开发。

（1）整体性。系统应考虑所配备和购置的软硬件及其网络平台环境，选择恰当的开发工具和技术路线，正确处理各子系统或模块的关系，形成一个整体。

（2）开放性。系统应能够随着信息技术的不断发展和档案管理的最新要求而具有兼容性和拓展性。

（3）稳定性。系统开发应采用先进、成熟、稳定的技术，保证系统的稳定、可靠和安全。

（二）服务平台建设

数字档案馆网络架构一般应面向不同对象、立足现有不同网络，构建三个服务平台，并提供相应层级数字档案信息资源利用共享服务。

数字档案馆应根据不同服务对象和不同档案开发范围建立相应的服务平台。一般主要包括：一是基于局域网面向档案馆工作人员和来馆利用档案人员的馆内档案利用服务平台；二是利用当地政务网建设的面向本级党政机关各立档单位的电子文件归档和档案信息共享平台；三是利用公众网建设的面向广大社会公众和进行馆际交流的公共档案信息服务平台。

1. 基于局域网的档案服务平台

局域网档案服务平台是数字档案馆建设的基础平台。局域网档案服务平台应当具备馆藏数字档案传输、交换、存储、安全防护的功能，承担档案馆“收集、管理、保存、利用”四项基本功能，满足日常数字档案馆业务管理和提供利用服务的需要。局域网通常还要承担辅助档案实体管理的功能。

2. 基于政务网的档案服务平台

政务网档案服务平台是数字档案馆连接本级各党政机关立档单位的主干平台。它依托本级政务网，能够接收各立档单位电子文件，能够为政务网用户提供在线档案查阅利用、档案业务指导或其他档案工作服务，实现党政机关的档案信息资源共享和资政服务工作。

国家鼓励具备条件的档案馆探索采用云计算等先进技术为各立档单位提供软件服务和存储服务。

3. 基于公众网的档案服务平台

公众网档案服务平台，如公共档案信息服务平台，是档案馆实现公共档案服务和档案信息资源社会共享的有效途径之一，它依托公众网，通过档案网站建立来满足公众查阅档案的需求，同时，采集具有重要保存价值的各类数字信息，进行资源整合，实现公众档案信息资源的社会最广泛共享。一般要求平台能在一定的安全措施条件下，实现馆际档案信息交流。

档案服务平台建设当前应遵循的标准规范有：《数据中心设计规范》(GB 50174—2017)、《信息安全技术　基于互联网电子政务信息安全实施指南》(GB/Z 24294—2017)等。

(三) 软硬件配置

1. 系统软件选型

数字档案馆系统软件一般包括操作系统、数据库系统等方面。

操作系统的选择要根据数字档案馆的规模和硬件配置等情况来选定。终端操作系统通常选择使用与其软硬件兼容，使用较为广泛的操作系统；服务器操作系统要综合考虑任务量、并发用户数量、安全性等因素进行选择。

数据库系统首先满足数据存储和管理的需求，并充分考虑技术和管理成本；其次应注意操作系统和应用软件对数据库系统的支持；最后要考虑其开放性和扩展性，为将来系统的升级、迁移免除后顾之忧。数据库系统必须考虑到稳定性和高性能以及档案资源的安全性，所以在选型之前一定要认真规划，周密地分析与考虑，所选择数据库系统应能支持当前及可预见的将来采用的软件，并充分考虑今后几年数据量的要求。在前期规划时，不仅需要决定使用的类型和版本，还需要规划设计数据结构；不仅需要考虑当前存储和管理的数据信息类型，还要考虑将要接收进馆的数据信息类型。

在数字档案馆系统运行中，除了操作系统和数据库系统之外，还需根据数据采集、管理、利用等方面需要，配置其他一些系统软件和工具软件，如数据仓库、数据交换、OCR、格式转换、非线性编辑、全文检索等方面的软件。

2. 硬件设备配置

数字档案馆系统硬件设施主要包括服务器、终端、网络、存储及其他配套设备。系统中每个独立任务应有相应的服务器来承担处理任务。服务器在信息系统中的重要性不同，可以分成主服务器和辅助服务器两类。主服务器主要承担信息系统数据存储和管理以及应用系统的运行，主服务器的选配必须充分考虑系统性、安全性和高性能。辅助服务器包括辅助应用服务器、网络管理服务器、文件服务器等，承担系统中非核心功能的处理任务。一个数字档案馆系统配备服务器的数量，取决于系统的实际功能，不必强调所有任务都有独立的服务器，可根据预算、数据规模、用户数量及其访问量等，合理选定。

网络设备主要包括传输介质、集线器、交换机、路由器、光电转换等。双绞线和光纤是最常用的传输介质，物理上分散的多台计算机只有通过传输介质才能连接在一起形成网络；集线器可以放大传输信号，主要用于小型网；交换机是一种基于点对点发送数据的网络连接设备，具有网络流量控制等性能，是大型网络组网的必需设备；要使网络之间互连，则必须配备路由器；光电转换设备是实现双绞线和光纤两种不同传输介质的信号转换的设备。

存储设备主要包括磁盘、光盘、磁带等。应根据数字档案馆的存储架构选择存储设备。

数字化设备包括扫描仪、数码照相机、数码摄像机、非线性编辑系统等。

终端设备包括输入、输出设备，通常是指独立工作的计算机、打印机、复印机等。数字档案馆各项业务的开展必须依托这些设备，通过终端访问网络应用系统，完成信息处理工作。一个数字档案馆终端设置应考虑三种用户，即社会用户、档案馆工作人员、档案馆聘请的数据加工和处理人员。

第三节　数字档案资源建设

数字档案资源建设是数字档案馆建设的核心内容，也是一项经常性的业务工作。数字档案资源建设包括电子文件接收、传统载体档案数字化转换、资源整理加工、建立各类资源库等内容。

一、电子文件接收

根据档案接收范围，建立电子文件接收进馆制度和机制，配备必要的技术手段，从源头上保证数字档案信息的真实、完整、可用。

为了保证有价值的数字档案资源接收进馆，从数字档案馆建设开始，就应按照数字档案馆功能要求，研究确定电子文件接收范围、标准和方法。在范围上，除了参照纸质档案接收要求，还应针对电子文件多样性、形象性的特点，接收反映重大事件、重要活动、重大变化的电子形式的记录；在种类上，除了文本文件，还包括数码照片、图形图像、多媒体、数据库、网页等各种形式的电子文件。应当明确电子文件移交的方式和时限。移交方式可以是在线或离线移交，但不论何种移交方式，都以安全、高效、准确为原则。与纸质文件对应电子文件的移交和接收之前，应要求和督促立档单位建立正确无误的对应关系，并保证其内容的一致性。应当加强对电子文件的形成及其整理、归档、移交的监督指导，包括确定归档范围规范、进行质量检查、开展技术服务等。

电子文件的接收与管理应当遵循以下标准规范：①《电子文件归档与电子档案管理规范》（GB/T 18894—2016）；②《公务电子邮件归档管理规则》（DA/T 32—2021）；③《文书类电子文件元数据方案》（DA/T 46—2009）；④《版式电子文件长期保存格式需求》（DA/T 47—2009）；⑤《基于 XML 的电子文件封装规范》（DA/T 48—2009）。

二、档案数字化

传统载体档案数字化是当前及今后一定时期内数字档案资源建设的一个重要途径。档案数字化工作是一项系统工程，涉及档案保管、保护、整理、鉴定、转换、存储、利用等多个环节，应当统筹规划，分步实施。通过数字化工作，对馆藏档案进行全面的梳理。应当高度重视档案整理、鉴定、保护等基础工作，为数字化工作提供高质量的来源。如果对馆藏档案无法一次性全面数字化，可以按照特殊载体优先、重要程度优先、共享性强优先等原则分步实施。

数字化加工一般采取自主加工和委托加工两种方式进行。自主加工是档案馆自行配备数字化加工设备，自行组织人力开展数字化加工。这一模式适用于少量重要、核心档案的数字化加工。委托加工是将应数字化的档案，委托专业公司实施加工。这一模式效率相对较高，投资相对节省，普遍适用于各类档案的数字化加工。档案馆所委托加工的公司必须是具有相关保密资质的专业公司。

档案数字化工作前期应遵循的标准规范有《纸质档案数字化技术规范》(DA/T 31—2017)、《缩微胶片数字化技术规范》(DA/T 43—2009)等。

三、数字档案及其信息资源整理

在对信息资源进行有序、有效管理之前，必须进行整理，包括分类、价值鉴定、开放审查等，并将数字档案信息进行有序排列。当前国家尚未制订针对数字档案信息分类的规则，在数字档案馆建设中，可以参照传统载体档案的分类、排序方式，结合数字档案信息的特点，确定数字档案信息的合理分类方案，实现对数字档案信息的有效控制。

电子文件或数字化档案信息发布利用之前，必须进行开放利用的鉴定工作，并通过技术检查，如清晰度、准确性、完整性，以便让利用者有效检索、阅读和理解数字档案信息。

档案信息网上提供利用，要根据数字档案不同网络的传播范围、用户范围、使用方式等进行处理。对涉及国家秘密、知识产权或个人隐私及其他敏感信息的档案利用，应当按照国家法律法规要求，进行受控处理。涉密信息只能在涉密网发布；内部信息只能在内网(包括政务网和档案馆局域网等)使用；开放信息可以在公众网发布。开放、鉴定是数字档案馆建设的重要工作内容之一。

四、建立数字档案资源库

运用计算机及其相关技术设备管理数字档案信息，当前一般采取数据库技术方法进行。档案资源库一般包括目录数据库、元数据库和内容数据集等。

(1) 目录数据库是数字档案资源管理的基础，它是将反映数字档案特征的规范数据，依照一定的字段要求存入计算机中，通过系统的排序等处理，形成由计算机检索的目录数据体系。目录数据库建立的方式主要有两种基本途径：一是通过传统载体档案数字化采集的档案目录数据库，一般是通过人工录入方式建立；二是通过接收电子文件方式形成的数字档案，一般通过档案管理系统自动采集生成或从数字档案元数据库中提取而形成，经过数据整理规范审核与补充完善后建立。

（2）保存数字档案元数据是保证数字档案可靠和可用的一项重要措施。元数据库建设按照数字档案元数据采集规范要求建立。元数据采集方式主要是通过对电子文件或数字档案的背景、结构和管理过程信息进行自动生成和适当人工添加而形成。

（3）内容数据集是数字档案资源建设的主体，它是通过数据库、数据仓库等技术方法将档案全文按照一定的分类、排序方式排列形成的集合。内容数据一般通过与目录数据挂接方式实施有效管理，随着信息技术，特别是检索技术的发展，将来也会采用其他技术方法对内容数据进行有效管理。对于由电子文件归档形成的电子档案，其内容数据还应与其元数据建立持久有效的联系，防止非法修改，采取技术措施，确保其可靠和可用。

数字档案资源库建设应遵循以下标准规范：《中国档案机读目录格式》（GB/T 20163—2006）；《档号编制规则》（DA/T 13—1994）。

第四节　安全保障体系建设

安全保障体系建设是数字档案馆建设的基础工作，数字档案馆的安全包括数字档案数据的安全和信息系统及其网络平台的安全。数据安全就是要保证数字档案信息的可靠、可用、不泄密、不被非法更改等，系统及其网络平台安全就是要保持系统软硬件的稳定性、可靠性、可控性。

安全保障体系建设主要通过两方面途径实现。一是按照信息安全等级保护的要求，采用相应安全保障技术方法，配备必要的软硬件设施。数字档案馆系统一般要求达到二级（系统审计保护级）以上安全保护标准。数字档案馆系统集成商应具备相应的保密资质，并严格按照有关安全保密规范要求进行项目设计、系统开发和项目施工。建设、监理单位应当加强项目建设过程中的档案信息安全保密工作。二是建立健全数字档案馆安全管理制度，并严格遵照实施。数字档案馆系统安全隐患包括数据窃听、电磁泄漏、电力中断、载体损坏、自然灾害、非法访问、计算机病毒、黑客攻击、系统超负载、假冒身份、权限扩散、数据篡改、操作失误等，应当采取相应的技术措施和管理手段应对这些安全隐患。应当高度重视数字化加工、电子文件接收等过程中的安全保密管理工作。同时应当制订应急预案，完善灾难恢复机制，提高应急处置能力。

安全保障体系建设应当遵循的有关信息安全规范有：①《计算机信息系统　安全保护等级划分准则》（GB 17859—1999）；②《信息安全技术　信息安全应急响应计划规范》（GB/T 24363—2009）；③《信息安全技术　信息安全风险管理指南》（GB/Z 24364—2009）；④《信息安全技术　终端计算机系统安全等级技术要求》（GA/T 671—2006）。

下面主要介绍安全保障体系建设技术方面的物理安全、网络安全和主机安全。

一、物理安全

物理安全主要在环境安全、设备安全和介质安全三个方面采取保护措施，如按国家相关标准进行机房选址、建设，安装门控系统、监控报警系统，采取区域保护措施；选择高可靠的网络设备和主机设备，重要设备要有备份。

二、网络安全

(1) 防火墙设计。部署多台防火墙来实现网络逻辑隔离、安全域划分，在安全域的边界(如各部门之间、业务上下级之间等)设置网络访问控制策略。

(2) 安全审计系统设计。部署安全审计系统对内部网各类系统全部活动的过程轨迹进行记录，以便为事后的安全审计追踪、系统安全漏洞分析提供原始证据。安全审计功能是很多其他安全技术的基础。

(3) 漏洞扫描系统设计。可以利用漏洞扫描技术定期对网络进行安全扫描，从而提前发现系统中存在的漏洞，及时进行修补，消除安全隐患，进而提高网络安全水平。

(4) 抗拒绝服务系统设计。部署抗拒绝服务系统产品可以帮助用户有效识别各种常见的攻击行为，并通过集成的机制实时对这些攻击流量进行检测及阻断，具备远程网络监控和数据包分析功能，能够迅速获取、分析最新的攻击特征，防御最新的攻击手段。

(5) 上网行为管理系统设计。部署上网行为管理系统避免信息泄露，防止非法信息恶意传播，实时监控、管理网络资源使用情况，提高整体工作效率。

(6) 流量监控系统设计。将系统部署在网络出口来缓存 P2P 和 HTTP 流量，对同一种资源的后续请求由缓存来响应，降低网络流量、节省带宽，确保广域网有限资源的按需动态分配。

(7) 入侵防御系统设计。作为防火墙和防病毒软件的补充，及时识别攻击程序或有害代码及其克隆和变种，采取预防措施，先期阻止入侵，防患于未然。软件设计开发时针对跨站脚本攻击和 SQL 注入攻击等常用 WEB 程序攻击采取必要的技术手段来防范。

(8) 设备冗余设计。为规避因通信设备意外损坏或其他故障造成的网络中断，需对网络中的关键节点设备采用双机冗余的部署方式，提升系统的可靠性和可用性。配置权威的数字证书认证中心的安全应用支撑平台，实现对各类应用系统、用户以及管理员提供统一的身份认证、用户管理、单点登录以及安全审计服务。

三、主机安全

(1) 用户身份认证。系统采用基于 Radius(针对网络设备)和基于数字证书(针对应用系统和系统使用者)的用户身份鉴别机制，实现系统强身份认证登录，防止对信息资源的非授权访问。

(2) 访问控制。加强对系统内数据信息资源访问的可控性，防止信息资源被非授权访问，在身份有效性识别的基础上，对不同角色人员(设备)采取授权访问措施，从系统级和资源级两方面进行访问控制。

（3）主机系统加固。主机系统加固主要包括操作系统的安全加固和数据库的安全加固。

（4）恶意代码防范。在因特网接入域部署网络防病毒网关实现网络边界恶意代码的主动检测和清除，并依托已有防病毒服务，完善恶意代码防范机制。

（5）数据安全。使用 SSL 技术、数字签名以及加密技术从数据传输过程和数据存储过程两方面保障应用系统数据的完整性和保密性。

（6）剩余信息处理。部署文件粉碎机对存储介质的剩余信息进行处理，彻底清除工作中残留在存储介质上的信息和各种使用数据的痕迹，确保信息安全。

（7）PC 终端安全。PC 保护是对使用计算机的主体进行验证的过程，是保护计算机终端安全及网络登录安全，防止恶意用户通过非法渠道获得合法用户的账号、口令来非法获得或破坏本地资源和网络资源。

（8）区域边界安全。在原有的网络分域基础上，根据等保三级的相关要求，针对各安全分域，在边界配置相应的安全策略。

第十章

一种融合 GIS+BIM 技术的工程文件与档案信息管理系统

本章介绍一种融合 GIS + BIM 技术的工程文件与档案信息管理系统，是已经实现了的、可促成土木工程档案信息的可视化管理、文件与档案的一体化管理、工程及项目信息全生命周期管理的 Web 数据库系统，已获得国家版权局《计算机软件著作权登记证书》（登记号：2021SR0958879）。

第一节　系统设计综述

一、系统总体技术要求

鉴于工程档案信息在服务器上并发访问量不会太大的客观实际，融合 BIM + GIS 技术的公路水运工程档案信息管理系统采用 B/S 架构。B/S 架构最大的优点是维护方便、分布性强、数据安全性好、程序开发相对简单，可以不用安装专门的客户端软件就能实现在任何地方进行操作，客户端零维护，系统扩展容易。

系统架构主要基于 Java 语言开发。前端主页面以商用地图的引入与展现开始，对地图的操作符合常规习惯。主页顶部显现系统名称，在页面的视线着落点以档案利用检索栏开启档案利用之旅。工程档案的地理信息、项目名称信息、结构物名称信息、构件族类名称信息等都可作为精准或模糊查询的关键字词。点击“查询”，界面跳转，地图中心自动定位至利用者需要的档案信息对象（如桥梁、隧道、码头等）位置，并显示其地理信息和“标识”，以及系统后台认为有利于档案利用的其他信息。点击“标识”，GIS 页面跳转为经轻量化处理后 BIM 搭载页面，利用者可根据系统后台搭建的 BIM 模型，进一步链接查询各构件或族类的档案信息（图 10-1）。

系统前端查询流程简单明了，档案信息查全率、查准率高。系统后台 GIS、BIM 数据库搭建，档案案卷及卷内文件目录信息录（导）入，档案信息文本数据与工程地理信息数据、结构几何数据、材料属性数据、质量过程数据等建立关联，其界面清晰、操作简单。

系统总体技术要求是：统一后台管理网站，灵活的权限分配机制，全方位的安全保障措施，10T 以上数据承载能力，人性化管理操作，模块化开发，扩展方便。系统建设具

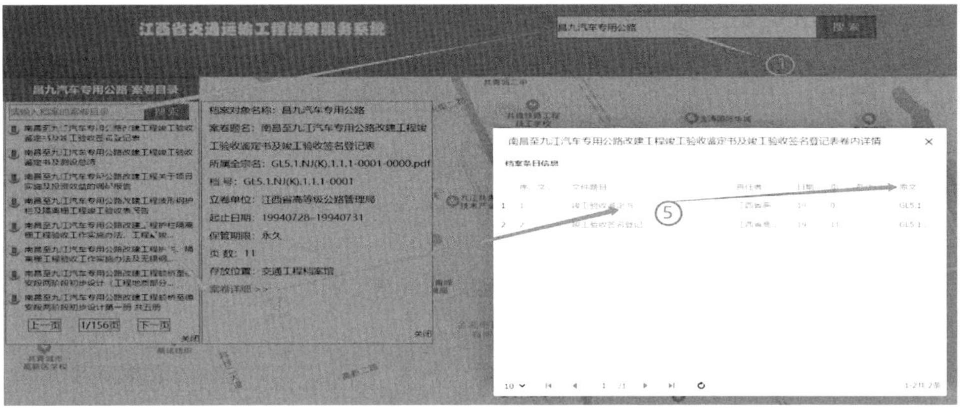

图 10-1　系统界面首页及档案信息查询流程示意图

备了实用性、可扩展性、经济性，以及技术上的先进性、成熟性和安全性，预留二次开发接口，支持主从数据库负载均衡，支持图片、附件等分布式管理，提供插件整合功能，兼容全部主流智能手机的操作系统如 iOS、Android 等，兼容各种不同分辨率屏幕，使 PC 端及移动端等不同类型的终端可使用同一平台、同一资料源、同一后台进行管理（图 10-2）。

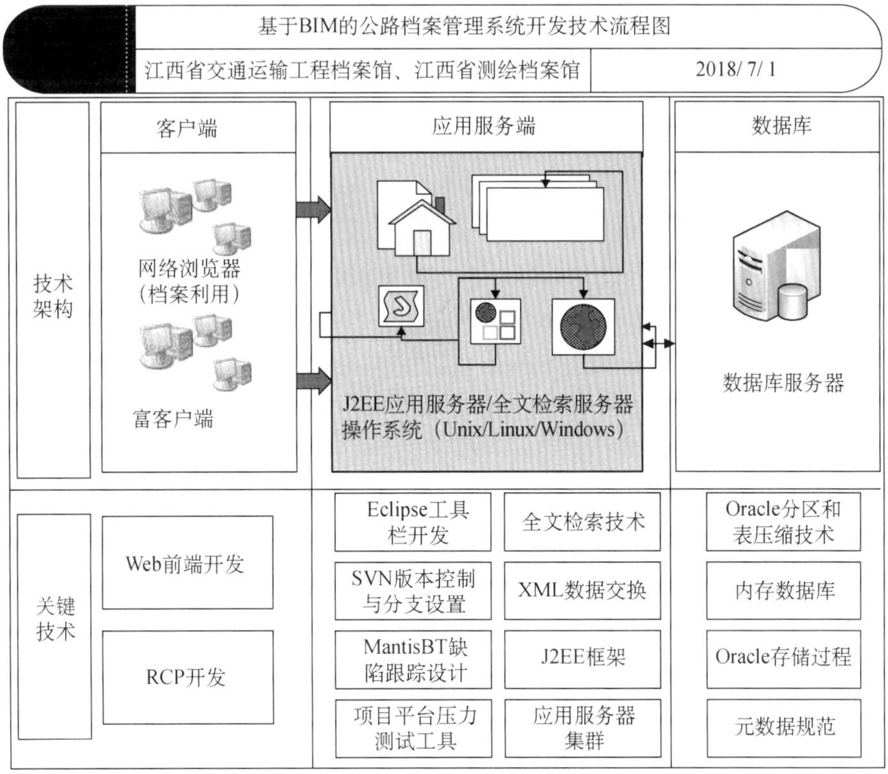

图 10-2　系统架构流程图

二、BIM 建模与轻量化处理

在 GIS 界面上定位并显现公路水运工程档案对象的周边地理及交通水文等环境信息，加载档案案卷条目信息，并能通过链接进一步显现卷内文件目录信息，使工程档案信息进一步融合 BIM 技术予以可视化管理，必须解决建模与模型的轻量化处理的问题。为此，在软件架构上采用了公路水运工程档案信息管理 BIM 模型混合云引擎平台，其基于主流建模软件如 Revit、Bentley 等的国内二次开发的轻量化插件，实现模型构件一次性轻量化转换和属性数据高效提取和存储，并结合基于 Web 应用 WebGL 和 ActiveX 图形平台，实现模型与档案信息交互、链接、渲染和展示等可视化多应用模式。

模型的轻量化处理，主要是通过对多模型树中参数化构件的几何信息转换为计算机可以识别显示的点、线、面等形式进行离散，实现多模型显示。考虑到模型离散过程计算复杂，所以提前基于服务器端完成离散过程中形体相同的构件合并，减少模型几何数据，从而满足基于 Web 端 BIM 模型的加载和显示。模型轻量化方法总体要求是在不影响应用效果的情况下，去除冗余重复信息，保留必要的模型属性及几何图形信息即可。轻量化插件以购买服务方式实现(图 10-3)。

图 10-3　GIS、BIM、档案信息查询界面转向图

三、数据库处理

在馆藏档案目录数据库及全文数据库建设方面，要求数字档案及纸质档案数字副本

符合 OCR 标准，满足全文数据库的模糊检索要求。现有 + V2.0 的开发，深化补充了档案对象的地理信息数据库、公路水运工程 WBS（工作分解结构）数据库、BIM 族数据库等。WBS 及 BIM 数据库满足数据应用规范化、功能模块组件化、业务流程集成化、应用服务标准化和各种应用与服务之间松耦合访问的需求。业务数据库包括工程档案实体管理、借阅管理、安全管理、鉴定管理、用户管理、权限管理等数据，符合电子文件归档与电子档案管理、数字档案馆建设的规范要求。

数据管理及应用服务基于数据存储和访问技术，实现档案数据、GIS 数据、BIM 数据、业务数据的查询、传输以及数据访问。面向 BIM 应用架构的服务总线，以服务总线的方式，通过服务接口的 WSDL（Web Services Description Language，Web 服务描述语言）文件在 UDDI（Universal Description，Discovery and Integration，统一描述、发现和集成协议）服务注册中心查找定位相应的服务，为基于 BIM 的档案信息管理各种多源异构的信息查询利用提供稳定、可靠的数据共享服务和应用服务支撑，包括流程引擎、业务组件、接口服务以及数据相关的加工、存储、访问、管理、分析及共享技术（图 10-4）。

栏位　索引　外键　触发器　选项　注释　SQL 预览

名	类型	长度	小数点	不是 null	
id	int	4	0	☑	🔑1
bim_id	varchar	30	0	☐	
bim_name	varchar	100	0	☐	
bim_paramater	text	0	0	☐	
create_by	varchar	10	0	☐	
create_time	datetime	0	0	☐	

图 10-4　BIM 信息数据库结构

四、混合云引擎架构设计处理

可视查询工程档案信息，要求图形引擎部署在云端集群服务器上，用户终端通过 Web 浏览器发送利用请求，云端服务器接收到前端任务指令通过云计算方式实现模型的实时交互渲染、关联档案的条目及文件信息展示，完成后借助高速互联网以流文件的方式将交互渲染结果、文件信息等发送到前端。浏览器端的消息处理程序通过实时监听获取用户前端发来的鼠标键盘操作事件、对应的操作事件类型以及需要响应的模型或构件 GUID 等交互渲染请求信息，并同步实时反馈给云端服务器，使云端服务器根据触发信息获得触发类型，根据触发类型获得 GIS、BIM 及档案数据，将数据反馈，并等待接收服务器端的反馈信息。服务器端的消息处理程序通过监听接收客户端发送的交互渲染请求事件，根据接收到的用户请求操作信息后判断触发事件类型，进一步控制 GIS、BIM 云交互渲染引擎完成相应的图形与档案信息交互渲染的任务，并将生成交互渲染结果图片及文本数据流及时反馈给对应的浏览器端进行交互展示。

五、其他档案信息管理程序模块

1. 用户管理

支持新建系统用户信息，能对用户信息进行修改、删除等操作，能查询所有用户信息，包括用户角色等。

2. 档案目录管理

①用户可以根据档案的不同类型自定义无限层级树形目录结构，实现档案集中存储。②提供灵活的档案库管理体系，用户可以自定义多级档案馆管理体系与自定义多级错层档案类别管理体系，以适应多元的档案管理业务与档案管理制度的更新。③可将档案管理分散到各库房管理，也可以合成一级管理。④目录著录项可灵活定制。⑤对于已有的模板或用户自己定制的档案库，根据用户使用习惯，可按照档案门类及系统字典进行增加、修改、删除、移位管理。

3. 全文管理

①可以将扫描的纸质档案数字副本上传至系统中，实现纸质档案电子化管理。②支持电子文件归档与电子档案管理，原生电子档案文件直接上传到档案管理系统对应的目录中，电子文件及其元数据、背景数据等信息可打包集成为符合 OFD 格式的版式文件。③支持音视频电子文件收集归档，可对导入文件进行关键词设置，建立映射关系。④档案保管、档案统计、档案鉴定等工作流程均按电子档案管理要求集成于系统中。

图 10-5 所示为档案信息管理模块。

图 10-5　档案信息管理模块

法规的与时俱进必将深刻影响公路水运工程项目档案及档案信息管理的技术路径。特别是在交通运输部、住房和城乡建设部大力推进 BIM 应用的政策背景下，非常有必要将电子档案及其信息管理的工作提前融入项目建设过程之中，确保生成合格的电子档案，节省人力物力，提高档案信息服务社会的能力。

第二节　系统应用说明

一、数据库表编码

数据库表编码如图 10-6—图 10-11 所示。

栏位　索引　外键　触发器　选项　注释　SQL 预览

名	类型	长度	小数点	允许空值 (	
id	int	6	0	☐	1
arc_name	varchar	200	0	☑	
arc_id	varchar	32	0	☐	2
arc_class	int	1	0	☑	
arc_year	int	4	0	☑	
arc_title	varchar	500	0	☑	
arc_page	varchar	10	0	☑	
arc_term	int	1	0	☑	
arc_secret	int	1	0	☑	
arc_status	int	1	0	☑	
arc_btimes	varchar	20	0	☑	
arc_etimes	varchar	20	0	☑	
arc_note	text	0	0	☑	
arc_storage	varchar	200	0	☑	
arc_operator	varchar	10	0	☑	
arc_op_date	datetime	0	0	☑	

id	arc_name	arc_id	arc_class	arc_yea	arc_title	arc_page	arc_term
2874	昌北机场	JC.1.1-1	1	2019	南昌昌北机场场路可行性研究报告（正本）	(Null)	1
2875	昌北机场	JC.1.1-2	1	2019	南昌昌北机场场路可行性研究报告附件及图表	(Null)	1
2876	昌北机场	JC.2.1-1	1	2019	南昌市昌北机场公路两阶段施工图设计（工程	(Null)	1
2877	昌北机场	JC.2.1-2	1	2019	南昌昌北机场场路工程地质报告（第二册）	(Null)	1
2878	昌北机场	JC.2.1-3	1	2019	南昌昌北机场场路工程地质报告（第二册）衤	(Null)	1
2879	昌北机场	JC.2-4	1	2019	昌北机场公路专用图	(Null)	1
2880	昌北机场	JC.3-1	1	2019	南昌昌北机场专用公路两阶段初步设计（第一	(Null)	1
2881	昌北机场	JC.3-2	1	2019	南昌昌北机场专用公路两阶段初步设计（第二	(Null)	1
2882	昌北机场	JC.3-3	1	2019	南昌昌北机场专用公路两阶段初步设计（第三	(Null)	1

arc_secret	arc_status	arc_btimes	arc_etimes	arc_note	arc_storage	arc_operator	arc_op_date
1	3	199701	199701		江西省交通设计院	(Null)	(Null)
1	3	199701	199701		江西省交通设计院	(Null)	(Null)
1	3	199704	199704		江西省交通设计院	(Null)	(Null)
1	3	199704	199704		江西省交通设计院	(Null)	(Null)
1	3	199704	199704		江西省交通设计院	(Null)	(Null)
1	3	199704	199704		江西省交通设计院	(Null)	(Null)
1	3	199704	199704		江西省交通设计院	(Null)	(Null)
1	3	199704	199705		江西省交通设计院	(Null)	(Null)
1	3	199704	199704		江西省交通设计院	(Null)	(Null)

图 10-6　yi_arc 数据表

栏位 | 索引 | 外键 | 触发器 | 选项 | 注释 | SQL 预览

名	类型	长度	小数点	允许空值 (	
id	int	11	0	☐	🔑1
arc_id	varchar	32	0	☑	
con_order	varchar	10	0	☑	
con_name	varchar	200	0	☑	
con_id	varchar	32	0	☐	
con_duty	varchar	100	0	☑	
con_title	varchar	500	0	☑	
con_date	varchar	20	0	☑	
con_page	varchar	10	0	☑	
con_status	int	1	0	☑	
con_file	text	0	0	☑	
con_note	text	0	0	☑	
con_operate	varchar	10	0	☑	
con_op_date	datetime	0	0	☑	

id	arc_id	con_order	con_name	con_id	con_duty	con_title
1960	JC.1.1-1	0001	昌北机场	JC.1.1-1-0001	江西省交通设计院	南昌昌北机场一级汽车专用公路工程可行
1961	JC.1.1-2	0001	昌北机场	JC.1.1-2-0001	江西省交通设计院	南昌昌北机场一级汽车专用公路工程可行
1962	JC.2.1-1	0001	昌北机场	JC.2.1-1-0001	江西省交通设计院	南昌市昌北机场公路两阶段施工图设计 (
1963	JC.2.1-2	0001	昌北机场	JC.2.1-2-0001	江西省交通设计院	南昌市昌北机场公路两阶段施工图设计 (
1964	JC.2.1-3	0001	昌北机场	JC.2.1-3-0001	江西省交通设计院	南昌市昌北机场公路两阶段施工图设计 (
1965	JC.2-4	0001	昌北机场	JC.2-4-0001	江西省交通设计院	南昌昌北机场专用公路两阶段施工设计 (
1966	JC.3-1	0001	昌北机场	JC.3-1-0001	江西省交通设计院	南昌昌北机场专用公路两阶段初步设计 (
1967	JC.3-2	0001	昌北机场	JC.3-2-0001	江西省交通设计院	南昌昌北机场专用公路两阶段初步设计 (

con_date	con_page	con_status	con_file	con_note	con_operate	con_op_date
199701	45	3	(Null)	成册	(Null)	(Null)
199701	101	3	(Null)	成册	(Null)	(Null)
199704	28	3	(Null)	成册	(Null)	(Null)
199704	63	3	(Null)	成册	(Null)	(Null)
199704	13	3	(Null)	成册	(Null)	(Null)
199704	74	3	(Null)	成册	(Null)	(Null)
199704	200	3	(Null)	成册	(Null)	(Null)
199704	133	3	(Null)	成册	(Null)	(Null)

图 10-7 yi_con 数据表

栏位 | 索引 | 外键 | 触发器 | 选项 | 注释 | SQL 预览

名	类型	长度	小数点	允许空值 (	
id	int	4	0	☐	🔑1
doc_num	varchar	30	0	☑	
doc_title	varchar	100	0	☑	
doc_secret	int	1	0	☑	
doc_term	int	1	0	☑	
doc_urgent	int	1	0	☑	
doc_class	int	1	0	☑	
doc_text	text	0	0	☑	
doc_annex	text	0	0	☑	
doc_status	int	1	0	☑	
create_by	varchar	10	0	☑	
create_time	datetime	0	0	☑	
operate_by	varchar	10	0	☑	
operate_time	datetime	0	0	☑	

id	doc_num	doc_title	doc_secret	doc_term	doc_urgent
8	赣交档202101号	关于成立文件与档案系统领导小组的通知	1	1	3
12	赣交档202102号	党组织战斗堡垒作用和党员先锋模范作用的倡议书	1	1	1
13	赣交档202103号	省厅参加春运疫情防控工作视频调度会议	1	1	1
14	赣交工程201901号	修平高速FJ2合同段修水西收费站交警综合楼屋面、装饰装修	1	1	1

doc_class	doc_text	doc_annex	doc_status	create_by	create_time	operate_by	operate_time
1			2	(Null)	2021-02-21 17:25:45	(Null)	(Null)
1			4	(Null)	2021-02-24 21:11:31	(Null)	(Null)
1			14	(Null)	2021-02-24 21:12:23	(Null)	(Null)
1			2	(Null)	2021-03-06 14:54:43	(Null)	(Null)

图 10-8　yi_doc 数据表

栏位　索引　外键　触发器　选项　注释　SQL 预览

名	类型	长度	小数点	允许空值 (	
id	int	4	0	☐	1
bim_id	varchar	30	0	☑	
bim_name	varchar	100	0	☑	
bim_paramater	text	0	0	☑	
create_by	varchar	10	0	☑	
create_time	datetime	0	0	☑	

id	bim_id	bim_name	bim_paramater	create_by	create_time
3	jx001_0001	桥面	梁长32.6 m铁路箱梁,	(Null)	(Null)
4	jx101_0001	桥墩1	桥墩1 桥墩跨径线桩号	(Null)	(Null)
5	jx101_0002	桥墩2	桥墩2 跨径线桩号(m)	(Null)	(Null)
6	jx101_0003	桥墩3	桥墩3	(Null)	(Null)
7	jx101_0004	桥墩4	桥墩4 技术参数档案	(Null)	(Null)

图 10-9　yiyatu_bim 数据表

栏位　索引　外键　触发器　选项　注释　SQL 预览

名	类型	长度	小数点	允许空值 (	
id	int	4	0	☐	1
arc_name	varchar	200	0	☑	
acr_class	int	1	0	☑	
gis_status	int	1	0	☑	
gis_point	varchar	21	0	☑	
gis_level	int	1	0	☑	
create_by	varchar	10	0	☑	
create_time	datetime	0	0	☑	
update_by	varchar	10	0	☑	
update_time	datetime	0	0	☑	

id	arc_name	acr_class	gis_status	gis_point	gis_level
3	昌樟高速	1	1	115.559575,28.164524	16
4	温厚高速公路	1	1	116.035146,28.354905	16
5	泰井高速公路	1	1	114.30811,26.725704	11
6	泰赣高速公路	1	1	114.558342,26.823197	10
50	修平高速-房建	1	1	114.162425,28.962247	16
51	修平高速-监理	1	1	114.390091,29.020884	16
52	修平高速-路基	1	1	114.46598,29.078478	16
53	修平高速-路面	1	1	114.607409,29.143106	16
54	修水至平江高速公路建设项目办公室第一部分	1	1	114.453823,29.069571	16
55	修水至平江高速公路建设项目办公室第二部分	1	1	114.333091,29.013993	16

create_by	create_time	update_by	update_time
(Null)	2021-03-06 09:16:00	(Null)	2021-03-29 10:07
(Null)	2021-03-06 09:16:00	(Null)	2021-03-29 10:08
(Null)	2021-03-06 09:16:00	(Null)	2021-03-29 10:08
(Null)	2021-03-06 09:16:00	(Null)	2021-03-29 10:09
	2021-03-06 09:16:00		2021-03-06 15:00
	2021-03-06 09:16:00		2021-03-06 10:12
	2021-03-06 09:16:00		2021-03-06 10:12
	2021-03-06 09:16:00		2021-03-06 10:12
(Null)	2021-03-08 16:56:33	(Null)	2021-03-08 19:13
(Null)	2021-03-08 17:04:27	(Null)	2021-03-24 21:13

图 10-10　yiyatu_gis 数据表

栏位　索引　外键　触发器　选项　注释　SQL 预览

名	类型	长度	小数点	允许空值 (	
id	int	4	0	☐	1
gis_id	int	4	0	☑	
gis_path	varchar	21	0	☑	
gis_sort	int	4	0	☑	
gis_show	int	1	0	☑	
gis_content	varchar	100	0	☑	

id	gis_id	gis_path	gis_sort	gis_show	gis_content
29	13	114.460355,27.783406	23	1	坐标值1
254	14	114.460355,27.783406	25	0	坐标值2
263	49	114.460355,27.783406	21	1	坐标值3
265	50	114.647776,29.128975	1	1	坐标值4
266	50	114.610245,29.141467	2	1	坐标值5

图 10-11　yiyatu_gis_path 数据表

二、前端操作页面

前端操作页面如图 10-12—图 10-19 所示。

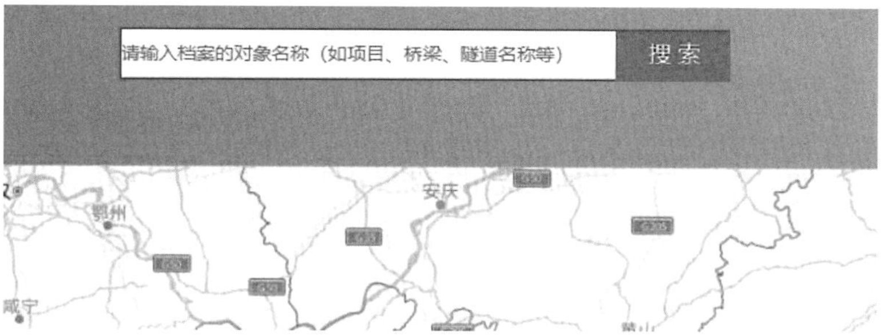

图 10-12　系统首页

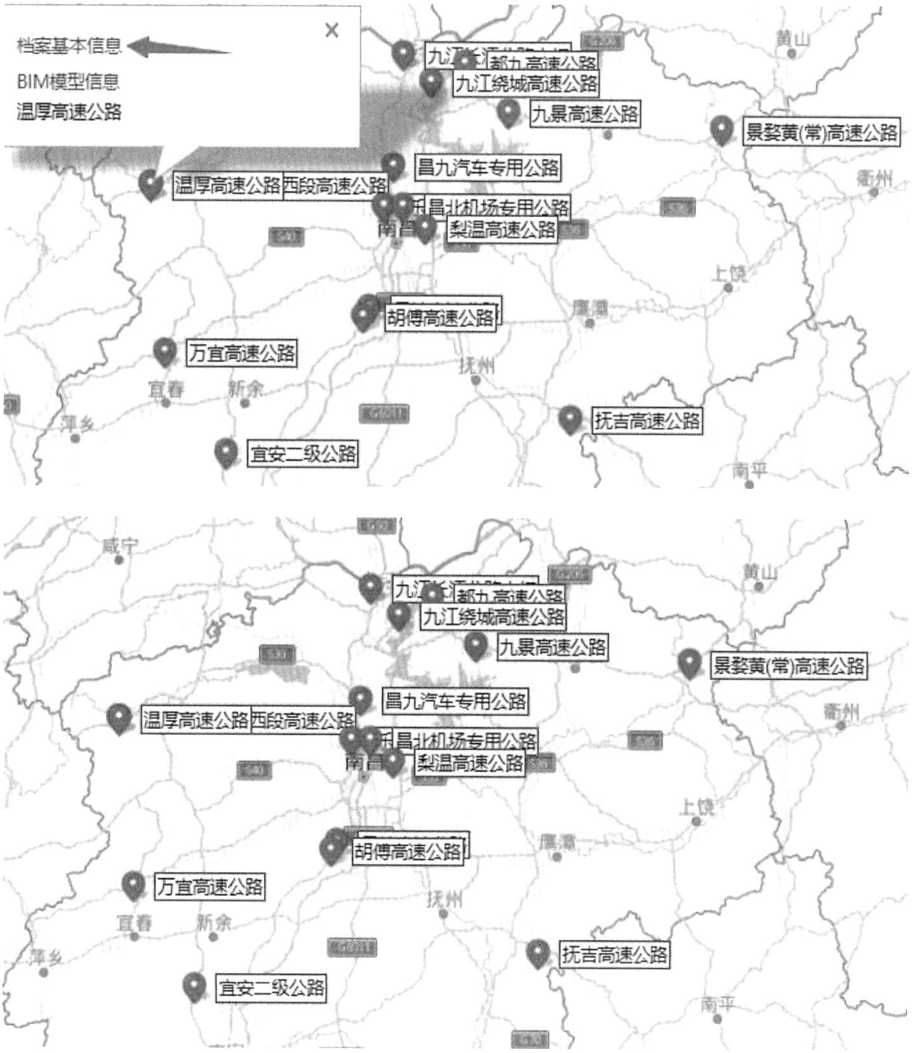

图 10-13　查看档案基本信息

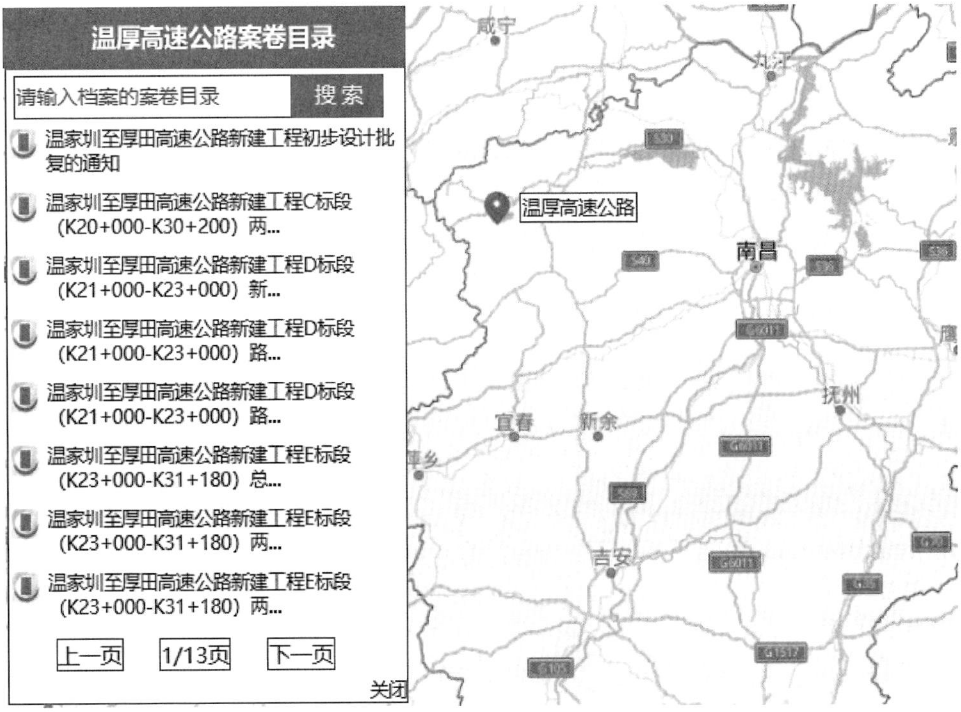

图 10-14　档案案卷目录

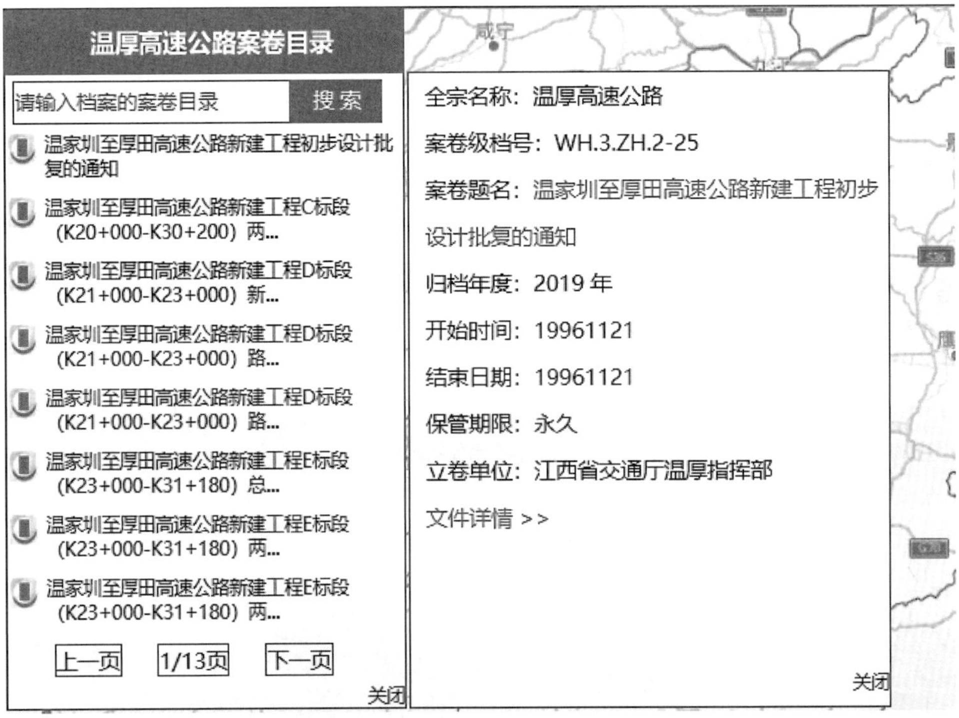

图 10-15　档案案卷目录详细内容

温厚高速公路文件详情

全宗名称	文件档号	文件题名	责任者	形成时间	页数	状态	原文
温厚高速公路	WH.3.ZH.3-19-0000	原始封面和目录	江西省交通厅温厚指挥部		3	已归档	原文
温厚高速公路	WH.3.ZH.3-19-0001	国道主干线温家圳至厚田高速公路新建工程E标段两阶段施工图设计设计、路线路基路面及排水 …段施工图设计第一册共三册总说明书、总体	江西省交通厅温厚指挥部	19960701	165	已归档	原文

图 10-16　档案卷内目录

第一册

第一篇　说明书

第二篇　路　线

第三篇　路基路面

第二册

第四篇　桥梁涵洞

第六篇　路线交叉

第七篇　沿线设施及其它工程

第八篇　环境保护

第九篇　筑路材料

第十篇　施工方案

第三册

图 10-17　档案卷内原文

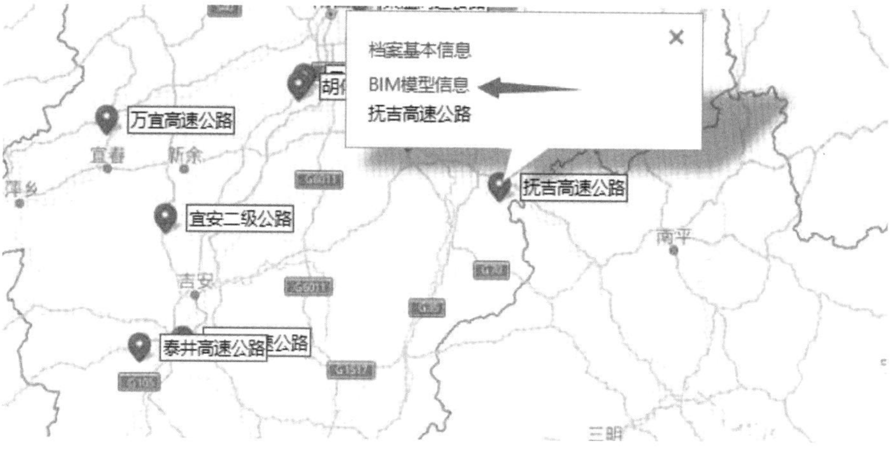

图 10-18　查看档案 BIM 信息

图 10-19　档案 BIM 信息

三、系统管理

系统管理如图 10-20—图 10-23 所示。

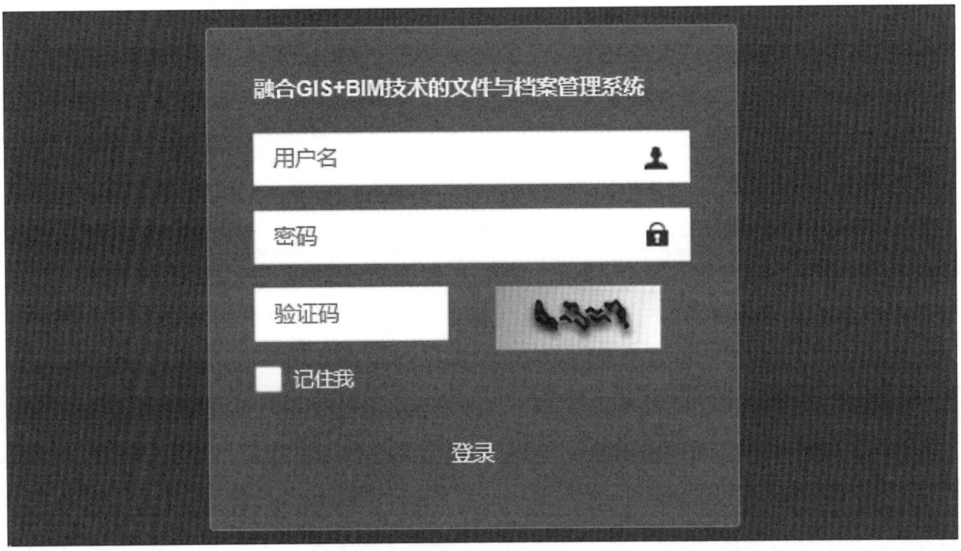

图 10-20　系统登录页面

图 10-21　系统首页统计

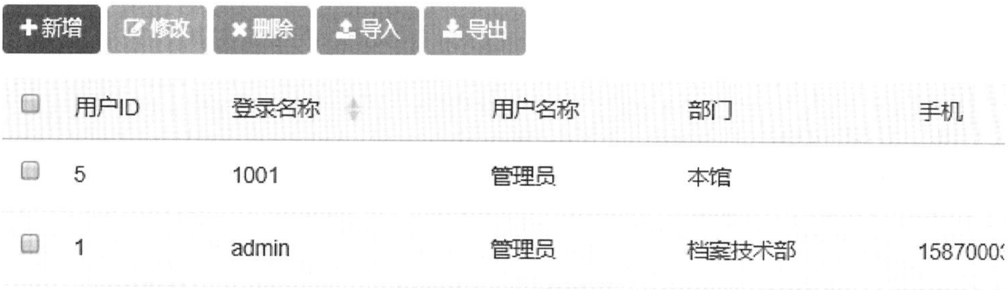

	用户ID	登录名称	用户名称	部门	手机
	5	1001	管理员	本馆	
	1	admin	管理员	档案技术部	1587000

图 10-22　系统用户管理

	角色编号	角色名称	权限字符	显示顺序
	1	超级管理员	admin	1
	2	馆长	leader	2
	3	职工	officer	3

图 10-23　系统角色管理

四、文件管理

文件管理如图 10-24—图 10-30 所示。

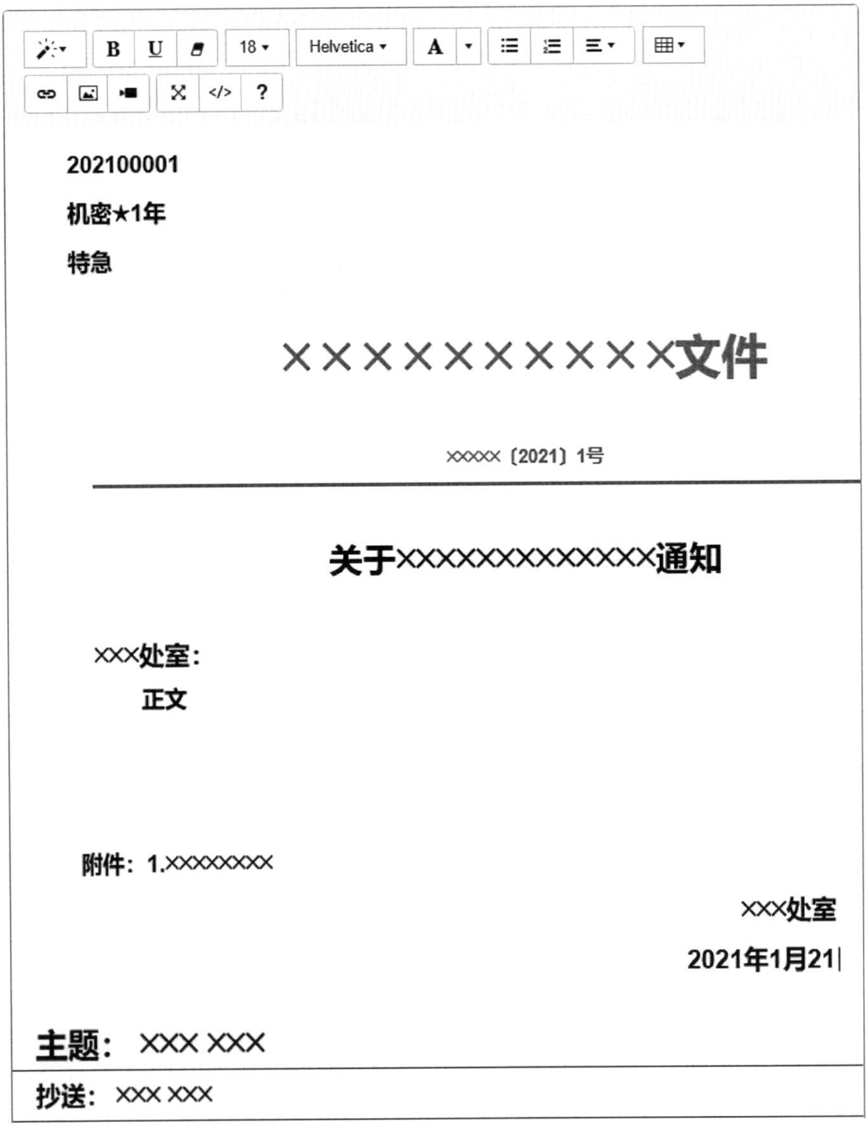

图 10-24　文件起草

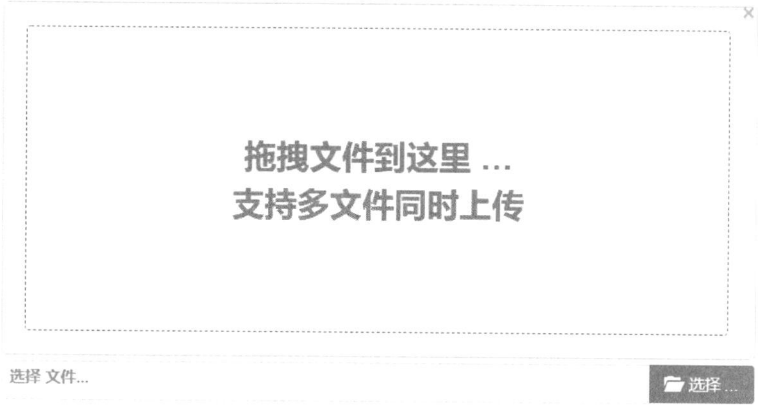

图 10-25　文件附件

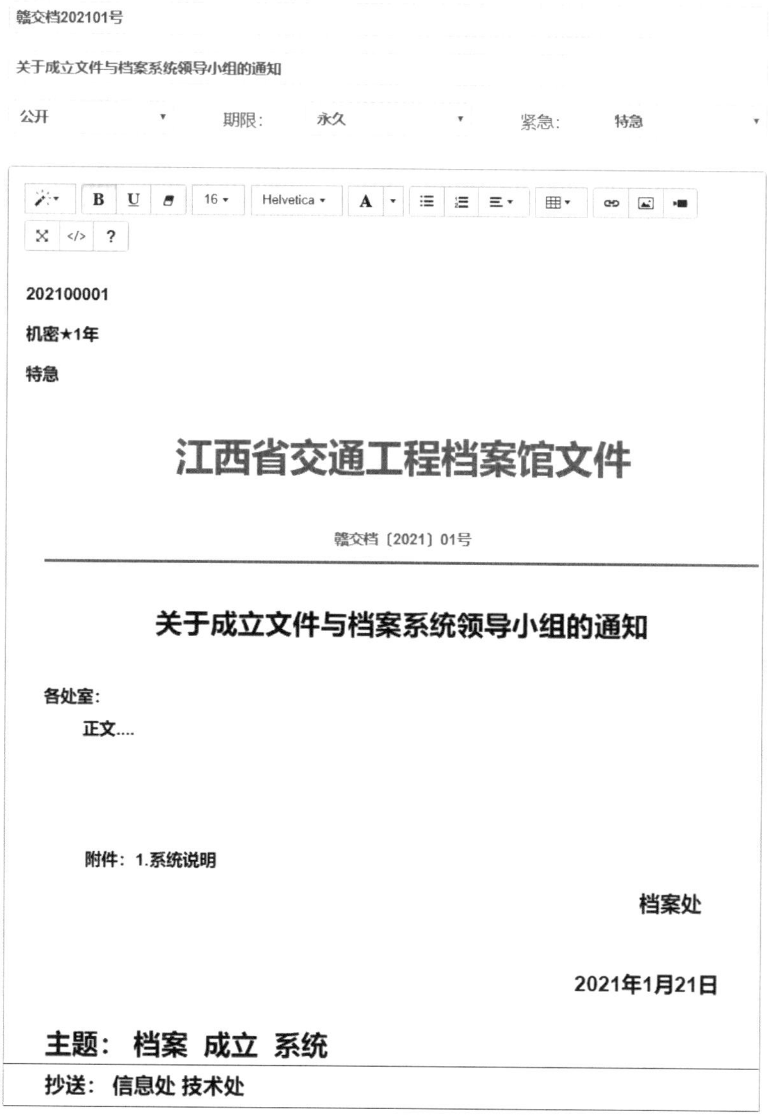

图 10-26　文件审稿

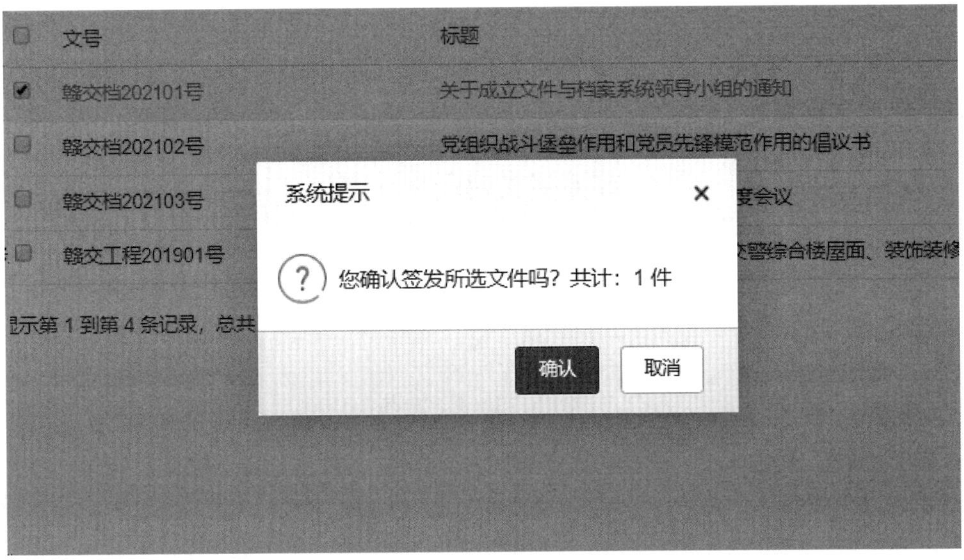

图 10-27　文件签发

图 10-28　发文办理

图 10-29　收文办理

密级	期限	紧急	状态
公开	永久	特急	审稿
公开	永久	平急	传阅
公开	永久	平急	归档
公开	永久	平急	审稿

图 10-30　文件状态

五、档案编辑

档案编辑如图 10-31—图 10-38 所示。

图 10-31　案卷目录录入

图 10-32　案卷目录修改

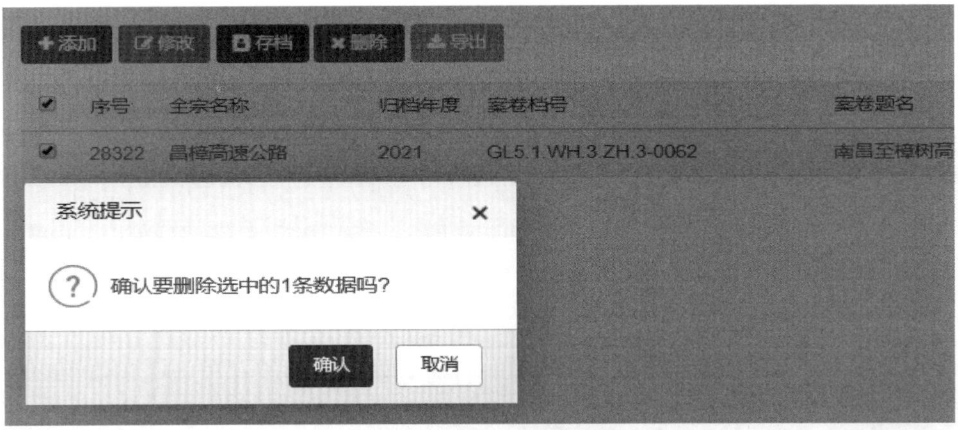

图 10-33　案卷目录删除

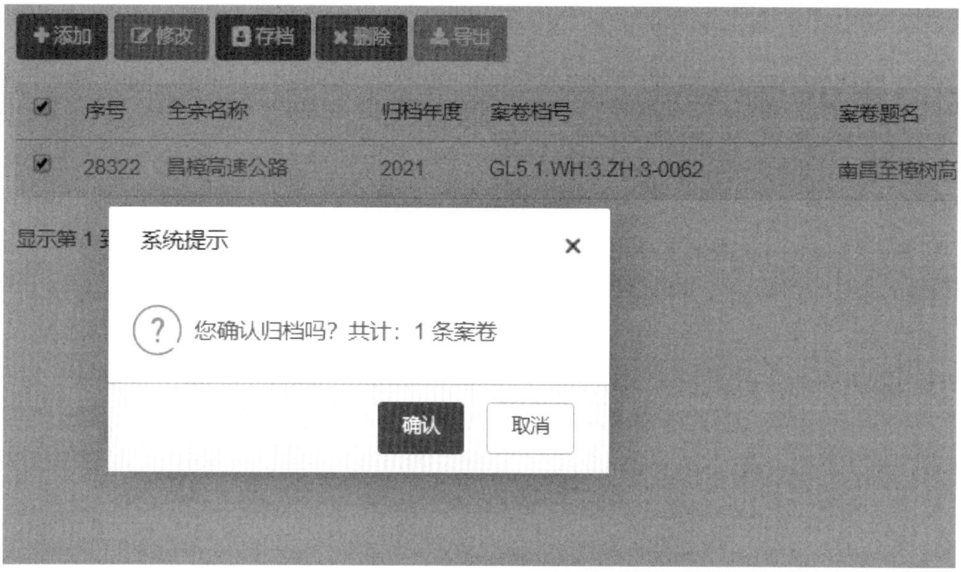

图 10-34　案卷目录存档

图 10-35　卷内文件目录录入

图 10-36　卷内文件目录修改

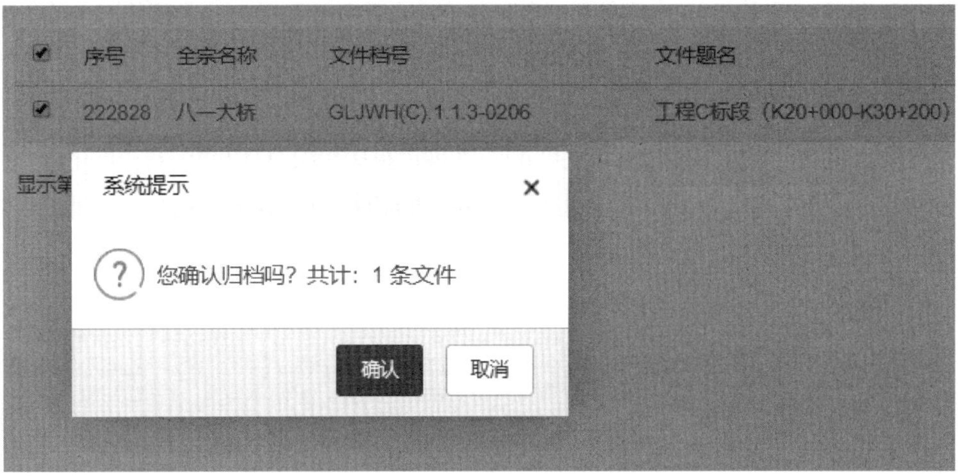

图 10-37　卷内文件存档

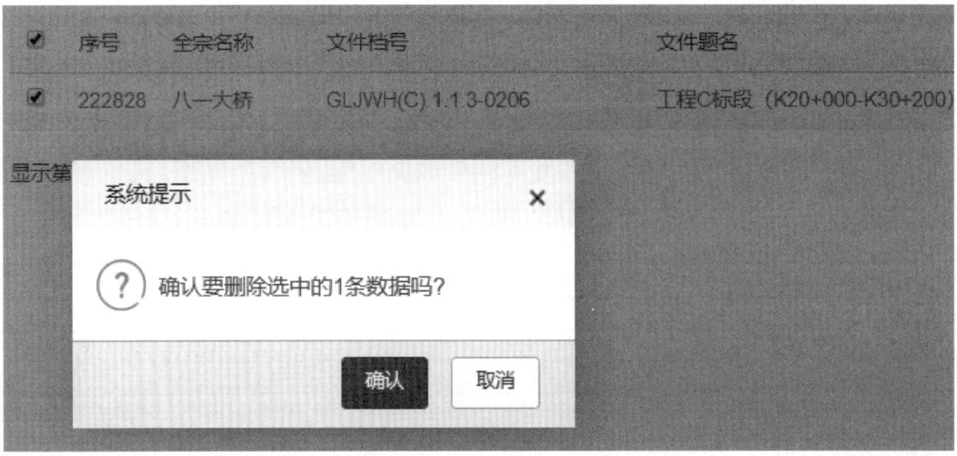

图 10-38　卷内文件删除

六、档案管理

档案管理如图 10-39、图 10-40 所示。

导入　导出

序号	全宗名称	归档年度	案卷档号	案卷题名
5977	昌樟高速公路	2019	GL5.1.CZ.1.ZH.2-1	南昌至樟树高速公路新建工程建议书可
5978	昌樟高速公路	2019	GL5.1.CZ.1.ZH.2-2	南昌至樟树高速公路新建工程可行性研
5979	昌樟高速公路	2019	GL5.1.CZ.1.ZH.2-3	南昌至樟树高速公路新建工程可行性研
5980	昌樟高速公路	2019	GL5.1.CZ.1.ZH.2-4	南昌至樟树高速公路新建工程指挥部关
5981	昌樟高速公路	2019	GL5.1.CZ.1.ZH.4-1	南昌至樟树高速公路新建工程路况调查
5982	昌樟高速公路	2019	GL5.1.CZ.1.ZH.4-2	南昌至樟树高速公路新建工程路况调查

总页数	开始时间	结束日期	保管期限	密级	状态
-	19931226	19941215	永久	公开	已归档
-	19940901	19940901	永久	公开	已归档
-	19940921	19940921	永久	公开	已归档
-	19931216	20000601	永久	公开	已归档
-	19970601	19980410	永久	公开	已归档
-	19980502	19980502	永久	公开	已归档

图 10-39　案卷级管理

导入　导出

顺序号	文件档号	文件题名
0000	GL5.1.CZ.1.ZH.2-1-0000	原始封面和目录
0001	GL5.1.CZ.1.ZH.2-1-0001	关于南昌至樟树公路项目建议中的批复
0002	GL5.1.CZ.1.ZH.2-1-0004	关于南昌至樟树公路可行性研究报告的批复
0003	GL5.1.CZ.1.ZH.2-1-0008	关于报送南昌至樟树公路工程可行性研究报告的报告
0004	GL5.1.CZ.1.ZH.2-1-0011	工程可行性研究报告
0000	GL5.1.CZ.1.ZH.2-2-0000	原始封面和目录

责任者	形成时间	页数	状态	原文
江西省交通厅昌樟高速公路指挥部		2	已归档	原文
江西省交通厅昌樟高速公路指挥部	19931226	3	已归档	原文
江西省交通厅昌樟高速公路指挥部	19941215	4	已归档	原文
江西省交通厅昌樟高速公路指挥部	19940922	3	已归档	原文
江西省交通厅昌樟高速公路指挥部	19940901	97	已归档	原文
江西省交通厅昌樟高速公路指挥部		2	已归档	原文

图 10-40　文件级管理

七、档案编研

档案编研如图 10-41—图 10-47 所示。

图 10-41　GIS 信息录入

图 10-42　GIS 信息修改

图 10-43　GIS 信息批量导入

	档案类别	项目名称	坐标值	显示级别	地图状态
	公路档案	昌北机场专用公路	115.916149,28.89951	16	正常
	公路档案	昌九高速技改路	1115.868719,29.069874	16	正常
	公路档案	昌九汽车专用公路	115.850465,29.119236	11	正常
	公路档案	昌樟高速公路	115.709036,28.350493	10	正常
	公路档案	胡傅高速公路	115.672636,28.307905	16	正常
	公路档案	景婺黄(常)高速公路	117.912507,29.324652	16	正常

图 10-44 GIS 信息管理

图 10-45 BIM 信息录入

图 10-46 BIM 信息修改

	编号	名称	参数值
	jx001_0001	桥面	梁长32.6 m铁路箱梁,计算跨度31.1 m桥面宽按人行道栏杆内侧11.9 m
	jx101_0001	桥墩1	桥墩1 桥墩跨径线桩号(m)k15
	jx101_0002	桥墩2	桥墩2 跨径线桩号(m)k16+512. 000设计高程(m)449. 653布梁偏移值1
	jx101_0003	桥墩3	桥墩3
	jx101_0004	桥墩4	桥墩4 技术参数档案

图 10-47 BIM 信息管理

八、档案检索

档案检索如图 10-48—图 10-52 所示。

图 10-48　全宗名称检索

图 10-49　档号检索

图 10-50　题名检索

图 10-51　门类及年度检索

图 10-52　期限及密级检索

参 考 文 献

[1] 冯惠玲，张辑哲. 档案学概论[M]. 2版. 北京：中国人民大学出版社，2006.

[2] 中华人民共和国国家质量监督检验检疫总局，中国国家标准化管理委员会. 电子文件归档与电子档案管理规范：GB/T 18894—2016[S]. 北京：中国标准出版社，2017.

[3] 江西省市场监督管理局. 公路建设项目档案管理规范：DB36/T 1324—2020[S]. 2020.

[4] 中华人民共和国交通运输部. 公路工程质量检验评定标准：JTG F80/1—2017[S]. 北京：人民交通出版社，2018.

[5] 福建省市场监督管理局. 公路工程建设项目文件信息化管理规范：DB35/T 1797—2018[S]. 2019.

[6] 国家能源局. 火电建设项目文件收集及档案整理规范：DL/T 241—2012[S]. 北京：中国电力出版社，2012.